講談社文庫

永山則夫

封印された鑑定記録

堀川惠子

講談社

永山則夫　封印された鑑定記録◎目次

序章　事件

世間を震撼させた、その連続殺人事件には奇妙な共通点があった。凶器がすべて拳銃であること、それ自体は特別ではない。だがその拳銃が、二二口径という極めて小さなものであったことは捜査関係者を戸惑わせた。過去、二二口径の拳銃が国内の犯罪で使われたことは一度もなかった。なぜならそれは、殺人を犯すために選ぶ武器としてはあまりに非力だからだ。

二二口径は陸上競技の号砲に使われるスターターピストルほどの大きさで、手の平にすっぽり収まるほど小さい。型式は回転弾倉式の西ドイツ製レームＲＧ型と推定され、欧米ではもっぱら婦人の護身用として使われていた。護身用である以上、殺傷能力は最低限。的から数メートル離れると射撃のプロでない限り命中させることは極めて難しい。犯人がその道のプロでないとすれば、センチメートル単位の、よほどの至近距離から射殺したものと想定された。

——一〇月一一日　東京でホテルのガードマン射殺
——一〇月一四日　京都で民間の警備員射殺
——一〇月二六日　函館でタクシー運転手射殺
——一一月　五日　名古屋でタクシー運転手射殺

事件は昭和四三年（一九六八）一〇月から一一月にかけての、わずか二六日間に起きた。殺害現場は全国にわたり、神出鬼没の〝連続射殺魔〟は次はどこに現れるのか、人々は震え上がった。

警察庁は、四つの事件を同一犯による犯行と断定。「広域重要一〇八号」に指定し、総力をあげて全国配備で犯人の行方を追った。しかし、最後の事件から八日後に開かれた全国七管区の緊急合同捜査会議では、不可解な点が浮かび上がった。それは、犯行の動機である。

犯人は、東京と京都の被害者から一円の所持金も盗んでいなかった。特に京都の被害者は、人前で万札を数えることを好むという変わった癖があり、その日も首から二二万円が入った財布をぶらさげていた。しかし、財布は手つかずのまま現場に残されていた。ところが、いずれもタクシー運転手を狙った函館と名古屋では、数千円の売上金と財布の小銭まで盗み、名古屋では運転手の壊れた腕時計までも持ち去っていた。

犯人の動機はいったい何なのか。

四人の被害者に共通点はなかった。明らかに怨恨ではない。だが、単なる物盗りでもなさそうだ。行きずりの犯行か、愉快犯か、あらゆる可能性を視野に捜査は行われた。

事件の捜査対象になったのは全国一六歳から三〇歳までの男性、約一七万七〇〇〇人。前科者、暴力団関係者、多額の債務者ら、様々な顔ぶれが並んだ。東京の殺害現場に残されたハンカチから採取された鼻水から、犯人が蓄膿症で血液型がO型であることが判明し、膨大な捜査対象者はぐっと絞られたが、それでも四万人を切るには至らなかった。

補導歴のある少年もリスト化された。所在がつかめない者は、全国で約九四〇〇人。さらにアリバイを確認していくと、約二〇〇〇人もの少年に容疑の可能性が残った。

後に分かることだが、〝連続射殺魔〟は、これら警察が苦心の末に作りあげた膨大な捜査対象者リストの中に含まれていなかった。警察の総力あげての捜査は、犯人の存在にかすってすらいなかったのである。

〝連続射殺魔〟は、あらゆる人間関係の磁場からはじき出され、孤立していた。少なくとも逮捕されるその日まで、彼にまなざしを注いだ人間は誰もいない。集団の最小単位である〝家族〟を含めてである。そういう意味で彼は、どこにもいなかった。いることができなかったからこそ、事件は起きた。事件が起きて初めて、彼はその存在を認知されることになるのである。

彼が、半ば自首に近い形で警察の前に姿を現さなければ、事件はおそらく迷宮入りで終わっていただろう。そう推測させる理由はひとつ。彼は人知れずどこかで、自らの手でその人生を終わらせていたであろうからだ。歴史に「もし」は許されないが、仮にそうなっていれば、これから見つめる幾つかの人生も、まったく違う道を歩んでいたことになる。

半年後、不可解な連続射殺事件は急展開を迎える。

昭和四四年（一九六九）四月七日、午前四時半をまわった東京・原宿――。

この日の朝焼けの美しさをひとり心に刻みこんでいた少年がいた。喧騒の朝を前にして街は不思議なくらい静まり返っている。

少年は、明治神宮の森を背に、国鉄・原宿駅の宮廷ホームを見下ろせる土手に座っていた。その小さな身体には、肌寒さを感じるような一片の感覚も残されていなかった。ひどく痩せた背をかがめ、うつむいた大きな瞳の先の長いまつげは、もう涙に濡れていなかった。

右手には、二二口径の冷たい拳銃。その銃口は、自らの頭に向けられていた。拳銃は少年に強さを与えてくれたはずだった。しかし、彼の手は震えていた。中にはまだ実弾が三発、残っている。息を止め、引き金を引いた。だが、拳銃は応えてくれなかった。壊れていたのか、湿気《しけ》ていたのか、もしかすると自分は最後まで引き金を引けなかったのかもしれないと、少年は後年ふり返って思うのである。二〇歳になる前に死ぬのだという、彼の短い人生を賭した誓いは、もう果たせそうになかった。

後に少年は、自らが犯した罪の軌跡を思い出しながら、自分の存在を、ロシアの古い小説の主人公に重ねて考えることがしばしばあった。その右手が、まだ誰の命も奪っていない頃、むさぼるようにして読んだドストエフスキーの『罪と罰』。そこに登場する主人公の青年、ラスコーリニコフである。

どこか屈折して心を病み、家族という重荷を背負い、ある殺人の計画を自分なりの理由で正当化するラスコーリニコフ。主人公は、不思議なほどに重なる偶然に背を押されるようにして人間としての一線を越え、罪を犯してしまう。自分は決してラスコーリニコフのようになろうとしたわけではなかった。だが結局、彼と同じような道を歩むことになってしまった。ラスコーリニコフの心の奥底に沈殿した闇夜よりも深い絶望的な孤独感、そして、その心に吹き荒れたであろう「生」への凄まじい葛藤の嵐を心の底から理解できるのは、この世で自分しかいないと少年は信じていた。

どのくらい時間が経ったのか、街はすっかり明るくなっていた。そろそろ、巡回のパトカーがこの辺りを通る。少年は重い腰をあげ、ほとんど感覚のなくなった両足をひきずるようにして土手から降りた。見慣れた風景の中を歩き始めて暫くすると、前からパトカーが近づいてきた。この瞬間から彼の人生に、第三者のまなざしが加わることになる。

逮捕した巡査部長の供述（現行犯人逮捕手続書・甲より抜粋）

私たちは午前五時ころ、明治神宮の北参道で歩道上を歩く男の姿を認めました。濃いグリーン色の上着、薄い紺色のジーパン、身長一・六メートル。私が「どこへ行くのか」と尋ねると、男は「新宿……」と答え、巡査が「どこから来たか」

と尋ねたら、「新宿から」と答えましたが、顔色が青ざめて全身が震えておりました。目は比較的パッチリしていましたが、一睡もしないような疲れた様子でした。「君、ポケットがふくらんでいるけど、何を持っているのかね」と尋ねると、男は「見て下さい」と小さい声で言ったので、外から摑むと拳銃であることが分かりました。調べると実弾三発が装塡された本物なので、犯人に間違いないと判断しました。

逮捕する旨告げると観念して何等の抵抗もなく、素直に逮捕に応じました。

「苦しかった……」

逮捕された少年が、刑事に心境を聞かれた時、つぶやいた言葉である。

——連続射殺事件の犯人、逮捕

——容疑者、永山則夫、一九歳

瞬く間に全国に伝えられた犯人逮捕の報せは、世間に安堵と驚きをもたらした。安堵は言うまでもなく、半年も姿をくらましていた〝連続射殺魔〟が逮捕されたこと。

そして驚きは、捕まった男が凶悪犯のイメージとは程遠い一九歳の少年だったことだ。しかも永山則夫の経歴は、人々が思い浮かべた非行少年のそれとは、かけ離れていた。

青森の田舎町で育った、子沢山の貧しい家の末っ子。集団就職で上京してきた金の卵。しかも、テレビに繰り返し流される彼の風体はあまりに華奢で弱々しかった。少年を知る多くの人は共通して、彼のことを「無口で大人しかった」と語った。

しかし、青森時代の彼の特筆すべきとも言える「貧しさ」は、その後の物語を修正不可能なほどに固めあげてゆく。普段は大人しかったという少年が次々と四人を無差別に射殺するという不可解な事件に、社会が納得するような理由を付けるとすれば、「金ほしさ」くらいしか見当たらなかった。

当の永山則夫本人が頑なに口を閉ざす一方で、報道は過熱していった。マスコミは、大金の入った京都の被害者の財布が現場にそのまま残されていたことなどすっかり忘れていた。赤貧洗うがごとき彼の生活を競うように取材し、貧しい身なりの母親が拘置所に向かう姿を写真におさめ、貧困が引き裂いた母子の悲劇と同情的に書きたてた。そこには深い視座も洞察も見当たらなかった。

永山も、彼の家族も、誰ひとり、そのストーリーに逆らわなかった。

事件が起きたのは昭和四三年（一九六八）。それは、世界的に革命の嵐が吹き荒れた年だった。日本も全共闘運動一色に染まっていた。一方で急速な高度経済成長を背景に、豊かさを増してゆく東京と、貧困にあえぐ地方の村々の対比はより際立っていた。都市の発展を支えるため、農村の子どもたちは安価な労働力として次々と都会に送り込まれてくる。

貧富の差を拡大させながら膨張してゆく資本主義社会。そんな体制との闘いの嵐が吹き荒れる最中の、永山事件。時代が持つ独特の熱気と価値観は、〝貧困が生み出した悲劇〟という筋書きに拍車をかけていく。永山が獄中で著した著作は大ベストセラーとなり、支援の輪はみるみる広がった。

しかし、その僅か数年後、議論が熟する時を待たずして時代の熱狂は一気に引いていく。政治の季節は終わり、一億総中流となった国民はやがてバブルの狂乱へと身を委ねていった。貧しい時代の暗部を象徴するかのような少年事件が忘れ去られていくのに、さほど時間はかからなかった。

不可解な少年事件の背景に隠された最も深刻で悲劇的な、かつ今なお続くその問題は、長く見逃されてゆくことになる。二一年もの歳月を費やして行われた裁判も、その解明には何の役にも立たなかった。法廷はもっぱら死刑判決を確定させるための手続きを踏むだけの場と化し、被告人を絞首台に送るに不必要な材料、具体的には「少年の犯行の動機」には深くふれようともしなかった。

〝貧困〟という言葉の裏に隠された真実はそのままに、一九九七年、永山則夫は東京拘置所の刑場で処刑されたのである。

そして二〇一二年——。長く封印されてきた、ある鑑定記録の存在が明らかになった。

生前の永山が、すべてを語り尽くした膨大な録音テープである。一〇〇時間を超える死者の言葉は、少年が連続射殺事件へと向かう心の軌跡をくっきりと浮かび上がらせていた。遠い記憶の彼方に見えてきたもの、それは、ある家族の風景だった。

容赦なく吹き付ける強風が、やがて伸びやかな木々の成長を止め、頑強な岩までも変形させてしまうように、それは少年の人生の歯車を少しずつ狂わせた。幾度か訪れた救いの機会は見逃され、悲劇への秒針は刻まれていった。

少年事件の根を「家族」という場所に探ろうとする時、必ず問いかけられる疑問がある。

——同じ環境に育った他の兄弟は、立派に成長しているこのもっともらしい問いかけは、少年の心の闇を照らし出そうとする光をいつも遮断してきた。しかし、一〇〇時間の独白は、その問いに対しても明白な答えを突きつけていた。

永山則夫の死刑執行から一六年、事件はようやく再考される時をむかえたのである。

第一章　語らぬ少年

1

その録音テープの存在が明らかになるきっかけは、二〇〇八年一二月に遡る。

当時、永山事件の取材をしていた私は、永山則夫の遺品が保管された場所に通っていた。遺品は、永山が一九歳で逮捕されてから四八歳で死刑に処せられるまでの獄中二八年間、彼を支援した人たちが代々、引き継いできたもので、千葉県の民家に保管されていた。ダンボール箱にして一〇〇箱以上。その中でも特に、彼が書き遺したものに集中して読み込む作業を続けていた。

その日、「日記」を手に取った。日々の出来事をメモ風に書き連ねた、便箋の束である。逮捕から五年後の昭和四九年（一九七四）分に差し掛かった時、ある記述に目が釘付けになった（傍点筆者）。

一九七四年一月三〇日（水）

三時前からテープを前にして、問診あり。小学校高学年を中心に、セツ姉さんのことを話すも、ドクターのミスのため、そのところテープに入らず。

永山は当時二四歳。「ドクター」に自分の生い立ちを語っているようである。それに続く日記によると、ドクターの問診は夏頃までの長期にわたって続けられていた。いや、そのことよりも目を引いたのは、「テープを前にして」「テープに入らず」というくだりである。

永山則夫の肉声が、録音されているのか。

調べるとその年は、東京地方裁判所（一審）の公判の最中であり、二度目の精神鑑定が行われた時期と重なった。精神鑑定を担当したのは八王子医療刑務所の技官、石川義博という医師だった。現在も都内で心療内科クリニックを経営する現役の精神科医であることも分かった。すぐさま電話して事情を聞くことにした。すると電話口に出た男性は、少し沈黙した。いきなり三五年も前の、しかも永山則夫という名前を聞かされて困惑しているようだった。

「あなたは、私が書いた書籍や論文は読まれていますか？」

穏やかな口調だったが、拒絶されているような気配を感じた。幸い会いたくないとまでは言われなかった。勉強して出直すことを、半ば一方的に約束して受話器を置き、それから暫くの間、手に入る限りの彼が世に出した書籍や論文を読み込んだ。

精神科医としての石川義博氏の経歴は輝かしいものだった。東京大学医学部で学び、一九七〇年代初頭には、精神医学の世界的な拠点のひとつであるロンドン大学に留学。帰国後は八王子医療刑務所の医務部課長を務めており、エリート街道を歩んでいた。

彼が著したものの多くは、際立って二つの傾向に分類できた。まず、初期の六〇年代後半から七〇年代。この時期は、ほとんどが犯罪精神医学に関する研究と分析だった。特に非行少年に関する研究が目立ち、永山則夫の精神鑑定以外にも、東京大学助手時代には、世間を騒がせた別の少年による殺人事件の鑑定も手がけていた。権威ある法学雑誌『ジュリスト』などに寄稿した論文もあり、その分野ではかなりの実績を積んでいたようだ。

それが一転、九〇年代以降は、専門的な犯罪精神医学に関するものは一切無くなり、現場の臨床医として、患者の具体的な症例や治療を取り上げるようになっていた。患者を支える医療スタッフや家族がとるべき対応などにも詳しくふれ、一般の人が読んでも十分、参考になるような内容に変わっている。いわば精神医学の研究者から、〝身近なお医者さん〟に変わったような印象を受けた。

最初の電話からひと月半後、石川医師が経営するクリニックを訪ねた。そこは病院というより、こぢんまりとしたマンションの一室を使っているためか家庭的な雰囲気が漂う空間だった。

石川義博医師は七四歳になっていた。

この日は、午前の患者の診療を終えて、昼休憩のあとの一時間が取材のために割かれたようだ。優しい目をした穏やかな面持ちで、どこかホッとする雰囲気を漂わせている。白衣は着ておらず、グレーのセーターの襟元から白いシャツをのぞかせていた。

単刀直入、永山則夫の日記に書かれていた「テープ」の記述について心あたりがないか尋ねた。石川医師は暫くうつむいて考えた後、少しずつ語り始めた。

「確かにね、私が彼の精神鑑定を行った時に録音をとったんです。彼が日記に書いているテープというのは間違いなく、その時のことでしょう。刑務所でテープを回すなんて普通は許されませんからね。もちろん、彼の了承をもらって録音したんです。かなり長い期間、ほとんど毎日テープを回しました。その時のテープはすべて私の手元に保管しています。もう終わった鑑定だから全部、捨ててしまえばいいんでしょうが……。一切、公開するつもりもないし、私が死んでから捨ててもらうつもりです」

保管期限の五年はとっくに過ぎている。いつ捨てても構わないはずの録音テープを、なぜか後生大事に持っている。だが、世に出すつもりはないという。

心を患う人たちに日々、向き合ってきた経験がさせることなのか、どんな質問にも穏やかな表情と語り口を変えることのない石川医師が、この時ばかりは表情を曇らせ口が重くなった。一体どういうわけなのか、手がかりを探ろうと幾つか質問を重ねるうち、医師は思わぬことを語った。

「私は永山の精神鑑定を担当したのを最後に、もう二度と、裁判の精神鑑定はしないと決めたんです。もう絶対にやるまい、意味がないと思ってね。あの鑑定をやってから何度か、あなたも御存知のような、社会を騒がせた少年事件の鑑定をしてほしいと依頼が来たこともありましたけど、全部お断りしてきました」

先に読み込んでいた医師の書籍や論文が、途中からまったく様子が変わった理由が少し理解できた。石川医師は何らかの理由で犯罪精神医学の道を諦め、患者の治療にあたる臨床医になったのだ。静かに語る表情はやはり穏やかなものだったが、その瞳の奥に見え隠れする哀しみの気配に、何らかの深い事情があることを予感した。

その後、石川医師が手がけた永山の精神鑑定書、いわゆる「石川鑑定」について調べると、それが日本の裁判史上、極めて稀な存在であることが分かってきた。石川鑑定の要約は、すでに刊行されている専門書にも見ることが出来る。しかし、それは全体のごく一部にすぎない。実際に取材で手に入れた石川鑑定の原本は、質量ともに膨大なものだった。

まず驚かされるのは、鑑定書の厚さである。ビッシリと細かな文字で二段組、一八二頁。目次だけで二頁、まるで一冊の小説のようだ。

厚さだけではない。その内容もまた特筆すべきものだった。被告人、永山則夫が生まれてから事件を起こすまでに経験したあらゆる出来事の詳細と、それに伴う彼の心の軌跡、さらには犯行後の心境に至るまで膨大な情報を網羅していた。また永山則夫本人に留まらず、永山の両親の結婚生活や極めて複雑な兄弟の関係、永山の父方と母方それぞれの三代から四代前までのルーツを辿り、まさに永山則夫へと続く一族の系譜まで掘り起こしていた。

しかも鑑定作業にかけた期間は二七八日間、約九ヵ月とある。ひとりの医師による単独犯への鑑定で、これだけ長期間を費やしたものは極めて稀だ。刑事事件の精神鑑定の九割は一ヵ月以内で終わるというのが、最高裁判所家庭局が出した統計である。これほど細部にわたる、かつ膨大な情報を、彼は一体どうやって集めたのか。その鍵はやはり、永山自身が語った録音テープにあると思われた。

この精神鑑定書について、第三者の判断を仰ぐことにした。日本の刑事司法を代表する法曹のひとり、木谷明元裁判官に、とにかく一読してもらい感想を聞かせてもらえないだろうかと頼んでみた。木谷氏も、初めて目にしたその分量に「えっ」と声をあげて驚いた。すべて読み込み分析するには一ヵ月ほど必要でしょうと、長期戦の構えで応じてくれた。だが、僅か三日後、木谷氏から興奮気味なメールが届いた。氏のメールはこんな書き出しで始まっていた。

〈読み始めたら最後まで一気に読んでしまい、おかげで他の仕事が全部、滞ってしまいました〉

さらに、鑑定書を読み終えた率直な感想が続いた。

〈分量も膨大ですが、これほど被告人の心に迫った鑑定書というのは、私自身の裁判官人生でも読んだことがありません。これまで永山事件については、貧しい家庭に育った、少年から青年になりかけの人が、なんかわけの分からない連続殺人事件を犯したという程度の認識だったのです。ところが、これを読んで、被告人の心が初めて理解できたような気がします。決して犯罪を正当化する意味ではありませんが、彼がなぜ事件を犯したのか、その疑問がやっと晴れたような気持ちです〉

巷に流れている永山事件や永山の家族に関する情報のほとんどが、この精神鑑定書をベースにしていることは、ほぼ間違いなかった。後に小説家として獄中で執筆することになる永山自身が著した小説の内容すら、大部分が鑑定書に記された事実と重なった。

しかし、永山事件の一連の流れの中で、石川鑑定の存在はほとんど知られていない。なぜなのか。

調べると、裁判の一審と二審では、石川鑑定に対する評価がまったく異なっていた。よって判決は、「死刑」と「無期懲役」とに判断を分けている。にもかかわらず、事実上の死刑判決を下した三審（最高裁判所第一次上告審）の差し戻し判決は、石川鑑定の存在について一言もふれていない。下級審で判断を分けているのに、上級審がそれに一言もふれないとは何とも奇妙である。そこにどのような力学が働いたのか。

最高裁判所が差し戻しの理由に挙げていない以上、それが、後に行われる裁判で議論される余地は少なく、石川鑑定は、確定判決には反映されていなかった。なるほど最高裁の差し戻し判決を機に、石川鑑定は事実上、その存在を葬られたに等しいことが推測できた。二一年にわたる裁判で、石川鑑定が辿った奇妙な動き。その背景に一体なにがあったのか、調べるに値すると直感した。

また、質量ともに膨大なこの精神鑑定書を書き上げるために、石川医師はどれほどの作業を重ねたのか。ひとりの人間に向き合い、そしてひとつの形にまとめあげていく作業は、映像編集や執筆のそれにも似て、調べた事実の多くを棄て去ることを意味している。吟味に吟味を重ね、成果物として表に出せるのは、ほんの上澄みだけ。使われなかった材料に、いかに多くの未知の情報が含まれているかは容易に想像できる。

もし、この精神鑑定に使われた永山則夫の録音テープがすべて残っているとすれば、見過ごすことは出来ない。このまま諦めるわけにはいかなくなった。

物語を進めるために詳細は省くが、最初の取材から二年半後の二〇一一年秋、石川医師は、保管していた録音テープすべてを私に託してくれた。

「あなたに預けますから」

穏やかな笑顔で、ずっしりと重い紙袋を手渡された。その中には、永山への面接の度に医師がつけていたカルテまで入っていた。面接の記録とも言えるカルテには細かな文字がビッシリ並び、永山自身が書き込んだ地図や相関図までも雑多に記されていた。

テープは全部で四九本（数本は行方不明）、ゆうに一〇〇時間を超える膨大なものだった。裸のまま輪ゴムで束ねられているもの、紙の箱にまとめて入れられているもの、カセットケースに収まっているものなど様々だった。カセットテープの表側に、永山が語った内容が簡単な見出しでメモされているものもあった。

カルテに記された内容とテープの中身を照らし合わせながら、石川医師が聞き取ったであろう順番に並べ直すだけで数週間を要した。それから八ヵ月間、ひたすら録音テープを聴いては、その内容を一文字一文字、書き起こす作業を進めた。

三八年前のテープは、時に切れたり絡まったりもしたが、当時としては最新の機材が使用されており、録音状態は良かった。証言は語尾まできちんと聞き取ることが出来た。永山の声は、少し鼻にかかったような甘い響きがある。幼い頃から患っていたという蓄膿症と関係があるのかもしれない。時々、青森弁を感じさせるイントネーションになることもあるが、言葉遣いは標準語に近い。普段はゆっくりと話すが、興奮すると声が大きくなったり、話が止まらなくなったりする。一転、辛い話や話しにくい話題の時は、がっくりとうなだれたような響きに変わり、感情の起伏が読み取りやすい。

沈黙の合間に永山が漏らす溜息、部屋の外を歩く足音、看守の号令、鳥の鳴き声、遠くの部屋で鳴っている黒電話の呼び鈴。そんなひとつひとつの雑多な音が、永山則夫と石川医師が向き合ったであろう空間を、くっきりと浮かび上がらせてくる。

あまりに時間と手間を要する作業だったが、いざ聴き始めると、逆に止められなくなってしまった。録音テープに刻まれていた永山の独白は、事件について詳しく調べたつもりになっていた私自身まったく聞いたこともない、あまりに多くの事実に溢れていた。

そこには、人生の危機的な瞬間に引き金を引くことを選んだ少年の動機も、はっきりと語られていた。

2

録音テープの内容に入る前に、石川医師による精神鑑定が行われることになった幾つかの事情について、ふれておかなくてはならない。

永山則夫が昭和四四年（一九六九）四月に逮捕されてから、裁判が始まるまでの四ヵ月。この間に起きた出来事には、録音テープの証言の価値を知る上で無視できない重要な要素が含まれている。

逮捕当初、当局にとってやっかいな問題として浮上したのが、永山の「年齢」だった。

犯行当時、永山は少年法が適用される一九歳三ヵ月で、逮捕時は一九歳九ヵ月。誕生日を迎える三ヵ月後には二〇歳となり成人する。もし捜査が長引いて永山が成人年齢に達すれば、少年を保護するために少年法が定めている「家庭裁判所への送致」が出来なくなる。つまり、他の一般事件と同じように直接、東京地方裁判所に起訴しなくてはならなくなる。そうなれば、いくら重大犯罪で家裁から再び送致（逆送）されてくることが明らかであっても、少年法の精神が蔑ろにされたとマスコミの批判を浴びることは免れない。

そのため警察と検察は、永山を一九歳のうちに家庭裁判所に送致できるタイムリミットを考えながら、あらゆる捜査を駆け足で進めなくてはならなくなった。殺人が四件ともなれば通常、捜査だけで数ヵ月は要する。しかし、永山事件は一ヵ月で全捜査が終了した。

永山が逮捕された当初、永山の母親が週刊誌の記者によって旅館に拘束されるというハプニングがあり、七人いる兄姉たちはみな姿をくらました。永山自身も供述を拒否する態度に出たりして、捜査はいきなり難航した。そんな中で、本人の膨大な供述調書が作成できたのには理由がある。取り調べの際、「○○○で間違いないな」と問いただし、容疑者が「はい」と答えれば、供述調書には「私が○○をやりました」と一人称で記載される、いわゆる「要領調書」だからである。永山は、そのような捜査員の誘導に一度も抗わなかった。本人の供述に正確さを期すために行われる現場検証も、拳銃を隠していた横浜の一ヵ所だけで終わった。

いずれにしても、捜査は通常ではありえない速さで片付けられた。当局としては否認事件でもなく、凶器や指紋などの物証も複数あり、家庭裁判所への手続きを優先させることでよしと割り切ったのだろう。

逮捕から約一ヵ月の五月一〇日、検察庁は予定通り、「刑事処分相当」との意見を添えて、永山を家庭裁判所に送った。永山の身柄は即日、東京・練馬にある東京少年鑑別所に移された。

この頃の永山は、全神経を集中させて自殺することばかりを考えていた。警察の留置場では、脱いだシャツで自分の首を絞めようとして自殺未遂を図ったという情報もあり、鑑別所でも格段の注意が払われていた。だが職員が目を離した僅かな隙に、今度は房に置かれていたシーツを切り裂いて首を吊ろうとした。

鑑別所は、永山担当の医師を特別に配置し、永山が興奮する度に大量の精神安定剤を投与して落ち着かせた。薬剤を投与された永山は独房の隅にうずくまり、時々、薄目を開けるだけ。記録によるとその姿は、「仮死状態の猿」のようだったという。少々、手荒な手段を使っても、鑑別所は重要事件の被疑者である永山少年を絶対に自殺させてはならない特別な事情を抱えていた。

悪しき前例は、昭和三五年（一九六〇）に起きていた。公衆の面前で、社会党委員長の浅沼稲次郎を刺し殺した一七歳の少年が、やはりここでシーツを切り裂いて首を吊り、自殺したのである。社会を騒がせた大事件ゆえ、鑑別所の管理体制の不備が槍玉にあげられた。

永山は、薬が切れると「殺せ！」と叫んで暴れまくった。ついには、乱暴な方法ではあるが電気ショックを与えることまで真剣に検討された。しかし、間もなく検察庁に逆送する前に、永山自身から事件に関する事情を聞き、医学検査も行い、あらゆる書類を作成しなくてはならないという事情があった。万が一、それらの作業に支障を来たすような容態になったら大変だということで、電気ショックの案は見送られた。

結局、永山の独房には、教官が四人がかりで監視にあたることになった。まさに人海戦術である。就寝時間には全員で永山を押さえつけ、鎮静剤を注射して眠らせた。

この時、東京少年鑑別所は永山に「精神分裂病の可能性がある」との診断を下している。しかし、社会が注目する重大事件ゆえ、検察は刑事責任能力はあるという姿勢を崩さず、起訴前の精神鑑定は絶対に行おうとしなかった。

四日後の五月一四日、青森県在住の永山の母親が突然、上京し、面会にやってきた。

永山を担当していた鑑別所の教官は、救われる思いがした。永山は監視の目が厳しく自殺できないことを悟ると、教官による問診や心理テストを徹底的に拒否していたからだ。どんなに荒れている少年でも、家族、特に母親が現れれば落ち着くのが常だった。教官はすぐに面会を許可した。

ところが永山は、母親との面会を強く拒絶する。教官はふたりの間を何度か行ったり来たりしながら、何とか面会を実現させたが、母と対面した途端、永山は憎悪を剝き出しにして、こう述べた。

「おふくろは、俺を三回捨てた」

永山は、この一言しか発しなかったという。この「三回捨てた」の意味は、後にテープの証言で明らかになるのだが、当時の記録によると母はこう返している。

「そんな、網走には、一回置いたけど……」

それから面会の制限時間いっぱいの二〇分間、部屋はふたりの嗚咽に包まれた。記録によると、面会が終わって房に戻る時、永山はこうつぶやいた。

「どうして、おふくろは俺に冷たかったのか……」

それは、幼い頃から事件を起こすまでずっと、少年が心に抱え続けてきた問いだった。

翌一五日、東京家庭裁判所は、永山が犯した事件の重大さから「刑事処分に付すべき」として東京地方検察庁に逆送する決定を下した。逮捕から逆送まで一ヵ月余り。

少年事件を考える上で非常に重要な資料となる鑑定考査は、期間の短さに加えて永山の精神状態の不安定さもあいまって、十分な調査を行わないまま短期間で切り上げられた。

また、自殺しか考えていない被告人からとられた供述調書が、どれほどの信憑性を持つか疑問視されるのは想像に難くない。しかし、死刑になって死ぬことばかりを考えていた永山は、事件のことを思い出すのが苦痛だと言って、調書の任意性や信用性を一切、争わなかった。このようなことから、逮捕直後に警察と検察主導で作成された供述調書が、後の最高裁判所での審理に至るまで最も信頼できる証拠として威力を発揮しつづけることになる。

3

逮捕から四ヵ月後の八月八日、東京地方裁判所で初公判が開かれた。

永山は二〇歳になっていた。あれほど世間を騒がせた不可解な連続射殺事件である。少年が法廷で何を語るのか、開廷前の裁判所にはマスコミや若者たちの傍聴の列ができ、傍聴席は満席になった。

三人の看守に伴われ入廷した永山は、両手に手錠をかけられ、腰縄を引かれていた。それらを解かれ、裁判長に前に出るよう促されても、放心したように突っ立ったまま動かない。看守に背中を押されるようにして、なんとか証言台の前に立った。裁判長が人定質問を始めた。

「名前は？」

永山は、何も答えない。

「答えたくないの？」

目線も、伏せたまま。

裁判長から意見を求められた弁護人も、「弁護人の意見は次回にしたい」と述べるにとどまった。公判の前に何度も面会をしたが、永山はほとんど喋らず話を聞くことすら出来ていなかったのだ。検察官による淡々とした起訴状の朗読だけが、普段の法廷の風景を辛うじて保っていた。法廷はわずか二〇分足らずで閉廷した。

四ヵ月後の一二月二二日、第六回公判。裁判では特に重要な場面である被告人質問が行われた。弁護人は永山の言葉を引き出そうと悪戦苦闘したが、永山は語らない姿勢を貫いた。

「殺したのは俺なんだ、四人とも……。要するに俺が犯人なんだ」

永山の沈黙は公判を重ねても変わる気配はなかった。

年が明けても、被告人の沈黙のうちに審理はとんとん拍子に進んだ。八月になると弁護側は、永山の東京での勤め先の上司や、母親、兄姉、学校の担任など大量の情状証人の申請を行った。情状が終われば、裁判はいよいよ結審に向かう。

マスコミの報道では、永山家は子ども八人の大所帯で、父は博打で放蕩して横死、母がリンゴの行商で得る僅かな金で生活するという極めて貧しい環境にあったことが大々的に取り上げられていた。

そんな雰囲気の中、兄や姉たちは全員、出廷を頑なに拒否した。戸籍を抜いてしまい、弁護人が連絡をとろうにも行方すら分からない者もいた。母は子どもたちを捜そうと、新聞に「連絡よこせ」と広告を出そうと考えたが、近所の人に止められ思いとどまった。この頃、母親にもマスコミの取材攻勢がかけられていたが、周囲の期待に反して母は一度も涙を見せず、「永山の母は泣かない女」などと囁かれていた。

一一月四日、青森地方裁判所弘前支部で行われた出張尋問。

法廷に姿を現した母親は、一挙一動、どうしたらいいものかと所在なさそうにしていた。これほどの大勢の人の前で話をさせられるのは、恐らく彼女の人生で最初で最後の体験だっただろう。母は裁判長の質問に、今にも消え入りそうな小さな声で何とか答えた。裁判長も必要以上に質問はせず、粛々と手続きを済ませようとした。

裁判長　お母さんから見て、則夫君が他の兄弟と違うところはありますか?

母　自分の言いたいこと、はっきり言えないんです。

裁判長　お母さんが特に則夫君に辛く当たるようなことはありましたか?

母　末娘と同年の孫をいじめると近所の人に言われるもんだから。それで怒ったことはあります。

裁判長　本人が「俺を三回捨てた」と言ったようだけど、置いたのはひとりだけじゃないでしょう?

母　私が網走に置いた時は他の子も一緒でしたし。三回というのは分からないです。

裁判長　則夫君の性格はどうなんですか?

母　素直でした。でも、怒るとパッと走ってしまうんです。

裁判長　学校に行かなくなった理由について思い当たることはありますか?

母　担任の先生が「この子の親はバクチうちだ」というようなことを言ったか

ら……。

たとえ、事件に至るまでの母と息子の相克がいかに乗り越えがたいものであったとしても、それを初対面の裁判長に対して語れというのは土台、無理な話である。だからこそ、尋問の前に弁護人が様々な準備を行わなくてはならないのだが、その作業が為されることはなかった。後に母親が石川医師に打ち明けるその話こそ、事件の動機を解明する上で極めて重要な情報となるのだが、この時の形式的な法廷では、それにふれることすらなかった。

青森への出張尋問で、もう一つ注目されたのは、永山の一九歳上の姉、長女セツの「病状」である。

長女は、永山の実家がある板柳町から車で三〇分ほどの弘前市内の精神病院に入退院を繰り返していた。尋問が行われた当時は入院中だったため、主治医が法廷に呼ばれた。長女の病状に関する尋問は、永山が東京少年鑑別所で「精神病の疑い」があると診断されたため、永山家の遺伝的な問題を検討するために行われたと見られる。

主治医によると、長女は内向的な性格で「意志の減退」という症状が現れており、精神分裂症と診断されていた。周りの患者が退院して結婚したという話を聞いた時に落ち込んだり、恋愛妄想が起こるため、病気の原因は恐らく遺伝的なものよりも、恋愛や結婚に関連した精神的な動機があるのではないかと推測した。また主治医は、誰から質問されたわけではないのだが、長女が退院できるまでに回復しても、母親が長女の就職先を探そうともせず「このまま病院においてくれ」と病院に頼り切るばかりの態度であることについても不満を漏らした。

母親は検察官からの質問に対して、母方と父方のいとこに精神病を患ったり、精神病院に入院した者がいることも明かしている。

しかし、長女の病気の問題は、永山家の遺伝的な問題を考えるためよりもむしろ、別の意味で永山自身の人生に深い影響をもたらしている。そのことも、後に行われる石川医師による調査まで待たなくてはならない。

この時の出張尋問で、事件の背景に秘められた真実に近い言葉を漏らしたのは、永山の中学時代の担任ひとりだけだった。

「学校に来ない理由について、当時の私は〝怠惰〟と解釈していたが、今は深い事情が裏にあったのではないかと思っています。登校させるためにお母さんにも会いましたが、無関心というか、息子に対する説得力というか、そういうものが乏しい印象を受けました」

沈黙を守り続けた永山が、ある日の法廷で珍しく裁判長に発言を求め、こう述べている。

「これだけは言っておきたい。自分は前に、ドストエフスキーの『罪と罰』を読んだことがある。自分も本を出したいと思っている。函館の人（被害者遺族）に二人の子どもがいるから、その子のために出すんだ。自分は今も、事件をやったことを後悔していない。自分には、情状をくれるよりも死刑をくれたほうがいいんだ」

4

この日、永山は唐突に、ドストエフスキーの『罪と罰』の話を持ち出した。

彼はなぜ、『罪と罰』にふれたのか。

この疑問は、当時の報道では取り上げられていない。無知な犯罪者が、難しい小説の名前を披露してみせたという程度にしか捉えられなかったのかもしれない。

しかし、あえて『罪と罰』を読んだと口にすることは、永山にとっては心に秘め、隠し続けてきた事実にふれる重大な意味を持っていたようだ。永山は当時、法廷では語らない姿勢を貫く一方で、独房では弁護人が差し入れたノートに自分の気持ちを綴っている（一年後に『無知の涙』として出版されることになるノートである）。そこに、この時の『罪と罰』に関する発言について書かれた記述がある。日付は、前述の発言から二週間後。それは、世論から『罪と罰』について何の反応もなかったことを確認した上で書かれたようにも読み取れる。その部分は注意深く見ておく必要がある（傍点筆者）。

昭和四五年九月一〇日のノートより（抜粋）

私はとうとう言ってしまった……。若し私が自身の〝告白記〟なるものを書上げる段階になると、これは必ず前提的条件として記さなければならない、確実に記さなければならない事実であるのだから。それは、事件以前に『罪と罰』を読んでいるという事実だ。例の高校へ二度目の門をくぐった時節、この著と国語辞典とを小脇にかかえ普遍的な学生の真似をして、ある学校の屋上で、そして電車の中で、又は例の森の小池のほとりで……読み、忘れられないものとなっていた。

今、何故この事を言ったのであろうか——。

この事件にある程度の計画性のようなものが有ったのを、世論が知ったら(!)、私への、私の家族への同情は木端微塵に打ち砕かれ、そして私へは物凄き非難・讒謗《ざんぼう》が浴びせられたであろう。しかし今は言ってもいいのだ。何故ならば、人(一般的人)というものは、どこにあっても人を見る場合は、第一印象というものをその見るべき人物に与えてしまうからである——それ故に、譬え《ママ》私が今頃計画性がある云々と言っても、人(一般的人)は信じ難いとも思うのである。私がこの事を法廷で平然たる態度で言ってのけたのは、私にはもう兄姉というものを考えなくともいいという激情ともつかない憎悪からでもあるということを付け加えて置こう。私が計画的にこの事件を実行したとしたならば、世論は、私の家族の者たちへ同情などしたであろうか。多分、毛頭の程も存しなかったであろう。「無知」、これでなければならなかったのだ。この「無知」であろうとする一言的表現に、すべては尽きる。そういう風にある程度先を考えた所為もあり、私は馬鹿扱いされても黙っていた。

それが、何故語るようになったのか……。この一年間、私には、兄姉というものの存在を考慮しなくともいいように彼等が教えてくれたのだ。その教えに従って、最近の私は彼等への善意志というものは、喪失し、消沈し、そしてついには破壊された。彼等への感情というものを失う時、そこには、もう憎悪の澱さえ、——無い。全く無いのだ！　何ということなのでしょうね、私は人間性の全然ない、物体のような存在だ——殊に彼等に関しては……。

　これを書いた当時の永山は、兄や姉たちへの思いを何らかの理由で断ち切り、彼らへの憎悪が剝き出しになった状態にあるように読み取れる。

　事件の前にすでに『罪と罰』を読んでいたこと、つまり、本の主人公であるラスコーリニコフが、殺人を是とする自分勝手な理論で計画殺人を犯したように、永山自身の無差別な連続射殺事件が、実は「計画的な犯行」であったかのようにほのめかしている。もしこの記述が、一時の激情にかられたり、後付けの理論によるものでもないとすれば、「貧困が引き起こした犯罪」そのものを否定する意味を持つことになる。そうであったならば、永山の計画的な殺人は、どのような事情から起きることになったのか。永山は一ヵ月後の法廷でこんなことも述べている。

「小さい頃のことはほとんど記憶がない。マスコミの影響でゴチャゴチャになっているけれど……。自分が神経症であることは分かるけれど、いつ頃からなったかは分からない。おそらく、母に捨てられたからだと思う。人を殺せるまでに凶暴になったことに原点があるとすれば、中学生の頃だと思う。そのことについては、今は言わない」

裁判長も検察官も弁護人も、この発言を深追いすることはなかった。次の法廷で、裁判長が一言、「原因が中学校にあると言ったのは先生や友達と何かあったの」と質問しているが、永山は答えていない。永山は石川医師に会うその時まで、「中学生の頃に起きた出来事」を心のうちに秘めていく。

彼は、犯行の動機の核心について、まだ何も語っていなかった。

5

昭和四五年（一九七〇）も暮れようとする頃、死ぬことばかりを考えていた永山に転機をもたらす人物が現れる。

後の直木賞作家、井出孫六（当時三九歳）だ。井出は八一歳になる現在に至るまで作家を生業としながらも、自分と永山との関わりについては一度も書いたことがない。ずっと胸の内に秘めてきた。

井出はその年の春、長く編集者として勤めた中央公論社を辞めたばかりで、失業保険がある間は取材をして歩こうなどと将来を模索していた。そんな時、永山事件の公判を傍聴していたかつての同僚から、永山が何にも喋らないまま裁判が終わりそうになっているという話を耳にはさみ、ふと法廷を覗いてみるかと思った。当時、世間を騒がせた少年の連続射殺事件は、世間の関心とは違うところで気になる出来事として井出の頭の片隅に置かれていたからだ。それは、事件が昭和四三年（一九六八）に起きたことと無関係ではなかった。

一月、東京大学医学部の闘争が始まり、二月、殺人犯がダイナマイト片手に静岡の旅館に立てこもり、それがテレビで生中継されるという日本初のいわゆる劇場型犯罪が起き（金嬉老《きんきろう》事件）、三月、ベトナム戦争の負傷兵を運ぶために王子病院が出来て学生運動がますます激しくなり、四月、日本大学における二〇億円使途不明事件をきっかけに学生運動が全国に広がっていく、昭和四三年はそんな年だった。

「そういう、いわば殺すか殺されるかというような時代情況の中で、永山は一〇月に東京タワーの下にあった高級ホテルに入っていくわけですよ。僕は、あの時代が彼に影響していないはずはないと思っているんです。当時の若者とどこかで空気が繋がっていた、だから永山は、突如として生まれた殺人鬼じゃないだろうと」

その年に広島で起きた、若者によるある事件も井出の関心を永山へと向けさせた。警察から拳銃を盗んだ二〇歳の青年が、瀬戸内海で客船を乗っ取って射殺された「シージャック事件」である。船に立てこもった青年は、大阪府警から派遣されたライフル班によって胸を撃ち抜かれ死亡した。国内の人質事件で警察が犯人を射殺した初のケースだった。その瞬間を捉えたテレビ映像は何度となく放映され、警察は正当防衛を主張するのに躍起になった。

「あの事件も調べていくとね、犯人のK君っていうのは永山と似たような生い立ちなんですよ。船乗りのお父さんは家に帰って来ない、お母さんが新興宗教に入ってしまう、それで小学校時代から長欠のまま。中学はひとり良い先生がいて、その先生に言わせると、K君は確かにワルだったけど、非行少年の中でも、こいつだけはモノになるという少年だったと言うんです。それが、警察のライフル一発で殺されてしまって何も残っていない。どうして彼がそんな事件を起こしたのか謎のまま終わってと、そういうことが私が永山にかかわることになる前にあったんです」

井出はさらに、永山事件より一〇年前の昭和三三年（一九五八）に東京で起きた少年事件、「小松川女子高生殺害事件」のことも付け加えた。井出によると、この事件の犯人にも永山と似たような要素があったという。在日朝鮮人の一八歳の少年は親子八人の貧しい家庭に育ち、教科書を買う金すらなく、時には窃盗を働いて家計を支えた。就職しても社会で差別にさらされたが、従来、成績はよく、仕事も熱心だった。ところが、自ら定時制高校に通い始めたところ突然、不可解な殺人事件を犯したというものだ。

裁判は、少年の犯行の動機も分からぬまま幕引きされた。「人間として生存価値は無い」と検事が断じ、逮捕からわずか五ヵ月後に死刑判決は下された。少年は胸のうちを語らぬまま処刑された。

その頃から目立ち始めていた少年による不可解な事件の解明に、司法はまったく機能していなかったのである。

一二月に入ってから、井出は永山の裁判を傍聴しに東京地方裁判所に足を運んだ。やはりこの日も永山は殆ど語らなかった。裁判長は次々と証人尋問を済ませ、審理の予定を詰め込んでいた。このペースでいくと、来年の半ばには死刑判決が下されるだろうと思った（当時の裁判長は翌年の人事異動までに裁判を終わらせる心積もりだったことが後に明らかになる）。

井出はまず、永山本人に会ってみようと東京拘置所を訪ねた。突然の訪問だったが、永山は看守に連れられて面会室に姿を現した。プラスチックの仕切りを挟んで話さなくてはならないもどかしさを感じながらも、井出はとにかく永山を励まそうとした。

「『あなた、今までのことを少し話しなさいよ。新聞にも色んなことが書かれているけど、それはもっぱら当局が調べたことが新聞記者の手によって伝えられているだけで、本当は違うとか、こうじゃないとか、いっぱいあるでしょ、それは裁判の中で説明していかないと』と説得したんです。最初の印象はうつむいて、まるで鬱病の患者みたいな、とても警戒心が強いという感じでね、正直あまり手ごたえはなかったんです」

弁護人は一体、何をしているのか。井出はその足で弁護士事務所を訪ねた。そこで弁護士から思わぬものを見せられる。

「このノートには随分と色んなことを書いているんですけど、法廷では喋らないんですよ」

弁護士は困ったような顔をして、永山が獄中で書いているというノートを数冊、差し出した。

「ノートをまとめて本にして出版して被害者遺族に金を送るんだと、本人は言っているんですけど、どの出版社も前向きじゃないんですよね」

ノートを手にとって表紙を開いた井出は、言葉を飲み込んだ。

鬱、縊、締、囓、霊、怨……。暗い雰囲気の漢字を、物凄い勢いで何回も何十回も、繰り返し練習している。あまりに強い筆圧で、紙の裏までボコボコだった。高揚している自分の気持ちを文字の中に必死に込めているような奇妙なまでの迫力に満ちていた。さらに頁をめくると、詩や短い小説が出てきた。

「それはもう、本当にびっくりしましたよ。いやもう、すごいと。啄木調の詩が出てくるんですけど、彼は石川啄木を読み込んでいるんです。恐らく中学時代から読んでたんじゃないかという感じで、稚拙だし技術はないけど、ちゃんと韻もふんでいる。幼い頃に家の中から見た風景を、ちょっとした散文風にして書いてみたりもしている。ぼくらの頭の中には、永山っていうのは貧乏で不登校で小学校にも中学校にも半分も行ってないという感じでしたから。だけどノートを読むと、かなり高度なものを読んでいる形跡があるんです。ドストエフスキーなんか読んでるんだ。そういうことが次々と分かりましてね、あの時は興奮しました」

元編集者の直感として、これはすぐにでも、このままでも本に出来ると確信した。

「ものすごい宝石みたいなものが一杯あるという感じ、あのノートの中に。考えられないような可能性を秘めているような気がしたんです。彼が書いていたのは、自分が殺した四人が一生、自分の中にいて、自分は五人を生きている、だから自分を書きたいのではない、書くことで四人を殺した罪を償うんだという言い方をしてるわけ。自分は弱い人間で、自殺するにも四人殺さないといけなかった、そういう罪を背負った人間なんだと。

僕も含めて小説家っていうのは社会の余計者で、余計者だから書くしかないと。その資格が彼には十分にあると思いました。僕自身も会社を辞めたばかりで書きたいという気持ちが強くあって、共感するところがとても大きかった。だからそれを見て改めて、この少年……、もう少年を過ぎる頃だったけど、この少年の命をもう少し長らえさせたいなって、ものすごく強く思いましたね」

井出は、五、六冊あった大学ノートをすべて借りて帰った。当時、コピーは大変高価なものだったが、時間をかけて青紙で一枚一枚、慎重に漏らすことなく複写をとった。弁護士は、「来年の春には判決だろう」と語っていた。あと四ヵ月しかない。井出は、それまでにこのノートを世に出して反響が起きれば裁判を違う展開に出来るのではないかと考えた。

数日後、井出は再び永山のもとを訪れた。ノートを出版する話を切り出すと、永山は前回とはまるで別人のように目を輝かせた。一緒にやろうという井出の申し出を、快諾した。

6

井出のもくろみは、当たった。いや、当たりすぎたと言ってもよかった。

昭和四六年（一九七一）三月、永山のノートは『無知の涙』というタイトルで出版される。初版一万部、三五二頁、永山が書き綴った順に全一〇章の構成だ。本は、いきなり最初の三週間で六万部を売り上げる大ベストセラーに化けた。永山が出版社と結んだ契約書には、印税を遺族に送ることが明記されていた。印税はまず函館の遺族に届けられ、増刷分から京都の遺族にも届けられるようになる。

それまでのマスコミ報道から作られた永山則夫のイメージは、「貧困家庭」「不登校」「無知」というものだった。そのため、井出を驚かせたようなノートに書かれた内容は、まるで永山が獄中に入ってから独学で学びとった成果物のように受け止められ、罪を犯した少年の必死の勉学に賛辞があふれた。そして、無知を生み出す貧困への怒りが反響となって殺到した（以下、出版社に寄せられた読者カードより）。

——個人をバラバラにする権力への怒り。それが労働者の闘いの原点だ。彼のような素晴らしい同志を権力から奪回しなくてはならない、『無知の涙』から後方の泉を作れ

——無知なるがゆえに打ちひしがれた民衆による、陽の当たる社会への挑戦状である。歪んだ社会からは、第二の永山が育ちつつある

『無知の涙』の反響を背に、永山は井出ら支援者らの助言を聞き入れ、少しずつ裁判で語り始める。そして、いよいよ翌月に判決公判を控えた昭和四六年六月一九日、永山は突然、弁護人を全員、解任した。

井出らの呼びかけで集まった弁護士が、すぐさま新しい弁護団を結成。「事件は四件もの連続殺人で調書類が膨大であり、目を通すだけでも数ヵ月はかかる」と裁判所に訴えた。同じ頃、裁判長が異動になり、三人の裁判官も交替することを余儀なくされる。これまで検察のペースで進められてきた裁判を弁護団の手にとりもどそうと、

新たに冒頭陳述を作り直す作業も始まり、裁判は事実上、最初から仕切り直しとなった。井出の仕掛けが動き始めたのである。

権力との闘いが大きなテーマであったこの時代、永山の存在は『無知の涙』というフレーズとともに、貧困を生み出す社会との闘いのシンボルという側面を強めていった。支援者が増え、カンパも寄せられた。

さらに弁護団は、裁判所に精神鑑定を行うよう求めた。

永山に対する精神鑑定は、すでに一度、行われていた。しかし、当時の永山は自暴自棄になり死刑になって死ぬことばかり考えていて、鑑定人による問診にも心理検査にもまともに応じていなかった。医師から「趣味は？」と聞かれると、「殺人」と答えた。心理テストで蝶の絵を見せられ、「何に見えますか？」と聞かれた時は、「先生には何に見えますか」と返すなど、まったく心を閉ざしていた。

そのような事情もあり、専門家による問診や検査は八日間しか行われていない。完成した精神鑑定書は、「被告人の精神状態に狭義の精神病を思わせる所見はない」という検察の意向に沿う結果を導いていた。

井出ら支援者は、これからの裁判を正しいものにするために、その材料となる正確な精神鑑定が必要だと永山を説得した。たとえどんな結論が出ようとも、「犯罪の原因」を突き止め、同じような少年事件が起きることを防ぐためにも、どうしても受けるべきだと訴えた。

こうして永山は少しずつ、もう一度、真剣に精神鑑定に向き合いたいと考えるようになっていく。それは、少年逮捕から四年後の夏のことだった。

第二章　医師の覚悟

1

その電話は、例年にない酷暑が続く最中にかかってきた。名も知らぬ弁護士は開口一番、切り出した。

「永山則夫の精神鑑定を、先生にお願いしたいのです」

受話器をとったのは精神科医、石川義博、三八歳。

東京八王子医療刑務所の技官として、医務部課長を務めていた昭和四八年（一九七三）夏のことである。ロンドン大学への二年間の留学を経て帰国し、お礼奉公の意味もあり、この医療刑務所に籍を置いて精神障害をもつ受刑者の治療にあたっていた。

「永山則夫」とはどういう人物か、確認するまでもなかった。なぜ自分にこんな大事件の依頼がくるのか、戸惑った。確かに彼はそれまで何度か、刑事事件の被告人の精神鑑定を担当した経験はあった。東京大学助手時代、高校生が同級生の首を切り落として殺害するという、世間を騒がせた少年事件の精神鑑定を手がけたためだろうかとも思った。

しかし、依頼はその場で断った。断る理由には事欠かなかった。何より、永山が獄中で自殺未遂を繰り返しているという話を関係者の噂に聞いていたことがある。被告人の協力なくして真実に迫ることは出来ない。死ぬことばかり考えている被告人が精神鑑定に協力するはずはなかろうと思った。機械的なテストに当てはめて、短期間のうちに被告人を診断する医者もいるが、そんな仕事はしたくなかった。

しかも相手は、無差別に四人を射殺した〝連続射殺魔〟である。極悪非道な凶悪犯のイメージが、度重なるマスコミの報道で石川医師にもすっかり刷り込まれていた。そんな凶暴な相手に太刀打ちできるかと言えば、正直、避けたいのが本音だ。いわゆる非行少年と本気で向き合うのにどれほどエネルギーを要することか、石川医師には骨身に沁みて分かっていた。

もうひとつ付け加えるとすれば、永山の第一次精神鑑定を担当した新井尚賢医師は、司法精神鑑定界の重鎮だった。わざわざ若造の自分が出て行って再鑑定をするというのも気が引ける話である。

それでも、永山の弁護団は簡単に引き下がろうとはしなかった。

彼らの説明によると、永山は新井医師に対して心を開かず、問診にまともに応じないまま精神鑑定書が作られてしまったという。さらに永山自身が精神鑑定をもう一度、きちんと受けたいと希望しているというのだ。この言葉に石川医師の心が少し揺れたのは否定できない。自殺未遂を繰り返しているような青年が、なぜ今になって鑑定を望むのか。

とりあえず、弁護士から郵送されてきた一件記録に目を通してみることにした。すると、そこに記された永山の生い立ちが目を引いた。

幼い頃、母親に捨てられている。父は博打打ちで放蕩し、ほとんど家に寄り付かないまま横死。裁判には兄姉の誰ひとり姿を現そうとしない。家族や親戚に精神的な疾患を抱えた者が複数いる。小学校、中学校ともにほとんど不登校、上京してから就いた仕事も半年以上、続いたことがない。証人尋問の面々を見ても、永山には人間関係を結んだと思える対象が見当たらなかった。

少年をめぐる厳しい事実の羅列は、医師の関心を惹かずにはおかなかった。

永山の生い立ちを読み終えた石川医師は、生涯の師とあおいだ精神分析医、土居健郎の指導を思い出していた。土居健郎（一九二〇〜二〇〇九）は、日本人の心理特性や人格構造を「甘え」という視点から分析し、その病理の研究で知られる日本の精神医学の大家である。独自の視点で日本人論を展開した彼の代表作『「甘え」の構造』（弘文堂、一九七一年）は大ベストセラーとなり、世界各国で翻訳された。石川医師は、後に永山則夫の精神鑑定を引き受けた最大の理由の一つは、土居健郎との出会いがあったからにほかならないと思うのである。

永山に真っ向から向き合うことになる石川義博という人物を知るためにも、その足跡は辿っておかなくてはならない。

2

永山則夫の精神鑑定の依頼が寄せられた時から遡ること一二年の昭和三六年（一九六一）、石川医師は東京大学医学部精神医学教室に入局した。そして、深く失望していた。

当時の精神医学研究の最大の関心事は「脳」の分野にあった。具体的には脳の病理学、生理学、生化学的研究である。石川が精神科医を志した最大の動機は、人間の「こころ」を深く知りたいという欲求からだったというが、医局では「こころ」の研究など科学にあらずといった感じで、研究室の片隅に追いやられていた。

当時、医局の新人たちの指導にあたったのは、小木貞孝（のちに作家となる加賀乙彦）。ある日、石川は小木から「ここに入院している患者の司法精神鑑定の手伝いをしてみないか」と誘われた。鑑定作業では、患者の脳検査やX線検査、血液検査などが行われる。しかしこれらの検査に加えて、例えばその患者が「その時なぜ罪を犯したのか」という心理過程を明らかにすることも求められた。そのためには患者の家族歴や生育歴、既往歴などを調べる必要があり、患者を医科学的な検査対象としてではなく、生身の人間として向き合うことが自然と必要とされた。このことは石川の興味に非常に近く、遣り甲斐を見出したような気分になった。

以降、犯罪精神医学の研究に没頭した。当時、犯罪精神医学界の主要なテーマは、犯罪や非行の「原因」を追究することにあった。原因が明らかになれば、犯罪防止に役立つという理由からである。石川も小木と共に少年院や拘置所、刑務所に出向いては受刑者に面接を重ね、社会における「犯罪行動」と、拘禁されている施設における「反則行動」との関係を調べ、何度も犯罪を繰り返す累犯受刑者の行動を類型化することを試みた。

この研究は小木との共同執筆の形で発表され、大きな反響をよんだ。行動科学を初めて精神医学の臨床分野に応用したと評価され、昭和三九年度の日本精神神経学会賞（森村賞）を受賞する栄誉にも輝いた。東大の医局で失望を深めていた彼は一躍、犯罪精神医学界の将来をになうホープとして、その存在を知られるようになる。

自身の研究に、これ以上はない学会のお墨付きを得て、石川はさらに統計学の立場に特化した研究を進めていく。今度は、非行少年一〇〇人と、同数の一般少年を調べるという大規模な比較研究を始めた。それぞれのグループの身体的特徴などを判別関数を用いて数値化し、八五％の確率で非行少年を区別できるというユニークな結果を導き出した。同様の手法はすでにアメリカのグルーレ夫妻を先頭に欧米で先行研究が進んでいて、一時期は世界の非行予測研究を大きく前進させる研究として注目されていた。具体的には、身体的、器質的、家族関係、心理的、社会文化的などのあらゆる面で、非行少年と非行のない少年とを比較し、統計学的に有意な差を導き出して非行の原因を突き止めようというもので、いわば多元的原因論を探る試みであった。

しかし、その実験はやがて、完敗を喫することになる。いくらそれらの差を並べ組み合わせたとしても、非行の原因や過程を知るには無効であることが明らかになったからだ。だがそこに至るまでの間、石川もまた、厳密な統計学を用いる犯罪精神医学こそ実証的な科学的研究であり、犯罪や非行の防止に役立てるものと信じ込んでいた。かつて目指した「こころ」の問題は脇に置いていた。

ところが、やっと掴みかけた自信を大きく揺り動かされる事態がやってくる。

それは、ある医療少年院に勤務した時のことだ。精神科で治療にあたることになった石川は途方に暮れた。少年らは、それまで彼が勤務した東京大学や民間の病院の患者らとはまったく異なっていたからだ。極めて反抗的で拒否的、敵対的で不信感が強く、こちらの問いかけにも答えようとせず、治療関係を作るきっかけすら見出せなかった。

犯罪精神医学界で大きな賞も受賞し自信をもって乗り込んだものの、これまでの研究は、彼らを前にして役に立たないどころか全然使いものにならなかった。自信は木端微塵に打ち砕かれた。少年たちへの治療は思うように進まず、ここで精神科医として職責を全うすることすら出来ないのではないかという、強い危惧まで抱くようになった。それまで自身が邁進してきた統計学に基づく研究は、何の意味があったのだろうかと重大な疑問が湧いた。どのようにして非行少年の面接や治療を行えばよいのか、何から手をつけていいのか分からなくなった。焦燥感にかられ、まさに医師として拠って立つ基盤を見失った。

そんな最中に出会ったのが、土居健郎医師だった。

土居が、東京大学医学部精神科の大学院生のために「精神療法的症例研究会（通称、土居ゼミ）」を開くことになったという話を聞き、石川は土居に関する知識もほとんどないまま、あまり期待することもなく、とりあえず参加することにした。とにかく藁をも摑むような気持ちだった。

土居の研究会ではまず、事前に選ばれた報告者（参加者のひとり）が、自分が担当している患者の症例や家族歴、病歴、治療経過、行き詰まっている事象などについて報告する。

事前に綿密な準備を行い、当日の報告だけでもかなりの時間を費やし、一見、詳細な説明が為されたかのように見える。ところが報告が終わるやいなや、じっと聞いていた土居が次々と質問を投げかけていく。「患者の最初の言葉は何だったか」、「それに対してどう答えたのか」、「患者はさらにどう答えたか」といった具合に、患者と治療者の間に起きた事柄を次々と問うてくる。そうするうちに他の参加者にも、最初の説明では実は理解できていなかった患者の全体像が少しずつ明らかになってくる。

土居はあいまいな回答は容赦しなかった。質問を重ねる時の土居の迫力は、まさに真実に迫るまでの凄まじい気迫に満ち満ちていた。次から次へと続く詰問に、報告者は不意をつかれ立ち往生し、汗びっしょりになった。鋭く盲点をえぐられ、自分の患者であるにもかかわらず度々、答えに窮してしまい、さらに厳しい指摘に晒され、その切れ味の鋭さと自らの不甲斐なさに泣きだす者も少なくなかった。

こうした数時間に及ぶやりとりの中で、土居による解釈は、その患者が本当に抱えている問題を浮き彫りにしていった。問題がより立体的に説明され、治療の方向性が示されていくのだ。

事実、参加者の多くは現場に戻ってから、土居の指摘が正しかったことを実感した。土居自身、かつてのアメリカ留学時代に同じようにしごかれ鍛えられ辛酸を舐めた体験があり、それを日本の研究者たちに伝えようと必死だった。まさに「土居道場」とも呼ぶべき研究会は週に一度のペースで開かれ、報告者を替えながら続いた。

最初はとりあえず参加した石川も、目からうろこが落ちるほどの衝撃を受けたという。何度も報告者として土居の前に立ち、自分の無知が曝け出され、骨の髄まで切り刻まれる思いを味わった。特に石川は、土居からの「それで君は何て言ったの？」という質問に弱かった。当時、石川は患者との面接において、自分自身の言葉などまったく関心を持っていなかったからだ。

患者の悩みを出発点にして患者の話に耳を傾け、分からないところを聞き直し、患者との対話を深めていく。徐々に信頼関係が築かれ、お互いに問題点を探りあいながら、ある日、「そうだったのか」という瞬間を共に迎えることが出来るようになる。土居の教えは、時間をかけてひとりの人間とじっくり向き合っていくことの重要さを説くものでもあった。

石川は厳しい研究会での経験を積みながら、これまで迷っていたことに、ひとつずつ答えが出てくるような確かな手ごたえを感じていた。自分が求めていたものに「やっと出会えた」と思った。

さらに土居は、長年、石川が抱えていた根本的な疑問にも明確な答えを示してくれた。東京大学の医局時代、医学とは基礎研究のことを指し、臨床は学問ではないと教わった。石川が医師をめざした動機であった、人の「こころ」に向き合いたいという思いは極めて臨床的で人間的なやりとりに繋がるものであり、果たしてそれが科学になりうるのかという疑問である。

土居は次のように語って石川を諭したという。

「医学は本来、臨床から出発し、臨床こそ医学の目的である。それゆえ臨床は、それ自体が研究となりうるし、またなるべきであり、実験的精神によって行われなくてはならない」

「治療関係の中で得られる所見は極めて人間的であり、一見もっぱら主観的な事柄から成り立っている。一方では治療者の主観があり、他方には治療を求める患者の主観があって、この両者が関係して起きる事柄をなるべく客観的に記載したものが治療関係における所見である。その意味で治療関係についての所見は自然科学的事実とは異なるものの、客観性に関する限り何らの遜色はない」

つまり臨床も立派な科学であると、土居は太鼓判を押してくれたのである。

後日談になるが、土居の第一世代の弟子となった石川は、土居が亡くなる二〇〇九年まで四五年間、「土居ゼミ」に通い、最期まで師事した。

以後、石川は「非行少年から学ぶ」ということを常に心がけるようになった。人間はそれぞれ異なる遺伝子を持ち、育ち方も特性もあらゆる点で異なっている。同じ条件を与えても、時間や場所、本人の状態により、その同じはずの条件すら微妙に変わりうる。そんな人間を数値化したり客観化することは、そもそも不可能だということを学び取った。それほどに人間というものは、奥深く複雑で難しい。

「この少年がなぜ非行を犯したのか」

この問いひとつをとってみても、様々な事情を考慮して探らなくてはならないが、非行少年は大人に反抗的でなぜ自分がそうなったかという原因を考えようとする者はほとんどなく、対応は極めて難しい。

石川は、少年との人間関係を作ることを優先させるようにした。少年たちの苦しみや求めているものを理解し、彼らのニーズに応じようと努めるのだ。時間をかけて治療関係が築かれてからやっと、少年は医師を信頼し、共に考え問題を克服していこうという気持ちになっていく、そのことを実感した。

ここで石川の人生の分岐点になったとも言える、ある〝非行少女〟との出会いについて記しておかなくてはならない。この時の経験は、のちに永山に向き合う上でも石川の心の支えになったからだ。

一八歳だったA子との出会いは、医療少年院に勤めていた時のことだ。

A子は、親の虐待により小学一年から家出や放浪を繰り返し、窃盗もし、一〇歳くらいからは売春をしたりして繰り返し保護処分を受け、精神病院でも治療を受けた経験があった。ついには一年数ヵ月間、医療少年院に入れられ矯正教育を受けて出所。

ところがその後すぐ非行を犯して二度目の入院となり、石川が担当することになった。

最初に面接した時、彼女はふてくされた様子で姿を現し、目が左右にゆれ（眼球振盪の症状）、異常なまなざしで石川を睨み付け、「精神科なんかに診てもらうものか！」と怒鳴るだけだった。とにかく衝動的で怒りっぽく、爆発的な興奮があり、ガラスを叩き割ったり、ドアを蹴破る。性格は未熟で自己中心的、平気で嘘をつき、やけになりやすいという特徴もあり、職員からも「この子は矯正教育の対象にはならないから早く精神病院に送ったほうがいい」という諦めの声があがるほど見放されていた。

石川は土居ゼミで学んだことを実践することにした。ただひたすらにA子の話を「聴く」ことから始めたのである。

面接は毎回一時間と決まっていた。A子は最初、他人の悪口を言っては泣きわめき、面接の部屋は怒号に包まれるばかりだった。ところが、石川がひたすら聴く作業に徹してから二ヵ月くらいすると、A子の興奮は次第に影をひそめた。そのうち、彼女は石川との面接時間を楽しみにするようになり、自分自身のこと、両親のことを少しずつ打ち明け始めた。時には甘えるような態度もとるようになり、周囲の職員を驚かせた。

そして石川が、少女の人格が発達していく可能性を楽観し始めた頃、二度目の試練が起きる。それは確かに試練ではあったが、治療を進めるための貴重なステップともなった。

A子が入院して五ヵ月後、石川は業務に追われ、珍しく彼女との面接時間に遅れてしまった。するとA子は、「今日はもう石川に診てもらえない」という不安にかられ、興奮して暴れだした。職員から知らせを受けて慌てて駆けつけると、A子は「今まで男に裏切られてきたから、先生にも裏切られたのかと思った」とすぐに落ち着きを取り戻した。ところが、面接が終わろうとすると再び興奮し、怒りを拡大させ、初めて石川への憤懣を爆発させた。A子の心には、石川に対する独占欲で他の少女患者に対する嫉妬が渦巻き、怒りと同時にドロドロとした甘えが絡みあっているように見えた。

石川が懸命に対応すればするほどに激しく興奮し、ついには、自分がかけていた眼鏡を放り投げた。その眼鏡は彼女にとって特別なものだった。視力の悪い彼女に石川が貸し与えたもので、石川の分身であるかのようにとても大事にしていた。彼女は自らの手でそれを壊してしまったのである。A子はますます絶望的な混乱を示し、三時間以上にわたって泣きわめき、ついには向精神薬を大量に注射して鎮静させる事態になった。

石川は他の教官から厳しく突き上げられた。「先生が甘やかしすぎるからだ、もっと厳しい治療方針にすべきだ」と批判にさらされた。しかし、すでに一度、医療少年院での「公平」な厳しい集団処遇は失敗しているのである。ここで方針を変えるべきではないと思った石川は、一〇人以上の教官と真っ向から対決する羽目になった。医師として、まさに正念場だった。幸い院長が仲裁してくれ、石川の方針で治療を続けることが許された。

石川は、A子は面接時間では話し足りないのだと判断し、日記を活用することにした。大学ノートを二冊用意し、A子が書いてきた一冊を石川が読んでコメントし、次回に交換するという方法である。

するとA子は、大学ノート一冊を一週間で使い切ってしまうほどの分量で書き始め、コミュニケーションは一気に深まった。自分の思いを文字にすることで興奮することも暴れたりすることも減っていった。「行動化」が「言語化」に変わったのである。

日記には、幼い頃、母親に折檻され、裸のまま縛られて雪の中に放り出されたり、父親が愛人を作り、そのせいで母親がヒステリーになって自分を殴りつけたことなど、彼女がなぜ小学校一年という幼い頃から家出をしなくてはならなくなったかが切々と記されていて、石川もA子の気持ちを初めて理解できたように思えた。自分の思いを自分の言葉で表現することの治療的効果を、石川はこの時、身に沁みて体得した。

そして、A子への治療を通して確信したという。非行というものの多くは、親の仕打ちに、これ以上、我慢できなくなった子どもが止むに止まれず行動で示すことなのだと。人に嫌われて怒られる非行を、好き好んでする子どもなどいない。そこには何か必ず理由があり、非行は彼らが発する苦しみまたは悩みのシグナルなのだと受け止めるようになった。

A子はその後、紆余曲折を経ながらも、無事に退院していった。それ以降、社会で一度も非行や犯罪はしていない。のちに結婚し、自立した生活を営んでいる。

石川はA子からこんな話を聞かされた。石川から借りた大切な眼鏡を壊した瞬間、自分が悪いことをしたと後悔すると同時に、石川に見捨てられるのではないかという恐怖心に襲われたのだという。だからこそ、手のつけられないほどの興奮状態に陥った。しかし、石川は彼女を見捨てなかった。

実は石川自身、A子のあまりの行状に困り果て、もうやめてしまおうかと思った時もあったという。しかし、他に支える人間が誰ひとりいないことを思うと、とても見捨てることは出来なかった。当時を思い出しながら、彼女はこんな風に語ったのだという。

「あの時、私を見捨てなかった先生に、悪いことをして迷惑かけることはできないもの」

A子の「先生に迷惑をかけられない」は、それから少しずつ「家族に迷惑をかけられない」「社会に迷惑をかけたくない」という思考に繋がっていった。

精神科医の中には、患者にすぐに診断を下したり、薬を渡しただけで治療した気になったり、症状を分析して終わりという者もいる。しかし、ひとりの患者と真剣に向き合うには時間が必要だ。逆に時間をかけないと、本当に治療の効果があったのか簡単には分からない。A子との出来事は、精神科医としての若き日の石川に貴重な教訓を与えてくれた。石川医師は二〇一三年、七八歳になる今もA子との交流を続けている。

3

話は、昭和四八年（一九七三）秋に戻る。

永山則夫の精神鑑定の依頼を一度は断わったものの、弁護団からは再三再四にわたって「受諾して欲しい」と要請されていた。石川は少しずつ、引き受けてみようかという気持ちに傾いていった。

改めて永山事件の裁判記録に目を通し、「精神鑑定書」を開いてみた。重鎮、新井尚賢医師による「新井鑑定」である。

鑑定書はそれなりのボリュームもあり、必要な鑑定事項をそつなくこなしていた。しかし、永山本人が協力していないせいもあるのだろうが、記載された情報の多くは家庭裁判所の記録や、警察と検察の供述調書に頼っていた。さらに石川医師が注目した永山の生い立ちを分析する部分は、わずか数行で終わっていた。

〈被告人には狭義の精神病と思われる病的症状はなく知能も正常で、性格上の偏りだけが問題であり、この被告人の性格形成には精神分裂病の遺伝的負因もあるが、幼少期における生活環境の影響は少なくない〉

石川医師は目を疑った。今ある資料だけで、これほど悲惨な幼少期を過ごしていることが明らかなのに、その内容を分析するどころか「影響は少なくない」と、たった一言で切り捨てている。思わずデスクの上にあった赤ペンを手にとった。そして強い筆圧でその箇所にキッと線を引きつけた。「なぜ、とりあげないのか」と大きく書き殴り、赤線で囲んだ。

石川医師が保管していた、古びた新井鑑定に書き込まれたその赤文字には、怒りにも似た確固たる意志を感じさせる力強さがあった。「幼少期における生活環境の影響は少なくない」というその一行を、石川医師は看過することが出来なかった。

石川義博医師（昭和48年当時）

悩み抜いた末、覚悟を決めた。これまで自分が精神科医として学んできたことのすべてを総動員し、永山則夫の精神鑑定に徹底的にぶつけてみようと思った。

鑑定を引き受ける条件として石川医師は弁護団に、永山を自分が勤務する八王子医療刑務所に移し、鑑定を集中して行えるようにしたいと求めた。いわゆる「鑑定留置」である。新井鑑定では鑑定留置はわずか八日間だったが、石川は二ヵ月は確保してほしいと願い出た。一九歳の少年が次々と四人を殺害するという重大事件。その背景には生い立ちだけではない、相当な事情が積み重なっているはずだ。その原因に迫る作業は決して短期間に成し遂げられる種類のものではないと確信していた。

昭和四八年一一月二八日、東京地方裁判所が第二次精神鑑定を行うことを認めたという連絡が入った。すでに検察の主張に沿った精神鑑定が存在するにもかかわらず、弁護側の申請が認められるのは異例のことだ。しかも鑑定留置の期間も希望どおり二ヵ月間、許可された。その間、裁判は中断されることになった。

少し話がそれるが、この異例の決定を下した東京地方裁判所刑事五部の海老原震一裁判長は、石川医師による鑑定書が完成し、裁判が再開される直前、在籍わずか二年足らずで別の裁判所に異動させられるという奇妙な動きがあったことを付け加えておかなくてはならない。

その頃、永山事件の弁護人が全員解任され、新たな弁護団が審理のやり直しを進める中で、審理日程は大幅に延びていた。二度目の精神鑑定を行うとなると、さらに時間がかかる。この時期の東京地方裁判所は全共闘事件や赤軍事件といった審理が続いており、法廷は荒れに荒れ混乱を極めていた。審理の迅速化は裁判所の至上命題になっていた。

海老原裁判長は、重大事件の審理には慎重にも慎重を期す姿勢で知られた人だった。しかし、裁判の進行を止めてまで二度目の精神鑑定を認めた海老原裁判長の采配が、上層部の意向に適《かな》ったものでないことは明らかだ。それで、わずか二年での転籍となったのか。すでに故人となった裁判長に当時の事情を尋ねることは出来ないが、その異例の決定があったからこそ、石川医師と永山の物語は動き始めることになる。

当時、石川医師の上司だった八王子医療刑務所の所長もまた、現場に理解の深い人だった。裁判所の決定を受け、石川医師がこの重大事件の精神鑑定に専念することを認めてくれた。さらに、兼任で助手を二人、手伝わせることも許可された。若手の精神科医、有田矩明と吉岡賢尚である。

主任弁護人から裁判所に提出された精神鑑定申請書の鑑定事項は、次のとおり。

一、被告人の精神状態は本件行為時、異状であったかどうか

二、被告人の生い立ちや生活環境は、本件行為時、被告人の精神状態に影響を与えたか
三、被告人の精神状態は、逮捕後、変遷を辿ったか
四、被告人の精神状態に本件犯行との緊張関係が認められるか

4

昭和四九年一月一六日（水曜日）

石川医師が手元に残していた「永山則夫のカルテ」は、この日付から頁を刻んでいく。

午後二時、東京拘置所の車に乗せられた永山が八王子医療刑務所に到着した。保安取調室にて、永山の房の責任者となる二区長の立ち会いのもと、石川医師と永山の顔合わせが行われた。

「やあ、先生」

私服姿の永山は親しげに挨拶した。小柄でやや小太り、髪を少しのばしていて、あごひげも一センチほどのびている。顔色は日に当たらないせいか、少し白っぽい。東

京拘置所では着用が許されている私服を着ていた。

取調室には東京拘置所から運んできた書類と衣類が山と積まれてあった。八王子医療刑務所の職員が、東京拘置所管理の入れ物から荷物を取り出して八王子のものに入れ替えてしまったため中身がすっかり混乱したという。どこから手をつけようかと戸惑っている永山に、石川医師はまずこう促した。

「君が私服でいると、他の患者に動揺をきたすかもしれないな。八王子には精神鑑定の便宜のために来たので、ここでの処遇に合わせるよう協力してくれないか。今はしっかり精神鑑定を受けることが第一だからね」

すると永山は、聞き分けよく素直に応じた。自ら進んで八王子医療刑務所の囚人服に着替えた。

「あれ、官の方があたたかいですね」

抵抗する様子がないことに、石川医師はひとまず安堵した。独房での真冬の寒さを考慮して、持参した「ハンテン」だけは着用することを許可した。同席した会計課長もこれに同意した。

それから衣類や書籍を一点一点、照合する作業が行われた。ごった返しているせいもありスムーズに進まない。石川医師は観察の目を行き渡らせていた。永山は、この種の作業にあまり要領がよくないようだ。一つ一つの品物の詳細にこだわって、じっくりと慎重に行動している風でもある。とりあえず自分の房に持ち込む日用品と書類だけを整理させ、残りの品は後日、目録を作らせてから渡すと説明すると、永山はすんなり納得した。

書籍の山の中には、難解な心理学の訳本の背表紙もちらほら見えた。こちらの視線に気付いたのかどうか、永山は、ふとその中の一冊に手を伸ばし、こちらを見て笑った。

「先生、これ見て下さい。これ、勉強してるんです。そのうち、先生を追い越しますよ」

入所時の身体検査

身長　一六二センチ　体重　六六キログラム　胸囲九二センチ　血圧一四四／八

○

一月一七日（木曜日）

入所の翌日、午後三時半から、石川医師と二人の助手と永山の四人で、今後の打ち合わせが行われた。

場所は、本館の一階から繋がる渡り廊下を渡ってすぐの所にある診療室で、六畳ほどの広さだ。ここが、これから永山との面接に使われる部屋となる。部屋の真ん中には大きな木製のテーブルが陣取っていて、それを挟んで簡易なパイプ椅子が幾つか並んでいる。照明は天井の蛍光灯だけだが、鉄格子のついた縦長の窓が中庭に面していて、厚い窓ガラスを通して西日が差し込んでくる。しかし真冬ゆえ、その窓が開けられることは殆どない。

永山は、前日に指定された囚人服を着用していた。話し方は総じてゆっくりと噛みしめるようで落ち着いている。

「僕の話し方は、分かりにくいことはありませんか？」

何度も念を押し、慎重な様子を窺わせた。姿勢は真剣そのものである。

石川医師が本題に入ろうとする前、永山は房に持ち込める本の冊数を、東京拘置所なみの二一冊にしてもらえないだろうかと言いだした。八王子は一一冊が上限だという。永山は「向こうで認められていたのですから、決して無理な要求ではないと思うんですが」と、東京拘置所での許可の内容を説明し始めた。とにかく本を読むことに大変な執着があるようだった。また、自分の勉強ぶりを認めてもらいたいという意欲もありありと感じられた。石川医師が検討しようと答えると、ホッとしたのか急に静かになった。

助手二人が名前だけの簡単な自己紹介をすると、永山は漢字を一文字一文字、確認しながら丁寧にメモ帳に記入した。「先生、年齢は幾つですか？」とか「どこの大学ですか？インターンですか？」などと聞いた。

今後の鑑定について、弁護人から渡された「鑑定申請書」を提示して説明すると、永山は、第四項の「被告人の精神状態に本件犯行との緊張関係が認められるか」にある「緊張関係」という言葉に目を留め、これはどういう意味なのかと強い口調で質問してきた。石川医師が「深い関係」程度の意味だと答えると、それ以上は追求しなかったが納得していない様子だった。「緊張」という言葉に何か恐れているような、非常に神経質になっているような様子が窺えた。

続いて「新井鑑定」について話が及ぶと、あまりに事実誤認が多いことを必死に訴えてきた。次から次へと具体的な誤りを挙げ始め、制止できないほどの勢いだった。今回の鑑定に対して、かなり気負っているのだと石川医師は受けとめた。

この日は、今後のスケジュールを確認した。面接は次の週の一月二二日を第一回とし、火、水、木と週に三回、行うこと。最初は生活歴から始まり、徐々に犯行時にうっていくことを示し合わせた（後に面接は連日にわたって行われることになる）。

また、これから行う予定の医学的な検査の説明をすると、永山は採血に対して拒否的な反応を示した。以前、二〇〇ｃｃも血液を採られフラフラになってしまったと訴えた。検査担当の助手が、面接に影響が出ないよう、一度に一〇ｃｃ程度しか採らないと説明すると仕方なさそうな顔をして黙っていた。この日の打ち合わせは一時間程度で終わった。

次の面接までの四日間は、週末を挟む。八王子での生活に慣れさせるために比較的ゆっくりとしたスケジュールが組まれた。簡単な医学的検査と日常生活である。以下、カルテに記録された永山の行動の記録より。

一月一八日（金曜日）

午前中は脳波検査を行う。機械の種類や歴史について、担当の技官にこまごまと聞いてくる。受診の態度は極めて素直。

一月一九日（土曜日）

朝早くからベッドの上で書き物をしている。早く目が覚めてしまうという。瞼がピクピクすると訴える。前から続いているらしい。午前一〇時四〇分から三〇分間の個別運動。駆け足をしたいからズック靴をはかせてほしいと言う。体操を自発的に行い、約三二〇メートル走った後、管区から寄贈されて壁に飾られている絵を一枚、一枚、見ていた。部屋に戻る途中、「母は学会、妹はキリスト教をやっているけれど自分は〝唯物論者〟だから宗教は信じない」と話していた。

一月二一日(月曜日)

回診。「寒いね」と挨拶する。朝四時ころには目を覚まし、ひとり日の出を見ている。腰が痛いと訴える。一時間ほど読書や書き物をしたら運動しなさいと勧める。午後は耳鼻科検査。

午後三時五〇分から三〇分間の個別運動。雪の中をどうしても駆け出したいと、約三〇〇メートルほど駆け、その後は雪をいじっていた。その後、体育館にて「雪を見ると懐かしい。僕は五歳くらいの時に、北海道の網走に捨てられたからか」と言う。事件について、「同じプロレタリアの人を四人殺してしまったことは間違いだった。以前はプロレタリアのことを全く勉強しなかった、事件後はするようになった。この前に見た絵も働く絵が一枚しかなかった。日本はもっと働く教育をすれば良くなる」等と話していた。明日から面接開始である。

永山との面接にあたり、石川医師にはひとつ、決めていたことがあった。

通常の精神鑑定では、定められた医学的検査に加えて、本人に色々なことを聞き取る「問診」を行う。この問診が非常に重要になるのだが、石川は、「カウンセリング」の手法をとろうと考えた。つまり、永山に自由に語らせようというのだ。

「カウンセリング」とは言うまでもなく、患者の治療に使われる手法である。一般には、医師と患者が一対一で対話をする様子を想像するかもしれないが、精神分析的なカウンセリングでは医師はほとんど喋らない。患者を楽な姿勢で長椅子に横たわらせ、医師は患者から姿が見えない場所に立つ。あとは患者に自由連想的に語らせ、医師はひたすら聞くことに徹する。患者が話に詰まり語れなくなれば、そこに何らかの抵抗や核心が隠れていることが多い。

もちろん、いきなり核心に辿りつけるわけではない。患者との関係を大切に築きながら、患者も徐々に医師を信頼し語れるようになっていく。医師が患者に強制させる作業ではなく、患者と共同で進めていく作業である。そうしながら少しずつ心の奥へと分け入ってゆく。

患者は辛いことを話しながらも、記憶を言葉にすることによって、辛い記憶を自分の内から外へ置き距離をとることが出来るようになる。それを少しずつ整理して、再統合してゆく。医師は時々、助け舟を出しながら、いわば患者を見守る。

「永山にね、家族歴はどうなのとか、なぜ殺そうと思ったのかとか、そういう風な聞き方ではなくて、思い出を話してみて下さいという感じで、彼が話したがらない所をこちらが尋ねると。それはどうしたの？　とか、そういう聞き方でやろうと思ったんです。話をしているうちに、だんだんと家族歴も出てくるし、色んなことが分かってくると。分からない所を聞くとまた彼が触発されて話すという風に、自由連想的な手法をとろうと思いました。鑑定という目的があるので、通常のカウンセリングよりは質問が多くなりますけど、少年があれだけの重大事件を犯すには、相当な事情があるはずなのです。そういう風に自由に話してもらわないと、本当のことは出てこないだろうと思ったのです」

核心に近づけば近づくほど、語る本人にとっては辛い作業になる。そういう時、医師はとにかく待つのだという。焦らず急かさず、患者が本当に医師を信頼して語ることが出来るまで、待つ。だから分析医には忍耐が必要だと石川医師は言った。それは、恩師である土居健郎と出会って以降、常に心において現場で実践してきたことでもあった。

「永山が犯した罪について〝あなたはこうだったんでしょう〟とか〝だから犯罪やっ

たんでしょう〃と言ったって本人はピンとこないですよね。彼自身が納得するためには、自分の言葉で、自分の体験したこと、心にうつったこと、目にうつったことを整理していかないといけないと思って。新井鑑定の『劣悪な幼児環境の影響は少なくない』という一言が本当なのかどうか、それを確かめるためにも、永山自身の言葉で語らせるしかないと思いました」

石川医師は、永山自身が語る言葉の中にこそ、連続して四人を射殺するという不可解な犯罪行動とその心理を理解する「鍵」が見いだせるのではないかと考えたのである。

永山則夫が自身の記憶を詳細に語った録音テープが、これほど膨大に残されていたのは、まさに石川医師によるカウンセリングの成果だったのである。

日本の司法精神鑑定史上、例のない被告人の心理分析がいよいよ始まろうとしていた。

第三章　家族の秘密

1

診療室の机の上には、一台のカセットデッキが置かれていた。弁当箱のような平たい形で、両手の平に乗るほどの大きさだ。この日から始まる面接のために用意させた最新型のものである。

永山則夫は刑務官に付き添われ、すでに着席していた。かなり緊張した面持ちだ。石川医師の隣には必ず、助手が一人、立ち会う。永山に話を聞くそばで、カルテに内容を書き留めさせたり、時には補足的な質問をさせる。面接が進んでいくうちに、医師と被告人が衝突するような事態も往々にして起きる。そんな時、第三者が同席していることで逃げ道ができ、事態を好転させるケースは少なくない。

石川医師は永山の緊張をほぐそうと笑って雑談しながらも、カセットデッキの録音ボタンを助手が完全に押しきったのを見届けてから、ゆっくりと切り出した（カッコ内は筆者注）。

石川　さて、緊張しないでね。じっくり考えて、あなたのペースでいいからね。小さい頃のこと幾つくらいから覚えていますか？　一番、最初に覚えていることはなに？　その辺から喋ってみて下さい。

永山　んとね……、帽子岩の近くの海岸。白いね、なんていうか、大きい貝殻あるでしょ、ほら貝かな、それが浜辺にいっぱいあったよ。あれが海に迷ってたみたい（波打ち際で波に揺れていたの意）。それで、セツ姉さんが一緒にいて、あれ、帽子岩って記憶してるんだけど、帽子岩のあたりが海なんだ。それで、それ（貝）を、僕が海に投げてたみたい。

石川　セツ姉さんっていうのは、どういう感じなの？

永山　やさしいっていうか、セツ姉さんにおんぶしてもらったこと覚えてる。あとね、あれは網走湖かな、湖があって、その近くでね、海老が大根についててね、それをとって遊んだりして、そこにセツ姉さん、いたよ。

石川 それは幾つくらい？
永山 分かんない、五歳かな、もっと小さい時かもわかんない。おふくろの記憶、全然ないんだ、親父の記憶もないんだ。
石川 五歳、網走時代……、お母さんの記憶もないの？
永山 うん、セツ姉さんしか、女の人……。

永山は、生まれ故郷、網走の風景から語り始めた。

目の前に広がる真っ青なオホーツクの海。「帽子岩」の見えるその浜で、やさしいセツ姉さんと過ごした穏やかな時間。それが、幼い日の永山の原風景のようだった。

永山が生まれた網走の呼人《よびと》地区のそばには、確かに「網走湖」も確認できる。そして、そこでも彼の隣にはいつも、セツ姉さんという女性がいる。しかし、両親の姿はただの一度も出てこない。

永山が語った「帽子岩」とは、網走港の沖に浮かぶ渡良岩《わたらいわ》のことである。地元の人たちは古くから、その岩の形から「帽子岩」と呼んできた。網走という地名は一説には、帽子岩を指すアイヌの言葉「チパシリ」から来たと言われている。「チパシリ」とは幣場《ぬさば》（神を祀る儀式を行う場所）の意で、かつて帽子岩には幣場があり、神聖な場所と崇められてきた。漁師たちは今も、漁の行き帰りに帽子岩に豊漁を祈願したり、漁の無事を感謝する。

永山はとつとつとではあるが、語り始めた。非行少年の多くは自分のことをあまり喋ろうとはしないものだ。だが、努めて記憶を探ろうとする永山の様子に、石川医師はまず安堵した。

もちろん、すべてが順調だったわけではない。永山の話は時折り、時系列お構いなしに時空を越えて、あちこちに飛んでいった。ひとつのキーワードが口から出ると、そこから連想する自身の体験に次々と話が移ってゆき、収拾がつかなくなることがあった。話す順序や方法が分からず、軽く混乱している様子も感じられた。彼がこれまで他人に対して長い時間、語った経験がほとんどなかったであろうことがよく分かった。石川医師は急かすことはせず、ただじっくりと話を聴くことに徹した。

懐かしい網走の風景から、続いて語られる永山の話

帽子岩

は一転、飢えと寒さという壮絶な体験へと変わってゆく。その背景を理解するためには、永山が生まれる以前まで遡り、永山家が置かれていた状況について少々の解説が必要である。少し長くはなるが、これから記す永山家に関する詳細な記述は、石川医師が現地を歩き調べていった事実をまとめた石川鑑定の第二章第一節「父方祖父母」、「母方祖父母」に記された部分と、録音テープの証言、そして今回の取材で新たに得られた事実に基づくものである。

永山の両親は、そもそも網走の住人ではなかった。ふたりは昭和五年(一九三〇)、青森駅から電車で一時間半ほど南にくだった板柳町で結婚した。五能線沿いに広がる板柳町は、遠く西南西に津軽富士ともうたわれる岩木山の勇姿が望めるリンゴの町として知られている。

永山の父、武男(仮名)はリンゴ栽培の技師だった。町内にあるリンゴの試験場で、当時は難関と言われた試験にも合検している。技師の仕事は土作りに受粉、摘花、害虫対策など多岐にわたり、農家にとっては、その腕前によって一年の収穫が左右される重要な存在だった。そのため彼らは町で「技師さま」とも呼ばれ尊敬された。

武男は二歳の時に実の父を病気で亡くし、義理の父に育てられた。小学校では常に三番以内という優秀な成績を残している。特に算数、国語、書道がずばぬけていた。読書好きが高じて、学校をさぼっては読書にふけることもあったという。しかし家が貧しく、小学校は中退。家計を助けるためにリンゴ農家を手伝う「手間仕事」をしたのをきっかけに、リンゴ栽培の技師となった。

武男にはひとつ、問題があった。義理の父親譲りと言われた無類の博打好きである。永山の母ヨシとは恋愛結婚だった。ふたりの長女セツは、夫婦が籍を入れる一月前に生まれている。だが入籍する前、ヨシの親族は武男の博打好きを理由に結婚に猛反対した。そのせいもあって、両家は祝言すらまともに挙げていない。

結婚した当初は、武男の腕が良いことから稼ぎは多かった。しかし、武男は稼いだ金を右から左へと博打につぎこんだ。一方で長女セツに続いて長男が生まれ、結婚から五年目には次女も生まれた。その頃には、親から受け継いだ家屋敷はすべて賭博の借金のかたにとられる有様となっていた。

武男は博打から足を洗おうと一念発起し、東京に出稼ぎに行ったりもしたが、やはり一銭の貯金もすることなく青森に帰ってきて、ヨシを落胆させた。ヨシは実家を頼ろうとしたが、そもそも実家は結婚に反対していたこともあり何の援助も望めなかった。この背景には、ヨシの父親が義理の父であったことも大きく影響しているが、それは後に述べることにする。

一方の武男も、義理の父が亡くなった後に実の母も亡くし、実家との距離は遠くなるばかりだった。義弟は地元の銀行に勤めていたが、町で顔を合わせても挨拶ひとつしてくれず、交流を断たれていた。夫婦は小さな町で孤立していた。

そんな八方塞りの中、遠く網走から武男に誘いの声がかかる。網走郊外にある呼人という地区で進められていたリンゴ栽培が難航していて、優秀な技師を求めているという。一家は板柳町に借金を残したまま、逃げるようにして網走へと渡った。それが昭和一一年（一九三六）、永山が生まれる一三年前のことである。

網走に移住してからの数年は、永山家の生活は一転、安定したものになった。武男も真面目に働くようになり、三女、次男、三男が生まれ、子どもは六人に増えた。

長女セツは、網走女学校を入学から卒業まで首席で通した。地元でも一目置かれる才女で、町で手広く水産業を営む一族の息子と将来を誓いあう仲だった。その家の援助を得て、さらに大学へと進学する話も持ちあがっていた。永山家が暮らしていた呼人地区から、女学校のある網走中心部まで歩いて数時間の距離があるため、セツはしょっちゅう先方の家に寝泊まりするなど、家族同様に扱われていた。

長男も地元の高校を首席に近い成績で卒業。北海道庁土木現業所の網走出張所に就職した。しかし、長男は高校時代に事件を起こした。同級生を妊娠させ、子どもを作ったのだ。母ヨシは子どもを堕ろしてほしいと願ったが、身ごもった同級生は長男と結婚することを願い、堕ろそうとしなかった。身重の体で何日も家の前に立たれてどうしようもなかったと、ヨシは後に語っている。長男はそのまま就職して家を出てしまい、生まれた子どもは永山家が引き取って育てることになった。

次女も優秀だった。と、こうやって書いていけば同じ表現を繰り返さなくてはならないほどに、永山家の子どもたちの成績は群を抜いていたようだ。永山よりも年上の兄姉たちはみな揃って、学校で三番以内の成績を残している。

石川医師が保管していた録音テープに残されていたのは、永山則夫の証言だけではない。石川医師は永山に話を聞く一方で、夜行列車で十数時間かけて青森・板柳町を訪ね、母ヨシと長女セツにも話を聞いている。テープに録音されていた、これから記す二人の証言内容はいずれも、当時の永山自身はまったく知らない話ばかりである。

すでに述べたように長女セツは精神病院に入退院を繰り返していたが、継続的に薬を服用して症状が安定すると、知的でしっかり者のセツに戻った。石川医師がセツから長時間にわたり話を聞けたのは、彼女の状態がよく退院していた時に訪問することが出来たためである。

その時のセツの話しぶりは理路整然としていて明晰だった。質問されたことに丁寧に答え、客観情報を交えながら、最後に自分の意見を述べる。時には農地改革など法律改正の是非にまで話が及んだ。その後の永山家の転落を知ったうえで、網走に引っ越した当初の家族について語るセツの話には耳を疑わずにはいられない（子どもたちの実名は別の言葉で言い換えた）。

石川　お姉さんから見て、お父さんはどうだったですか？

セツ　仕事にかけてたから、呼人の人たち、「リンゴとり、リンゴとり」って呼んで喜んでいたのさ。事件のあとは、世間で「酒飲み」とか書かれているけれど、酒は飲まねえ人だもん。せいぜいコップ一つ飲めるくらいで。

石川　お父さんは家にはいなかったですか？

セツ　ううん、朝出て、夜には帰って来て。おらの父さん、料理が上手な人でさ、母さんは後でうまくなったけど、うちの母さん、若い頃からさ、雨、降ると朝、起きられないの。そういう時は父さんが卵して（卵を焼いて）、料理して、ご飯支度してての。魚をおろすのも上手、三枚おろしとかの、サシミとかもする。ヒヨッテ、ここではヒラメかな、網走ではヒヨッテっていうの、おろすのも上手だったの。それで私が布団たたんで、弟が庭を掃いて薪を入れての、それで学校さ行ったのさ。

石川　じゃあ、お父さんは、

セツ　家庭的な人なんです。ニワトリ殺すのも上手くて、ザイ（町）の人らが頼みに来たりの。四羽ほど持って来て、一羽もらったりしての。女学校、行く時も小遣いくれるし、博打を打つまでは の……。

石川　じゃあ、お姉さんは父さんを憎めないというか、

セツ　家が調子のいい時に学校あげてもらってたからさ。（父さんは）だんだん深みに落ちたんだの……。

石川　お父さんの趣味はありましたか？

セツ　父さんは、ちょっと癖のある字だったけど、字がとても上手かったの。本も読んだの。将棋もやるし、トランプもやるしハモニカもするし、尺八するし、みな上手かったの。母さんとは恋愛結婚だからの、若い時から父さんがハモニカ吹いて、母さんや私らが歌っての。祭りで青年団の芝居やったりす

ると、ハモニカ吹いて、引っ張りだされるの。あの頃が一番幸せだったの。おらがこんな話、妹にするとの、「お姉ちゃんの話は夢物語みたいだ」ってさ、話があわないんだとさ。私は途中からいなくなったから、妹らの苦労を知らねえからの。

長女セツの記憶に残る父の姿は、家庭的で多趣味な男だった。女学校の高い学費も出してくれて感謝しているとセツは付け加えた。よく少年事件が起きる度、「同じ家で育った他の兄弟は立派に育っている」という批判を耳にすることがある。しかし、後に生まれる四男の則夫が置かれる家庭環境を考える時、たとえ同じ屋根の下、同じ両親の下で育った兄弟であっても、その時々の夫婦仲や経済状態によって子どもが育つ環境はまったく違うものになってしまうことを、セツの話は如実に示しているようだ。

一家の幸せは長くは続かなかった。

昭和一六年（一九四一）、日本は太平洋戦争に突入する。父は昭和一九年に旧日本軍横須賀海兵団に召集された。なんの因果か、後に永山が犯罪に走る直接の原因となる「拳銃」を見つけるのも、父が召集された横須賀海兵団、後のアメリカ海軍横須賀基地だった。

敗戦後すぐに、父は網走に帰ってくる。戦争のことは一言も喋らなかったため、戦地で何があったかは誰も知らないままである。しかし、父はそれまで飲まなかった酒をひどく飲むようになっていた。そして再び博打にのめり込むようになった。当然、夫婦仲も悪くなる。

そんな中でも一度だけ、家族に平穏が戻りかけた時がある。母ヨシが軽い脳卒中を患い、右半身が動きにくくなって丸二ヵ月、寝込んだ時のことである。女学校を卒業したセツは大学に進むのを延期し、母の看病にあたった。この時だけは、父も博打を止めて働いた。父は、母が回復して動けるようになってからも、「また体が悪くなって倒れたらいけないから」と母が働きに出るのを止めたりする優しい面も見せた。

しかし母は、「家にいるより金もうけが楽しいから」と張り切って行商に出歩いた。リンゴを入れた籠を担いで電車や病院で売りまくり、ヨシ本人の証言によると、当時の金で日に五〇〇〇円稼いだことでやみつきになった。近所の親しい人からは、「あんたがあんまり働くと、だんながまた博打を打つようになるから体の悪いふりをして寝てたらいいのに」と忠告されたが耳を貸さなかった。その助言どおり、ヨシが働き始めた途端、父はまた博打三昧の日々に戻り家に帰ってこない夜が増えていった。

母がどんなに働いても、大勢の子どもたちを食べさせたり学校に通わせるとなると貯えはすぐに底をついた。たまに帰ってくる父は、それまで可愛がったセツのことも殴るようになる。セツは、朝から晩まで働く母に代わって、家事と育児のすべてを引き受けざるをえなくなっていた。そのセツに、父は「金を出せ」と異様な光をたたえた目で迫ったという。金を渡せば母に叱られる。セツが拒むと、父は容赦なくセツを殴りつけた。セツの叫び声にも似た泣き声が聞こえる度、近所の人が駆けつけた。

「セツちゃん、早く金を渡しなさい！　おやっさんの目はキチガイだ、渡さないと本当に殺される！」

その時の父の手には「丸太ん棒」が握られていたと近所の人はヨシに話した。同じことは何度か繰り返された。家に金がない時、父は、子どもたちの明日の米や味噌まで持ち出した。

そんな最中の昭和二四年（一九四九）六月、四男の永山則夫が生まれた。三年後には四女も生まれている。このような破綻した夫婦関係で、なぜ子どもを作るのかと非難する人もいるかもしれない。しかし、男女の仲は単純な理屈で割り切れるものではないだろう。それが後になって、子どもたちにどれほど過酷な影響を与えるかは別としてである。

当時の家庭の様子について、石川医師は母ヨシにも話を聞いている。この時の母の証言にはすでに、母とその後の永山則夫との関係を予感させる話が含まれている。

石川　お父さんは、給料は持って帰りましたか？

母　お金なんか、よこしたことないもん、全部、自分で持っていくの。おら、「これ、稼いだ金だど」って受け取ったこと、一度もねえもん。北海道に行って四年くらいはよかったけど。

石川　我々は医者だから聞きますけど、夫婦生活は普通でしたか？

母　うん、女遊びはしなかったの、聞いたこともないし。四女（永山の妹）が生まれた時に法律が出来たから始末したいと思ったけど、おら、始末できなくて……。則夫ん時は、法律がなかったからの、仕方なかったけどの。

石川　長男や長女の時は、生まれて嬉しかったですか？

母　うん。

石川　母乳はやりましたか？

母　うん、みんな、自分の乳、やった。次の子どもが生まれるまで。

石川　則夫君の時はどうでしたか？
母　則夫の時は働くようになって、親父が働かないから。仕事があるから、おかゆ、飲ませた。
石川　則夫君は七番目でしょ、大変だって思いませんでしたか？
母　……（沈黙）……セツ子は大変だった。
石川　則夫君のオムツとか、かえましたか？
母　やったことねえの。セツ子に任せていたから。働くのにかかって、子どもに構ってやること出来ねえの。

この後もふたりの対話は続き、石川医師があらゆる方面から質問を重ねて探るのだが、ヨシから永山の幼い頃の記憶を引き出すことはとうとう出来なかった。母の記憶の中に、幼い則夫の姿は無かった。
そんな母とは対照的に、長女セツは、幼い頃の永山の様子をはっきり覚えていた。永山が冒頭に語った帽子岩の風景に至るまで、永山の様子をよどみなく詳細に語る口調は、まさに母そのものである。その頃のセツは二〇代前半だった。

石川　則夫君は、お姉さんが面倒を見てたんですか？
セツ　毎日。あれは小さい頃は大人しくて、手がかからなかったんですよね。
石川　夜はオシメで泣くでしょう？
セツ　それは泣いたけど、ものを散らかしたり、あんまりそういうのはしないしね。
石川　おなかすくと、ギャアギャア泣きましたか？
セツ　時間で飲ませてやるから、割に。そう泣くわけでもないから。
石川　ああ、時間でね。則夫君は丈夫だったですか？　風邪とか下痢はしなかったですか？
セツ　下痢はちょくちょくしたけど、風邪はひかねえの。則夫は丈夫で、元気で。
石川　離乳食はうまくいきましたか？　お粥食べなかったりとかは？
セツ　いいえ、食べてます。とにかくよく食べるんですよね、食欲がよくて、随分、食べたの。
石川　お姉さんにはなついたんですか？
セツ　私、(則夫が) 三つくらいまでは家にいたから、則夫、私の後、追うんです。下の妹を置いて私、買物に行くんですけど、私を追ってくるんです（笑う)。洋裁、習いに行く時も、則夫に分からないように服を着ないでそっと出て、外に出てから着るようにしてたんですけど、駄目なの。泣き出して。出る時、「のっちゃん、のっちゃん、妹の面倒みててね」って言ったら、ずっと妹みてるもんな。とにかく大人しいからの。

石川 自分から手伝うんですね、則夫君。お母さんにはなついていましたか?

セツ ううん、なついてなかったの。寝る時も、おらの布団に入ってくるから、お風呂に入れて、おらの布団で寝かせつけて、それから母さんの布団に移すんです。

石川 お母さんが則夫君、だっこしたことは?

セツ なかったの。

石川 則夫君、セツ姉さんに浜に連れて行ってもらったことを記憶しているんですよ。

セツ 浜に連れて行ったの、たまでないかな。お菓子なんかを持ってね。騒ぐんですよ、浜に行けばね。喜んで遊んでるんですけどね。ひとりで走り回ってますね、まだ、三つ四つですからね。

母は永山に愛情を注がなかったが、長女は立派に母代わりを果していた。しかし、永山が四歳になる前に、長女は突然、永山の前から姿を消してしまう。

家事と育児を必死にこなしていた長女だったが、内面には多くの悩みを抱えていた。セツは、母の看病を終えた後は恋人の実家の助けを得て大学へ進学する夢を抱いていた。毎夜、そのための勉強も怠らなかった。しかし、恋人の家で過ごしていると決まって、妹の次女が母に言われてセツを連れ戻しにくるようになった。家の仕事をさせるためである。

家事、育児と一言で言っても、片手間に出来るものではない。則夫を筆頭に、オシメのとれない子どもが三人もいればなおのことである。幼子たちを抱え、セツは誠心誠意、働いた。母は朝はやく出稼ぎに出たきり夜遅くまで帰らなかった。そうでもしなければ、長男が生ませた子まで含めて母子一〇人が食べられるだけの金は得られなかったのだろう。

セツは家からまったく出られなくなってしまった。やがて恋人にも結婚の約束を破棄される。その時、セツは身ごもっていた。母に厳しく言われ、その子は泣く泣く堕ろした。博打に狂った父が家に帰って来てはセツを殴りつけたのも、この頃のことである。それからのセツはすっかり様子が変わってしまったと母は語る。

母　セツ子は本当におかしくなってしまって、化粧もなんもしなくなってさ。すぐ向かいに神社があるんだけど、高い山のような神社、その山に行ってさ、ボーッとしてるんだって。おらが家に帰ってきたら何にもしてないの。子どもらが「姉ちゃん、姉ちゃん」って、「母ちゃん、姉ちゃんまた神社にいるよ」って教えるのさ。迎えに行っても帰ってこないし。食事の用意も何もしない、小便しても黙って座ってしまって……。その頃にはもう、四女と孫がヨチヨチ歩くようになってて。子をとってから（堕ろしてから）、セツ子、ワーッと変になってしまって、駄目になってしまって……。

そのうちセツは、「下つき一丁、上半身は裸のまま」家を飛び出して、別れた恋人の家に無断で上がりこむ〝事件〟を起こす。その出来事を機に、網走市内の丘の上にある精神病院に入院させられることになった。精神分裂病の診断が下され、以後五年間、その病院で過ごすことになる。

セツが入院したその日のことを永山はぼんやり覚えていた。

永山　覚えているのはね、こうやってセツ姉さんにおぶさってね、山の方に、坂の上にある病院にね、おんぶしてもらって、あれ精神病院かな、病院……。白い看護婦さんがいたのを覚えているけど、上から医者とかね、僕の顔を見てガヤガヤ騒いでいた記憶あるんだ。それっきり、どうやって帰ってきたかも分かんない……。

長女セツの献身により辛うじて家族の形を保っていた永山家だったが、その歯車は一気に狂い始める。

2

永山が語った、「帽子岩とセツ姉さん」のあたたかい記憶に至るまでの一家の状況が理解できたところで、長女セツがいなくなった後の永山則夫の記憶に話を戻すことにする。

石川医師は、後に完成する精神鑑定書の中で、網走時代に永山の身に起きた出来事を総括し、「永山家の二代にわたる悲劇であった」と述べている。その分析は、幼い永山則夫が置かれた状態だけにとどまらない。永山の両親、さらにはもう一代先の両親の夫婦関係にまで遡って調査を行っている。なぜなら、夫婦関係は子どもにとって重大な影響を及ぼす要素だからだ。そして、網走時代に一家に起きた悲劇とも言える出来事の背景には、極めて長く深い家族の歴史が横たわっていることを証明するものとなっている。一体、家族に何が起きたのか。石川鑑定と録音テープの証言を中心に順を追って見ていく。

昭和二八年（一九五三）一〇月二八日、冬の空気が町を覆う頃、汽車は網走駅を出発した。

両手いっぱいの荷物を抱えて乗り込んだ母ヨシのそばには、女の子ばかり三人の子どもたちが座っていた。やっと歩き始めた永山の妹（一歳）と、長男が同級生に生ませた孫（一歳）、そして、二人の面倒を見るために選ばれた次女（一七歳）である。

長女セツの入院で途方に暮れた母は、網走を去る覚悟を固め、実家のある青森・板柳町へ帰ることにしたのだ。逃避の先に板柳を選んだのは、実家があるという理由だけではなかった。結婚した頃、博打で嵩んだ借金をそのままにしている板柳であれば、夫は簡単には追って来られないだろうという目算があった。

セツが入院してから半年をかけて、必死に働いて旅費を貯めた。貯めた金は、夫にばれないよう天井から吊るした籠に隠しておいた。日々の食費も、これまで以上に切り詰めた。「お母さん、どうしてうちのご飯は、いつもオニギリだけなの」と子どもたちが聞いてくることもあったが、そ知らぬふりをした。留守の間の子どもの世話は、次女と三女を代わる代わる学校を休ませて、面倒を見させて乗り切った。

放蕩を続ける夫は、たまに家に帰って来た。子ども八人が雑魚寝する六畳の部屋で、夫婦生活はそれでも続いていた。しかし、もはやそれは愛情に満ちたものであるはずもなかった。ぐっすり寝入っている夫の横顔を見ながら、妻は何度も縄に手をかけた。憎しみのあまり今夜こそ絞め殺してやろうと思ったが、ここで自分が夫を殺して刑務所に入れば子どもたちはどうなると思い直し、心を鎮めて縄から手を離した。

自分がある日突然、この家から姿を消せば、夫は困り果てるだろう。これまで散々、苦しめられてきた。直接、復讐することは叶わない。板柳への逃避行は、それ故の夫に対する〝当てつけ〟でもあった。夫の困り果てた顔を想像するだけで、ヨシにはどこからとなく力が湧いてきて日々の行商に励むのだった。

半年で貯まった旅費は、一万円余り。

当時としては大金である。だが、子どもたち全員の旅費には遠く及ばなかった。いや、全員の分が貯まるまで待てなかったというのが正確だろう。網走の冬は早く、そして厳しい。一〇月も下旬に差しかかり、初雪の報せが届く日が、日一日と近づいていた。このまま冬が来れば行商もままならず、家族全員で餓死するだけだ。もう時間の猶予はない。青森に帰ってから生活が落ち着くまで、当座、必要になるであろう数ヵ月分の生活費を差し引くと、連れて行ける子どもはせいぜい二人――。

まだ一歳の四女と、長男が生ませた孫だけは、さすがに一緒に連れて行かなくてはならない。しかし、青森に着いてから再び自分が行商に出ることを考えると、長女のセツにやらせたように、家事と育児を手伝える女手が必要だ、そうすると、一番年長になった次女を連れていくしかない。網走測候所の当時の記録によれば、この年の初雪は一一月二日、ヨシが網走をたった五日後だった。

この時の母の思考は非常に合理的で、かつ冷徹だ。母ヨシは、自分と最小限の子どもたちが生き延びることだけを考えた。残る四人の子どもらは、捨てていくしかない。常人には理解できない行動に映るかもしれないが、この時の母の行為の背景には、後に石川医師が明らかにする彼女の生い立ちが深く関係している。

網走を去る間際、ヨシは、高校卒業後に市内の土木現業所で働いていた長男にだけは青森行きを知らせておいた。長男は、働き始めてから一、二度だけ仕送りを寄こしたが、それ以降は連絡がなくなっていた。自分が生ませた子にすら一度も会いに来なかった。そのことへの苦情と、青森に帰る自分たちに必ず仕送りをしてほしいと念を押した。

長男の供述調書より（愛宕警察署・昭和四四年）

父が昭和一六年頃からリンゴ園の指導員をやりながら食糧の検査員もやっておりましたので、家族は大勢でしたが、食糧には困りませんでした。戦前は姉のセツも女学校に通学し、私も高校へ通学し、妹や弟も小学校に行つておりました。父は終戦前に横須賀海丘隊《ママ》へ入隊し、終戦になつてすぐ帰つてまいりました。酒も飲むようになりました。母の話では、金も余り家に入れなくなつて困るということでした。母が注意すると、すぐに怒り出す始末なので、私や姉もそんな父を嫌い出しました。私も一度、父に酒をやめて一生懸命働いてくれと注意したところ子供のくせに生意気だと申しますので、私も言い争いましたが、怒つた父は殴りかかつてきたので逃げたことがありました。自然に家の中は暗くなつてしまいました。私は高校卒業して家を出て寮生活を致しました。四ヵ月位して母が寮を訪ねて来て、「父が酒を飲んで家に金を入れない、子供も多いし大変生活が苦しいから父と別れて実家へ帰る、お前もたまには金を送ってくれ」と申しました。母は昭和二八年三月ころ（実際は一〇月）、子供を連れて母の実家へ帰りました。その後二、三度、金を送ってくれと手紙がありましたので、私も幾らか金を送ってやりました。

母が三人の女の子を連れて網走を発つ時、網走駅のホームでとり行われた〝別れの儀式〟は、このような場面によくありがちな、多くの脚色と豊かな想像を交えた形で伝えられている。貧困がもたらした悲劇的な別離のワンシーンとして、映画にもなった。しかし、それは現実からほど遠い。確かに網走に残されることになった四人の子どもたちは、母について網走駅まで行っている。それは見送りというよりもむしろ、母の荷物を運ぶという役割を伴うものであった。母は子どもたちに、こう言い含めたと語っている。

「網走は雪ふって仕事さ出来なくなるから、おら青森で働く。食べ物は家に一週間分、置いてあるから、あとは親父にもらえ」

次男（当時一一歳）は、「向こうからさっさと金、送れ」と言うしかなかった。口が達者だったという次男だったが、用意周到に今にも網走を去ろうとする母親を前に文句ひとつ浴びせることも出来ず、非力であった。

　残されることになった四人の子どもたちの中で一番年上だった三女も、一三歳。突然の出来事を、ただ呆然と見守ることしかできなかった。三女は家の手伝いで休みがちになりながらも、中学の成績は学年で上位に名を連ね、自力で高校への進学を考え始めていた。母が去ったのは、その矢先のことだった。三女は後に母と再会してからも、母のことを「あの人」としか呼ばなかった。さらに、当時八歳だった三男の言動は誰の記憶にも残っていない。

　そして、四人の中で一番幼かったのが、当時四歳だった四男の則夫である。

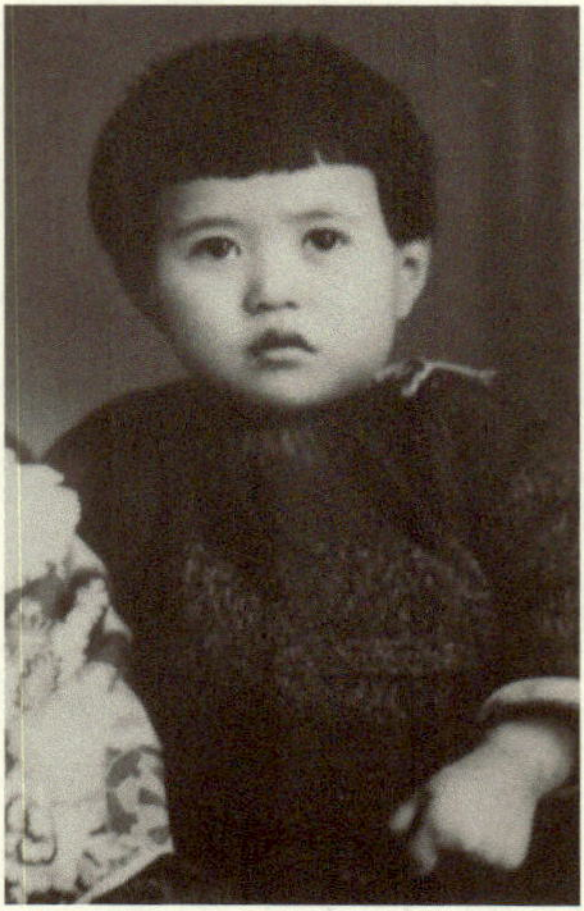
網走時代の則夫

　それは、母代わりの長女セツが突然、姿を消して半年ほどの出来事だった。走り去る汽車を則夫が泣きながら追ったという説もあるようだが、則夫自身はこの時のことを何ひとつ覚えていない。長女セツがいなくなった後の永山の記憶は、母親との別離を飛び越して、いきなり飢えと寒さに変わってゆく。

永山 寒くて、いつも腹がすいてたよ。次男と三男と三女がいてね、俺を、小便たれたから分からないけどね、蒸し風呂（布団蒸し）にしてね、それが非常に苦しくってワンワン泣いてた、あれ思い出すね。あと兄貴たちとね、缶とかあって、小さな船があるところで、屑拾い、やってたのかな。それで三番目の兄貴かな、俺の肩をこうやって摑んでね、「俺ら、捨てられたんだ」って泣いてたみたい。俺、ボケーとして、その頃、（兄貴の言葉の意味が）分からなくてね、俺の肩こうやってゆすって「俺ら捨てられたんだ」って。それで、近くにチクワ工場みたいなのがあるんだ、そこへね、近所の子どもたちと一緒に二、三人で行ってね、僕だけ、僕だけにね、チクワくれなくて、それで指をくわえてたっていうか……。

石川 ほしかったんだろう？

永山 うん、そのままになって、後は思い出せない。それでね、あれは網走公園かどっかかな、高い所にあって、誰もいなくなった後ね、花見なんかあるでしょう、あの時に、羊羹みたいなの拾ってさ、ゴミ箱みたいな折り詰めかな、それ拾ってね、いっぱい分けて、僕と二番目の兄貴は食ったのかな。それで、三番目の兄貴は捨ててたみたい。なんか俺たち、乞食みたいだったんだね、そういう記憶ある。

石川　大分、ひもじかったんだね。

永山　なんかね、隣の人からガヤガヤ、言われてた。「家賃、払え」とか、そういうの覚えてるけど。よく俺は殴られていたような気がする。

石川　誰から？　兄貴かい？

永山　二番目の兄貴から。なんかこうして、近所の人からも、棒でカツンってやられたりなんかして……。

永山は、母に捨てられたことを覚えていない。

姉が病院に行った日のことも、捨てられてからの辛い体験も覚えているのに、永山の記憶からは母に捨てられた事実だけが完全に欠落していた。四歳といえば、そんな重大な出来事であれば少しくらいは覚えていてもよさそうな年齢だ。

石川医師は、母に捨てられたことは永山にとって「抑圧された記憶」になっていたのだろうと考えた。

四歳という幼さで厳しい寒さと暴力に晒され、食べる物なく飢え死にするかもしれないという過酷な状態に置かれていた。自分の力で事態を打開することも叶わず、ただ起きることをその身に受け続けることしか出来なかった。人間はこのような極限の状態に置かれた時、それでも生き抜くために、自分にとって最も辛い出来事を記憶の奥底に、無意識の世界へと押し込んでしまうことがあるという。しかし、その記憶は「抑圧」されているだけで決して消えたわけではない。事あるごとに、無意識のうちに自分への劣等感を強めたり、怨みを深めたりする。心の傷は深く刻まれたまま、怨みはくすぶり続けるのである。石川医師は精神鑑定書の中で、永山の深層心理の中で最も大きな傷として現れたのが、母に捨てられたことであったと分析している。

永山は後に中学に入った頃から、「実は自分は母に網走に捨てられていたのではないか」という疑念を抱くようになるのだが、その事実をはっきりと知るのは、逮捕された後、獄中で自分の生い立ちについて書かれた女性週刊誌を読んだ時なのである。

真冬の網走に残された四人の兄弟たちの間では、一体どのようなことが起きていたのか。永山の記憶は断片的だが、詳細を知るための材料として兄姉たちの証言がある。

三女の供述調書より（愛宕警察署・昭和四四年）

私が新制中学三年の春ころ、母は幼かった妹と孫と次女を連れて、現在の本籍地に帰ってしまいました。このとき、則夫が母と一緒だったかどうか、はっきりした記憶はありませんが、今考えると、則夫が三歳位だったので（実際は四歳）、母と一緒に行ったのではないかと思います。私と次男、三男の三人が残り、父も私達を残して家を出てしまいました。私達は当時、子供でどうする事も出来ませんでした。

次男の供述調書より（愛宕警察署・昭和四四年）

母は次女とまだ小さかった則夫を連れて、青森の実家に帰り、兄弟は別れ別れになったのです。然かし父は時々、金を持って帰ってくる程度で、私達は満足に学校にも行けず、新聞配達や近所の手伝いをして生活したのです。が、あの当時の苦しみは、忘れることができません。

驚いたことに、三女と次男はそろって、母が則夫を一緒に青森に連れて帰ったと証言している。これとは別に、永山が逮捕されてから一六年後、情状証人としてただひとり法廷に立った三男が、当時のことを詳細に証言しているのだが、その内容を見ると、兄や姉たちが幼い永山の存在を記憶していないことを納得させるものがある。

三男の証人尋問速記録より（東京高等裁判所・昭和六〇年）

雪が降る前でしたから、秋から翌年の春先までだと思います。二度と思い出したくありませんけれども、次男と一緒に長欠児童でした。造船所が近くにあるものですから、線路の枕木を打つような大きい太い鉄の杭、そういったものを拾い集めて古物商に売って、それでご飯を食べた、そういう記憶はありますね。また次男は確か網走新報という新聞だと思いますけれども、新聞配達をしていたような記憶もあります。（父が）子供の面倒をみたという言葉はあてはまりません。姉と二人で雪の中、確か土の上も歩きましたから数回ですね、親父が仕事先にしていたリンゴ園、よく出入りしていた所へ捜しに行った記憶はあります。私自身、零下三〇度くらいまで経験がありますけど、多分、ほとんど食べてなかったんじゃないですかね。冬の寒い時に、ふとんも、おそらくせんべい布団だったと思うんですけれども、寒いというようなことで泣いたような記憶もありますね。正直申し上げますと、則夫がいたのか、いないのかも、覚えていないんです。必死に生きて、二度と思い出したくないですね。忘れるようにして、生きてきました。

兄や姉たちも、当時一〇歳前後。時は昭和二八年、しかも日本最北の地である。大人が真面目に働いていても普通に暮らすことすら難しい時代に親に捨てられ、零下三〇度にもなる真冬に鉄くずを拾い、ゴミ箱を漁りながら一冬を越すという体験は言葉には尽くせないほど凄まじいものだっただろう。飢えを前提に考えれば、食べ物をどれだけ入手できるかという力関係は兄弟の間で序列を生んだであろうし、自分が生きていくだけで精一杯で、兄姉たちの記憶から幼い永山のことなど消え失せてしまっていたとしても不思議ではない。逆に言えば、永山がいたかどうかも覚えていないという三人の兄姉たちの共通した証言は、当時四歳だった永山の存在がどのようなものだったかを残酷なまでに示しているようにも思える。

四人の子どもたちが生活した家は、彼らの生家があった網走郊外の「呼人番外地」ではなく、その後に引っ越した網走市内にあった。裁判記録にある当時の住所を照らし合わせると、交通の要である網走橋の北西約三〇〇メートルに位置している。現在は市の福祉施設と大型ショッピングセンターの敷地が接するあたりで、当時から人が多く行き交う場所だったようだ。

そこで四人の兄弟が〝乞食同然〟の生活をしていることを周囲の人が知らぬはずはないだろう。永山より上の兄姉たちは母が去ってから暫くの間は小学校にも通っていたし、永山を棒で殴って追い払った人もいた。四人全員が奇跡的にも冬を生き延びることが出来たのは、近所からの施しがあったからとも考えられる。まだ「福祉」という言葉も概念も名ばかりの社会情勢であったことには違いないが、その福祉の手が子どもたちに差し伸べられるのは、四人が厳しい冬を自力で越して、春になってからのことだ。

網走に捨てられた三女、次男、三男、そして四男の則夫――。

この四人の〝グループ〟は、その後もいびつな形で関係しあい、後に生活の場所を東京に移してからも再び、深い因縁を持つことになる。末弟の則夫が上京し、そして事件へと繋がる転落の道を転がり落ちる時、この兄たちの存在が随所に現れることになるのである。

3

母は、なぜ子を捨てたのか。石川医師から問われた母親はこんな風に語っている。

母　半年前からだったかな、支度するのに着物一枚、買ったりして。その時、則夫も連れてきてやればいいんだけど、こんだけ大きくなったから大丈夫だって思って、置いてきた。タンスとリヤカー売って、こっちに逃げてきたの。そん時、則夫が五つくらいだったか……（実際は四歳）。

石川　あの頃、セツ姉さんもいなくなって、則夫さんは変わったことはなかったですか？

母　うん、あの頃、遊びに出て、苦にならない子だったの。

石川　大人しかったのね。セツ姉さんがいなくなって、お母さんもいなくなって、連続ショックのはずですよね。お母さん、覚えてないんですね？

母　覚えてない。

石川　汽車が走り出して、則夫君、おっかけたらしいですね？

母　別に普通の感じで。（則夫が）デッキに上がってきて、だけど次男が心配するなって。食べもんだったら、一週間分、置いてきたもん。

石川医師の口調は極めて慎重で、子を捨てたことを責めていると受け止められないよう、言葉を選んで質問を重ねている。母ヨシが罪の意識に苛まれて対話を拒否することを心配したからだ。しかし、当のヨシは特に気にする風もなく淡々と語っている。網走を去る際、青森から仕送りするという次男への約束も、自分の生活が大変だったので一度もしなかったと言い切った。則夫を「捨てた」のではなく「置いた」と表現し、その時はばつが悪そうに軽く笑ってすらいた。

ヨシは青森に帰って半年ほど、実家の庭にある倉庫で暮らした。町の人から「他の子はどうした」と聞かれるのが嫌で、他人と顔を合わせないよう生活していたと語った。だが、網走に残してきた子どもたちのことが心配だったというような言葉は、水を向けられても一言も出なかった。母のあっさりとした語り口は奇妙な違和感すら覚えさせるものだ。この様子に着目した石川医師はさらに、母ヨシの生い立ちを詳しく調べることにした。

母ヨシへの聞き取りは、昭和四九年（一九七四）四月、当時の永山家から歩いて二、三分の板柳駅前にある、板柳温泉という旅館の一室で行われた。

ヨシには事前に弁護士から、「則夫君の裁判のことでお医者さんが行くので話をしてあげてほしい、これまでの新聞やテレビの人たちとは違うから」と念を押す連絡が入っていたこともあって、ヨシは丸二日間、行商を休んで石川医師らの聞き取りに応じた。その内容の一部は、すでに見てきた。

母の証言を録音した一本目のテープの前半には、ヨシが到着する前、石川医師が随行した助手二人と交わした雑談が録音されている。その中で石川医師はしきりに、「ヨシと、ヨシのお母さんのマツさん（仮名）との関係をしっかり聞かなくちゃ」と繰り返していた。永山の祖母にあたるマツは亡くなっており、母子の関係について聞けるのは、もうヨシしかいない。

さらに石川医師は、ヨシが網走で夫に見切りをつけた時期が、永山が生まれて四年目ということにも注目していた。「ヨシにとって永山は歓迎されなかった子どもだろうから、その辺のお母さん自身の気持ちをしっかり聞かないといけないね。ちゃんとメモしておいて」と助手に念を押していた。

石川医師にとって、母親への聞き取りは極めて重要な意味を持っていた。彼はこの時すでに〝虐待の連鎖〟を疑っていた。当時の日本ではまだ子どもへの虐待という概念すらなく、「虐待の連鎖」という言葉もなかった。しかし、石川医師はロンドン大学への留学で、そのことに関する多くの研究や論文にすでに接していた。

約束の時間の少し前、ヨシがひとりで旅館にやってきた。当時、六四歳。質素なモンペと割烹着を着て、首には白いタオルをひっかけている。今でも毎日、行商をしているという割に顔は色白で、少しふっくらしていた。丸顔に垂れ目で、嫌味のない愛嬌のある顔立ちである。最初は、ぎこちないやりとりが続いた。

石川　お母さん、どうぞこっちへ、中風っておっしゃってましたよね、コーヒーは飲まれますか？
ヨシ　……飲む。
石川　お菓子ありますけど、歯は大丈夫ですか？
ヨシ　入れ歯。
石川　随分色んな人に話を聞かれてよい気持ちしないと思いますが、私たちは精神鑑定で、
ヨシ　うん、そうだっての。
石川　色々調べていますから、お母さんにもお話を伺って完全なものにしたいんです。いやな話もあると思いますけど、なるべく覚えている限りでお願いします。あ、どうぞ召し上がって下さい。

助手　ストーブつけましょうか、寒いですね。
ヨシ　このごろ寒いの。

聞き取りは午前から始まり、出前の昼ご飯休憩を挟んで夕方まで行われた。最初は「うん」と「ううん」程度の受け答えしか出来なかったヨシだったが、三〇分もすると、石川医師の丁寧な対応に心を許したのか質問に対してツラツラと答えるようになった。しかし、その滑らかな語り口とは対照的に、ヨシの口から発せられたのは、あまりに重苦しい事実だった。石川医師が鑑定書に記した「永山家の二代にわたる悲劇」とは、まさにここから始まる。この日、ヨシが語った話と石川鑑定の記述、そして取材で新たに得た情報を合わせるとヨシの半生は次のようなものになる。

永山則夫の母ヨシは明治四三年（一九一〇）、北海道利尻島で生まれた。

利尻島は、北海道の最北端にある稚内からフェリーで二時間ほどの島である。当時の利尻は鰊《にしん》漁が盛んで、日本全土から出稼ぎの漁師が集まった。最盛期の人口は三万人を超え、港には大小の船がひしめき合っていた。鰊がとれない時期もアワビにウニにナマコ、タラにアジと豊富な海洋資源が漁師たちに休む暇を与えなかった。

ヨシの父は秋田県由利郡から利尻にやって来た。実家は綿屋で、綿を打つ機械を買うために三年間の期間限定の出稼ぎだったという。ヨシの母マツもまた、島根県から移住してきた漁師の娘だった。マツの父は、島根から三五人の漁師を率いてやって来た船頭だったとヨシは聞かされている。島根と利尻と言えば距離的には離れているが、江戸時代から北前船《きたまえぶね》による長い経済交流が行われていた。北前船は春に大阪を出て瀬戸内海を経由して島根に寄り、石州瓦や和鉄を積み込んで北へと運ぶ。そして夏、利尻など北でとれた鰊や昆布などの海産物を乗せて、再び同じ航路で各地の港に寄りながら大阪へと戻る。そのため島根と利尻は定期航路で結ばれており、集落単位で移り住む者も多くいた。利尻には今でも山陰地方発祥の祭りが残っているほどである。

秋田と島根からやってきた男女は利尻で出会い、長女ヨシをもうけた。父は、ヨシが二歳になった年の六月には、妻子を連れて秋田に戻るつもりでいると秋田の実家に暮らす妹に書き送っている。六月というのは、利尻の鰊漁が終わる時期である。

しかし、その四月前の二月、父はタラ釣りに出たところ猛吹雪にあって遭難し、亡くなってしまう。同じ船には母マツの父も乗っており、二人とも命を落とした。

この時の父の遭難事故の話には、ある逸話があることをヨシは母から聞かされている。遭難した時、近くには仲間の船がいて、マツの父は「せめて婿だけでも助けてくれ」とロープを投げた。しかし、共倒れになることを恐れた仲間の船頭は、非情にもそのロープを切って立ち去ってしまう。次の日、晴れ上がった島陰にはマツの夫だけが胸に板一枚、縛りつけた状態で打ち上げられているのが見つかり、マツの父の遺体はとうとう上がらなかった。それから一週間後、ロープを切った船頭は高熱にうなされ、マツの父の名を呼びながら亡くなったという。

この話の真偽のほどは明らかではないが、実の父と夫を一度に失ったマツは、その日から娘ヨシと母子ふたりで生きてゆく術を探さなくてはならなくなった。マツは二年ほど港の仕事に身を粉にして働くが、不幸は重なるもので、暮らしていた家が火事で焼け落ちてしまう。すっかり行き場を失ったマツは、ヨシを連れて樺太へと渡る。利尻と樺太もまた、北前船が切り拓いた航路で結ばれていた。その時、ヨシは四歳だった。ヨシは「もし実の父が生きていて秋田に連れて帰ってくれていたら、自分も綿屋の娘になって恵まれた生活をしていただろうに」と語っている。

当時の樺太は、ヨシが生まれる五年前の明治三八年（一九〇五）、日露戦争後のポーツマス条約で北緯五〇度より南側が日本に割譲され、国策により日本本土から大勢の移民が渡っていた。領土の拡張を進め、太平洋戦争へと突き進む大きな時代の流れの最北の果てに、マツとヨシの母子はいたのである。移民として未開の地へと渡る人の多くはいつの時代も、生まれ育った地では豊かには暮らしてゆけない弱い立場にある人たちなのだろう。特にヨシにとって、これから数年の人生は、日本の戦争の歴史の渦の中へと巻き込まれてゆく道のりとなる。

母子ふたりが辿り着いたのは、真岡という樺太南部の西側にある港町だった。真岡港は日本最北の不凍港とも呼ばれ、樺太西海岸の経済と交通の中心地だった。マツは缶詰工場で女工として働き、幼いヨシも小学校にも通わず、女工の子どもたちの子守りをしながら僅かな小遣いをもらい家計を助けた。

女工の給料は微々たるもので、子連れの女が安定した生活を得るには男の力が必要だった。マツは同じ工場で働いていたYという男と関係を持つようになり、同棲を始める。稼ぎ手が二人になり、母子は飢え死にする恐怖からは解放された。部屋を借りて一人前の生活が送れるようになったが、普段はやさしい男だったというYは酒を飲むと豹変し、夜毎、ヨシに暴行を働いた。

ヨシ　その人、よく焼酎、飲む人だったの。焼酎、飲んだらもう……。こう、算術

石川　をやるの、なんぼとなんぼを掛けたら幾らって。（計算は）出来てるんだけど、間違ったら叱られるから言えないわけ、叩かれるから。そしたら、こうやって縛られて、天井さ、吊るされたりして、よく苛められたの。

ヨシ　後ろ手に縛られるんですか？

石川　うん、天井に吊るすの。吊るして、こう、叩くの。

ヨシ　逆さに吊るされるんですか？

石川　うん、すぐから巻いて（縄で縛って）逆さにするの。

ヨシ　それは苦しいでしょう……。

石川　今度は叩くの、母親が、おらば。「死んでしまえ」って、「こうして苦しんで生きていても何にもなんねえ」って、叩くの。

ヨシ　えっ、お母さんが？　お母さんも？

石川　うん。

ヨシ　Ｙの前で、お母さんも叩くの……それはひどかったですね……。

石川　うん。

ヨシ　Ｙと一緒になって叩くの？

石川　ううん、Ｙが叩くのを止めてから……。当てつけでしょうね、今、考えてみたら。

石川　死んじゃいたいって、思ったことはありませんでしたか？

ヨシ　別れてくれって頼んだら、母親が手をついて謝るの。別れないでいて（いさせて）くれって。酒乱でね、酒を飲んだら母親とよく逃げて。隠れてさ、押入れに入ってみたりして、夜になったらコッソリ入ってみたりして。少し飲んだなって思ったら逃げるの。寒い夜でも表に出て、じっと隠れているの。

石川医師は、Yによるヨシへの性的虐待の影も認めている。だが母マツは、Yとの関係を切れない。わが子に手をついて詫びながらも同棲を続ける。母は母なりに苦しんだのかもしれない。マツはある日、ヨシを連れて川から身を投げて無理心中をしようとする。

ヨシ　母親が、おらば、おぶってさ、橋に立って、死ぬって言うから、おら大きな声して「嫌だ、嫌だ」って。「死ぬのは嫌だ」って言ったの。一生、忘れられねえ、怖かった。そしたら今度は、「お前、川、見るからおっかねえのか」って、何か布みたいなのを上からガバッて被せるから、おら、それ全部、取ってしまって泣いて……、大きな声して……。だから忘れられねえの、おっかなくて……。

五年後、Yは郷里の北海道へひとり帰った。母マツは間もなく、大工のMと同棲を始めた。Mは、Yのように大酒を飲むこともなく大人しい性格で、ふたりは間もなく入籍した。Mはヨシに暴力を振るうことはなかったが、連れ子の存在が邪魔であることに変わりはなかった。ヨシは食事の度に「無言でジーッと睨まれ、恐ろしくて」食事も十分とれず、ビクビクしながら小さくなって生活した。

やがて母は、ヨシを子守りの奉公に出す。凍て付く樺太の町で、ヨシは子どもを背負ったまま街角で餅を売ったり、トウモロコシを焼いたりした。寒さと疲れで居眠りしてしまい、トウモロコシを真っ黒に焦がして叱られることもあった。別の家に子守りにやられた時は、主人に乱暴されそうになって裸足で逃げ出した。綺麗な仕事に憧れて、街の遊女のような仕事がしたいといつも思っていたという。

やがてヨシが「数えの一〇歳」になった頃、Mは実家のある青森・板柳町へ帰ることになった。しかし、ヨシを連れて行くことは許さなかった。結局、母マツは、ヨシを樺太に置いたまま夫とふたり青森へと渡ってしまった。

ヨシは、母に捨てられたのだ。捨てられた時、ヨシは真岡の街の中心にある料亭に住み込んで子守りをしていた。大勢の女給たちの子どものオシメを換えたり洗ったり、食事の世話もしなくてはならず、横になって寝る暇もなかった。いつも子どもを背負ったまま、畳んだ布団にもたれて眠りこけていた。もともと母とは離れて暮らしていたので、捨てられたという気持ちもあまりしなかったという。

その頃のヨシのたった一つの楽しみは、仕事が終わった夜に小遣いを渡されて行く映画だった。まだ無声映画の時代だが、真岡にはすでに三軒の映画館があったと当時の記録にはある。石川医師から「どんな俳優が好きだったですか？」と聞かれたヨシは、「メダマノマッチャン！」と大きな声で即答した。「目玉の松ちゃん」とは、大正時代に活躍した俳優、尾上松之助のことである。映画『碁盤忠信』（一九〇九年）で大きな目を見開いて見得を切る演技が評判を呼び、その愛称で親しまれた。ヨシは、「映画さえ観ていたら、どんなにしんどい時でも元気になった」とうれしそうに語った。

ところが、その料亭も半年ほどすると経営に行き詰まる。そこで当時、日本人の移民が増えていて商機があると噂されていたロシア極東の町、ニコラエフスクに移転することになった。他に身寄りのないヨシは「すぐ隣町だと思って」ついて行ったが、真岡港を出て到着するまで、船でひと月ほどかかったと語っている。

アムール川の下流に位置するニコラエフスクは、かつて清の領土だった。それが一八六〇年の北京条約により、清からロシア帝国に割譲された。ロシアから見れば樺太統治への足がかりとなる重要な拠点である。しかし、街の主要産業である鮭の輸出先の大半は日本であり、もともと親日的な気風があった。一八八六年には長崎県出身の商人が市内随一の商社を設立して成功をおさめ、これを機に日本人の入植が一気に進んだ。長崎・天草からは大勢の女性が水商売のために渡り、貿易業や旅館業にも日本人が進出した。ヨシが渡る前年の一九一八年の外務省の調査によると、日本人女性の半数は娼妓だった。ヨシの奉公先がニコラエフスクに商機を求めたのも、このような背景があったのだろう。

しかし、自身の生い立ちを詳細に語っていたヨシが、このニコラエフスクでの二年間の出来事についてだけは一言も語っていない。九歳から一〇歳に満たない少女が親に捨てられ、厳寒のロシア極東の町を放浪したというだけで十分すぎるほどの辛酸であり、石川医師もそれ以上、詰めて聞いてはいなかった。ところが調べてみると、ここである悲劇が起きていたことが分かった。

ヨシがニコラエフスクへ渡ったのは、大正八年（一九一九）頃のことである。ちょうど日本のシベリア出兵（一九一八〜二五年）の最中だった。この翌年、町ではロシアのパルチザンによって、住民の半数以上に当たる七〇〇〇人が虐殺される「尼港《にこう》事件」が起きている。犠牲者のほぼ一割の七〇〇人余が日本の守備隊と居留民だった。日本とロシア双方の調査で、日本人居留民はほぼ皆殺しにされたと伝えられている。日本の領事館も含め、町は跡形もなく焼き払われ壊滅した。白系ロシア人・グートマンによる『ニコラエフスクの破壊』によると、最初に襲われた日本人居留民は花街の娼婦たちで、強姦の末の虐殺が繰り返された。殺された母にまとわりついて泣いていた子どもたちは皆、生きたまま穴に埋められた。日本人の生存者は中国人に匿われていた幼い子どもたち十数人で、その他に生存者はいなかったと断定している。録音テープを前にして何も語らなかったヨシだが、のちに自身の生い立ちをカタカナで綴ったノートが二冊ある。ヨシだが、そのノートには、ニコラエフスクの町について僅かながら記載があった。

「サムイトコロニニフユイタ（寒いところに二冬いた）」

「ヒトガシヌトバシャニマツヲマワシ、キョウカイマデカオモカクサズニズットイクノデス（人が死ぬと馬車に松を回し、教会まで顔も隠さずにずっと行くのです）」

ヨシはどのようにしてか、焦土と化したニコラエフスクの町で二冬を過ごした。それから二年後の一二歳の時、シベリア出兵から引き揚げる途中の日本軍の憲兵隊に助けられ、青森・板柳町の実母の下へと送られている。ここから再び、ヨシは証言を始めている。ヨシは、「憲兵隊にニコラエフスクから日本に一緒に連れて帰られたのは、同い年くらいの女の子ばかり三人だった」と話している。

当時一二歳だったヨシが、どうやって極東ロシアの戦禍の町を生き延び、一体どこから救出されたのか、謎のままだ。永山が母に捨てられたことを覚えていないのと同じように、ヨシもまた辛い記憶を抑圧して生きてきたのかもしれない。

文字どおり筆舌に尽くしがたい悲惨な体験をしたであろうヨシだが、ノートにはこんな風にも書いている。

「コッチデコンナニクロウスルノナラ、アチラニクラシテイレバヨカツタトオモイマス（こっちでこんなに苦労するのなら、あちらに暮らしていればよかったと思います）」

「コッチ」とは青森で、「アチラ」がニコラエフスクのことである。

事実、実母のいる板柳町に送られてからもヨシの放浪が終わることはなかった。義父の実家はトタン屋を営み、町でも裕福な家だった。しかしヨシは、義父が連れ子の自分が帰ってきたことを嫌がるだろうと察し、家ではほとんど生活しなかった。自ら町の酒屋に奉公に出て、住み込みで子守りを続けた。町に住み込み先がなくなれば、汽車に乗って青森市内に住み込んだこともあった。結局、小学校にはほとんど通えず、友達のひとりも出来なかった。

義理の父による虐待、母に捨てられたことによる放浪、そして子守り――。それがヨシの半生だった。

暫くすると、実母と義父の間には待望の女の子が生まれた。ヨシにとっては義理の妹である。両親は妹のことを溺愛した。これが決定打となり、ヨシにはますます居場所がなくなった。そうするうちにヨシは、町のリンゴ栽培の技師で同い年の青年、永山武男と恋に落ちる。そして実家の反対を押し切って結婚することになるのである。

それは、すでに見てきたように次なる苦難の始まりだった。

4

石川医師は、網走で一家に起きたあらゆる事情が明らかになるにつれ、研究が先行している欧米で発表されていた複数の研究を改めて読み直していた。

そのひとつが、様々な環境下にある人間を乳幼時期から直に観察し、犯罪や非行に対する親の影響を実証した研究で、R・A・スピッツによる『母—子関係の成りたち』（同文書院、一九六五年）である。スピッツは母と子の相互関係を解明するために、統計学的に有意な結論を引き出せる数の母子を選び、出生直後から二、三歳に至るまでの間、一定期間をおいて継続的に研究した。

六ヵ月以上、母親と良い関係を持った後で母親から引き離された三四人の子どもたちについて観察をすると、母親から引き離されて一ヵ月目に子どもたちは泣きやすく気難しくなり、二ヵ月目には泣くことから叫びに変わり、体重が減少して発育も止まった。三ヵ月目には寝台に腹ばいになり、接触を拒否した硬い表情を呈し、それ以降の表情の硬さは慢性的になり、運動の緩慢さはより一層顕著となり、発達も著しく遅くなり、病気に対する抵抗力も低下した。

スピッツは、このように母親またはその代理者の愛情喪失による対象関係形成の失敗は、人格のすべてにわたる全体的な発達を停滞させるとし、子どもは、愛情喪失の後に残されている攻撃性を、自分自身に向けて死に至るか、自らを精神薄弱に追い込むか、あるいは憎悪に満ちた青年となり、終局においては犯罪を起こすかのいずれかの道を歩むことになると述べていた。それは、これから永山の身に起きる出来事を予言するかのような研究でもあった。

また一九七三年にノーベル生理学・医学賞を受賞したK・ローレンツや、W・ハラーマンらは、「人間は出生直後から親によって豊かに愛情を与えられ、依存欲求が満足され、保護・安定感を得なければ他の人間を深く愛し尊敬することは出来ず、良心も健全に発達せず、人間全般に対する不信感と攻撃性が発展するのである」と述べている。

永山の母ヨシもまた壮絶な生い立ちを辿っていたことを知った石川医師は、まだ四歳という幼い永山を網走に捨てたことについてふれた時、ヨシが、少し笑みさえ浮かべた理由がやっと理解できた。両親からの愛情を知らないまま育ち、母になったヨシからすれば、子どもを網走に捨てたことは何ら特別なことではなかったのだ。自分がかつて実母からされたのと同じことをしたにすぎない。むしろ実母は樺太に自分を置き去りにしたが、自分は子どもたちのために一週間分の食料を置いてやった。そこには夫だっていた。実母のように捨てたのではない、「ただ置いただけ」と思ったとしても不思議はない。

かつて実母に捨てられた時と同じように、迫りくる寒さの中で最小限の子どもたちと生き延びようと懸命に策を尽くしたこと、それがどうして悪いことなのか、ヨシに分かるはずもない。ヨシはそうして必死に人生を生き抜いてきたのだ。

「虐待の連鎖」を疑った石川医師の診立ては、悪い方向で当たっていた。石川鑑定の第七章第一節「生い立ちと問題性」から、その一部を抜粋する。


〈四歳で、母代わりの姉と別離せざるをえなかった事件は、則夫の心に深い傷を負わせることになった。しかも母は、セツの入院後、代わって則夫の面倒をみるどころか、生活に疲れ果て夫に愛想をつかし、則夫らを置き去りにして網走を脱出しようと考えたのである。元来、この母ヨシは、料理など家事が下手で子供達への愛情も乏しかった。

その大きな原因は、ヨシもやはり幼少期から非常に悲劇的で不幸な生い立ちをしてきたことに求められよう。二歳時に父を失い、利尻・樺太・北海道・シベリア等を転々とし、あらゆる辛酸を舐め、暖かい愛情に包まれることなく、食べて生きるのがようやくという生活をして成人した。父もまた二歳で実父に死別し、博打好きな養父に育てられ、父ないし男としてのよい同一化が出来なかったようで、博打で身をもち崩し、父としての役割を果さなくなった。二人の親が共に不幸な生い立ちを経験し親としての役割を果さなかったことは、永山家の二代にわたる悲劇であっ

た。〉

第四章　母と息子

1

永山と石川医師の面接が始まってから五日が経った。
面接は週に三回、午後から三時間ほど行われ、永山の出生地、網走の話を聞き終えていた。この頃の永山の生活の様子について、当時のカルテには次のようにある。

昭和四九年一月二二日（火曜日）
午前五時二〇分には目を覚まし、「少し風邪気味で咳が出る」と訴える。当直勤務の医師が咳止めの薬を投与するよう指示。前の夜から雪が降り続き、冷え込む。午後一時四〇分から三〇分間の運動、「雪にさわりたいのですが運動場に出られないでしょうか」、「雪を見ると、幼い頃にいた北海道を思い出します」と言い、雪だるまを作りたいと言う。担当とふたりで雪だるま作りに励み、雪だるまは腰ほどの高さになった。「小学校五年の頃からだったかな、新聞配達も雪の中を配ったことを覚えてます。学校もほとんど行かなかったし……」と言う。

一月二四日（木曜日）

青天。朝食はいつもより少なめの三分の二ほどしか食べず。午後からはドクターの面接予定、緊張するのか。午前一〇時四五分から個別運動。「今朝は富士山が見えるかな」と言うので三病棟の二階に上がる。「久しぶりに富士山を見ました。やっぱり外はいいですね」。横浜でやった沖仲仕《おきなかし》の仕事を思い出すと話を続ける。「人間を人間と思わない現場で、何かあると殺してドラム缶に詰めて海の中に捨てるんです。給料は親方にピンはねされるし。砂糖袋を運んだ時は砂糖で体中がベトベトになってしまって。米俵は重くて腰をやられるし。あの頃は全く辛かった」。入所してから夜はずっと消灯時間ぎりぎりまで読書にふけるか書き物をしている。

一月三〇日（水曜日）

一〇時三〇分から個別運動。二二日に作った雪だるまを見に行く。三分の一くらいの大きさになり、頭が溶けてなくなっていた。「四人を殺したことはまったく悪かった。無期になるくらいなら死刑の方がいい」と言う。

面接で幼い日のことを語る日々が続き、色々と思い出すのかもしれない。この頃のカルテによると、運動担当の職員に昔の思い出をあれこれ語っている。また後日の個別運動では、他の収容者が野球をしている場面に出くわし、守備がひとり足りないとのことで永山が参加することになった。永山は取り立てて誰とも話さなかったが、終始ニコニコしていて機嫌がよく、人懐こい印象を受けたと書かれていた。

一月三一日午後二時からの面接は、永山が小学校と中学校時代を過ごした青森・板柳時代の話に入っていた。

後に完成する石川鑑定は、板柳時代の出来事について詳細なエピソードを交えながら大量に記載している。そして分析を加えた結論として、「あらゆる問題を抱えた家庭の悪状況が、則夫にもっとも深刻な影響を与えた」とし、さらにこの時期に、「後年の鬱状態と自殺念慮の基礎を作り、同時に心の奥底に怨みと憎悪の種をまき、育むことになった」と書いている。厳しい言葉が並ぶこれらの結論は、どのような出来事から導かれたものか順を追って辿っていく。

まず、離散していた家族が板柳で合流するまでの経緯である。

厳寒の網走に捨てられた四人の兄弟は、一冬を奇跡的に生き延びた。春になって、やっと動いた福祉事務所が母親の居場所を探し出し、四人を板柳町へと送った。三女の靴下の中には、福祉事務所の人がこっそり入れてくれた五千円札が入っていたという。

網走から板柳町までは、今以上に遠い道のりである。蒸気機関車で旭川を経由して札幌まで十数時間、さらに青函連絡船で津軽海峡を渡り、青森駅から奥羽本線で川部駅まで来て、そこから五所川原行きの五能線に乗り継ぐ。当時、四歳だった永山に道中の記憶はほとんどない。

母ヨシは、当時四三歳。板柳町役場の人に促され、川部駅まで子どもたちを迎えに行っている。永山が見たその時の風景は、兄や姉たちが母親らしき女の人の下へと駆け寄る様子であり、自分はどうしていいか分からずホームの片隅で石を蹴ってポツンとしていた、ただそれだけである。網走時代から父や母の記憶はまったくないのだから、川部駅での再会も感激とは無縁のものだった。

この頃の永山家の構成は次のようになる。

長女セツ（二三歳）は、網走の精神病院に入院したままだ。母は病院に引っ越し先を伝えなかった。他の四人の子どもたち同様、長女も網走に「置いてきた」のだ。五年後、病院が板柳の実家を探し出して連絡してくるまで、母は病院に一度も連絡を入れていない。

長男（二一歳）は、網走の土木現業所に勤めていたが、「金を送れ」と何度、手紙を書いても返事がなかったという。

幼い二人の女の子の育児係として母親と一緒に青森に連れて帰られた次女（一八歳）は、逃げるようにして家を出た。母が期待した家事育児を手伝ったのは僅かの間だけ。次女は、長女セツが家族の犠牲になって人生を狂わされていく様子をつぶさに見ていた。とにかく家から、母から離れるしかなかった。住み込みで働ける場所を探し、青森市内で看護婦の仕事に就いた。そのうちに同じ病院に勤める調理師と結婚して名古屋に引っ越し、あっという間に住民票だけでなく本籍まで変えてしまい、永山家から完全に籍を抜いた。母親が後に、「次女はちゃっかりものだ」と非難するのは、このあたりの事情があるようだ。

網走で一冬を越して遅れて帰ってきた三女（一四歳）も、翌年、板柳中学校を卒業するやいなや家を出た。まず町内のS美容室に住み込みで働いた。S美容室は実家から道路一本挟んで向かい側、つまり家の目の前にあった。それほどに三女の家を出る決意は固かった。網走にいた頃、中学校で成績上位に名を連ね、勉強を続けるため自分で働いて高校に進学しようと考えたこともあった。だが、そんな願いはもう昔の夢でしかなかった。S美容室に勤めながら通信教育で美容師の資格をとり、二年後には東京・四谷の美容院に勤めることが決まった。上京して以降、三女は生涯を通して青森の実家に戻ってきたことも手紙や電話をよこしたことも、ただの一度もない。母のことを「あの人」と呼んだ三女は後に、「故郷は捨てた」と話している。

こうして板柳の家に残されたのは母ヨシと、子どもたち五人。次男（一二歳）、三男（九歳）、四男の則夫（四歳）、そして四女と孫（ともに二歳）である。

六人が暮らしたのは、板柳駅前から歩いてすぐの場所にある「マーケット」と呼ばれる棟割り長屋だった。戦後すぐ、外地からの引揚者のために作られた木造二階建ての集合住宅で、当時は三〇くらいの家族が暮らしていた。長屋には数軒おきに飲み屋があり、日が落ちると早々とグダを巻く男たちが出入りし、話が合えば二階で客をとる未亡人もいた。そこは、廃頽した雰囲気が漂う「特殊飲食街」でもあった。永山家をふくめ住民の多くは生活保護世帯で、地元で「マーケット」という呼び名は貧乏人を指す蔑称だったという。

各家は一階、二階ともに六畳の二間だけ。入り口と呼ぶべき扉を横に開けると、そこに玄関のスペースはない。すぐに六畳の部屋が現れ、右手には二階へと上がる急な階段が伸びている。一階は、地面の上にベニヤ板が敷かれた程度のもので、冬の底冷えは厳しかった。となりの家との仕切り、つまり壁もまた板一枚。子どもの力で簡単にキリで穴があけられるほど薄く、隣家の音は筒抜けだった。どの家も、板の継ぎ目から吹きこむ隙間風を防ぐために新聞紙が貼られていた。

時は昭和二九年（一九五四）、敗戦から九年のことである。東北の地方の町々は長く未整備のまま置かれていた。「マーケット」一帯に水道はなく、食事から洗濯まで共同の井戸水を使っていた。電気は届いていたが、各々が家の軒先から主要な電線まで独自に線を引っかけて電気を頂戴しているだけのもので、ガスもまだである。プロパンガスのボンベが「マーケット」に入るのは永山が上京してからで、東京オリンピック以降の話だ。

その年の春から、永山はやっと母親とひとつ屋根の下に暮らすことになった。

石川鑑定の板柳時代の記述は、「母の許へ送り返された後も、一家の物質的、精神的窮迫状況は基本的に網走時代と変わるものではなかった」という書き出しで始まっている。

家では一番年上になった次男が権勢をふるっていた。次男は、母ヨシに絶対に歯向かわず、ヨシに一番頼りにされていた。一度、捨てられた身。母の稼ぎだけが頼りであることは身に沁みて分かっていた。網走の時のように飢えに苦しむような体験は二度とごめんだった。

三男は次男の言うことに従い、よく動いた。網走時代の一冬を共に生き抜いた体験が二人の兄たちを固く結束させていた。この関係は、二人が上京してからもずっと続いてゆく。

板柳での出来事について語る永山の声はいつも低く沈み、沈黙が多い。

石川　板柳で思い出すことはどんなことがある？

永山　おふくろと、リヤカーかな。おふくろって言ったらいつもリヤカー思い出すんだ……（沈黙）

石川　どの辺から記憶がはっきりしてる？

永山　板柳駅が、こうあるでしょう、ここに氷を作る倉庫があって。そこがまだ建ってない頃ね、みんな（近所の同級生）に石ころを、こうやってね、飲まされて……。

石川　石ころ、飲まされたの？

永山　うん、二つ……。ひとりで泣いて……（沈黙）

石川　どうして苛められたんだろう？　覚えてる？

永山　なんか、言葉が違うんだって。言葉が違うっていうことで、向こうの人から見たら気取ってるっていう感じを受けたのかな。だから俺、なんか言ったら殴られるから、それで黙るようになったのかな……。だから俺、今でも半分以上、なまりがないでしょう。苛められてもね、言葉がね……、だから俺、すごく大人しかったんだ。

石川　やりかえせないんだな？

永山　うん、俺、すぐ、逃げるでしょ、泣くとかね。泣いたら追いかけてくるんだ。

石川　動物的なんだな、子どもの世界だからな。

永山　うん、泣いたら追いかけてくる……。

北海道で育った永山は、津軽弁が喋れなかった。兄や姉たちは、学校生活や近所の人たちとの会話を通して自然と津軽弁を覚えたが、永山には話す相手がいなかった。幼稚園に入れてもらえず、次の年に小学校に入るまでの一年間、家に置かれたからだ。母は入園の手続きをしなかった。その母も家にはほとんどいなかった。

父親が正式に失踪扱いとなり、一家は、網走では断られた生活保護費をようやく受けることが出来るようになった。民生委員の証言によると、永山家への支給額は六〇〇〇～七〇〇〇円で、母ヨシの行商の稼ぎが五〇〇〇円ほど。だが「マーケット」の家賃だけで一五〇〇円、切り詰めて生活してもなお生活費は不足する、ぎりぎりの生活だった。そのためヨシは、網走時代と変わらず朝から晩まで一日中、行商に出歩いた。午前六時過ぎにショイコを担いで一番列車に乗り、青森に出てリンゴを売る。その僅かな売り上げで青森駅前の市場で魚を仕入れ、再び町に戻ってきて、今度はリヤカーを引いて魚を売った。薄利多売の商売である。当時、ショイコたちの中には利益の大きい闇米の商いに手を出す者も多くいた。だが、ヨシはやらなかった。小学校に通っていないヨシは複雑な計算が出来ず、リンゴと魚を売るのに精一杯だった。金を数えなくてはならない時は、地面に石ころを並べては頭をひねっていたという。

このような事情もあり、永山はほとんど母に構われることがなかった。滅多に洗濯しない服は薄汚れて穴だらけ。外出の服も寝巻きも同じ。蓄膿症がひどく、袖先のあたりはいつも鼻汁でピカピカだった。中学二年になるまで続いた夜尿のせいで小便の臭いを漂わせ、洗わない髪は「逆立ったように」なっていた。近所の子どもたちは永山のことを「ゲンジョウ、ゲンジョウ」と呼んだ。「ゲンジョウ」とは、昔の物語に登場する源次郎という名前の乞食「源次郎乞食」のことである。

一年近く独りで家にいた永山にとって、小学校の入学式はことさら緊張を伴うものになった。他の児童のように新しい服も着させてもらえなかった。穴のあいた膝は手で隠した。前の晩にオネショをして着替えがなく、下着をつけていなかったことも彼を余計に小さくさせた。

薄汚れた服とオネショの臭い、津軽弁を喋れないことを隠すための無口も手伝って、友達は出来なかった。遊ぶ相手を探して妹と姪が通う幼稚園を何度も覗いてみたが、妹たちは四番目の兄が来るのを嫌がった。「帰れ、帰れ」と、その度に追い返された。家に閉じこもるしかなくなった永山に追い討ちをかけたのが、次男による〝リンチ〟である。

永山　理由もないのに殴られるんだよね、ボコボコに殴られて、血を必ず流して。しょっちゅう、ていうか、ほとんど毎日。ほら、あの、ボクシングのあれ、あるでしょう？

石川　サンドバッグ？

永山　うん、あれみたいに顔をバコバコ殴られてね。兄貴は鼻血を流したら大概やめるんだ、だから鼻血、流さない時は、いつも気絶してたよ。ここ、みぞおち、ここが一番きくからね、下からこうやってボーンって（蹴り上げて）、ここ、二発目、受けたら気絶してたよ。僕はね、当時、気絶っていうこと知らなくてただ、朝起きたら、もう誰もいなくて。殴られて、飯を手で食ったりして……。

石川　え、気絶してたの？

永山　先生も分かるよ、やられたら。兄貴、俺が倒れたら、「ザマみやがれ、ナッパのへ！」って必ず言うんだ、どこからきた言葉か、兄貴に聞かないと分からないけど。

石川　怖かったんだね……。

永山　口ごたえなんか出来ない、したら倍やられるからね。怖いっていうか麻痺してたのかな、もう。目をあわせたらやられるって思って、いっつも目をつぶってた。部屋の隅で、いつも俺ひとり縮まって。

石川　兄さんっていうのは随分、大きかったの？

永山　あの頃見たら、大きかったな。こっちが小学校二、三年で、彼は中学校二、三年だ。だから喧嘩してもかなわない。俺が一番、殴りやすかったのかな……。

石川　兄さんにはさ、ただ怖いだけでさ、何か悔しさみたいなのは感じなかった？

永山　うん、ずっとやられっぱなし……、ただそれだけだったね。今に見てろってたんだ、だから兄貴が行ったら姪に仕返ししてやるっていう面は持ってたよね……。

……。「いつかはやってやる」って思ったのは、兄貴、姪のこと可愛がってたんだ、だから兄貴が行ったら姪に仕返ししてやるっていう面は持ってたよね……。

その次男に対する近所の評判は思いのほか芳しい。次男は愛想がよく、誰とでも親しく話した。成績も例によってずば抜けていた。長女セツによると、彼女が勉強の面倒を見た弟妹の中でずば抜けていたのが次男だったという。学年で常にトップを争い、野球も上手。小太りで色黒、身体はガッチリしていた。下級生の話では中学三年生の時、二つ下の学年に好きな女の子がいて、休憩時間にその子の教室の近くに来てニヤニヤしていたが、結局、最後まで声をかけることはしなかったらしい。

今も板柳町に暮らす同級生が、二年生の時の東京への修学旅行の集合写真を保管していた。複数の同級生に確認してもらったが、その中に次男の姿を見つけることは出来なかった。

「彼の家はマーケットだからさ、お金がなくて来れなかったんじゃないだろうか」

同級生は続けて推測した。

「あれだけ頭が良かったのにさ、結局、集団就職だったでしょ。自分よりも成績が悪いのが沢山、高校なんかに行ったりするから、まあ、そういう時代だったけど、悔しかったんじゃないかね」

外では優等生だった次男の鬱憤が、家庭という密室で一番幼い弟に向かったとしても不思議はない。実は、中学二年まで夜尿が止まらなかった永山ともうひとり、家には同じように中学校を卒業する間際まで夜尿に苦しんだ子どもがいた。それが、次男だった。ふたりそろって夜尿をするので、夜は同じ布団に寝かされた。先に永山がもらすと、次男は永山を足で蹴って布団から落とした。次男も網走に置き去りにされている。家では一番年上で、母に甘えることも出来ない。次男は次男で苦しみを抱えていたのだろう。

三男は、弟の永山が次男に殴られている間、一切、手出ししなかった。三男は、次男のように永山に暴力を振るうことはなかったが、徹底的に無視をしたという。そうでない時は口で苛めた。「だから、三男とおふくろは同じなんだ」と永山は語っている。

三男の証人尋問速記録より

ちょうど次男自身が中学生で、今考えてみますと反抗期にあったということで、反抗期でも親父がいるわけでもないし、当り散らす母親がいるわけでもなし、そういったことで則夫に当たったんだと思いますね。私は何故か次男とうまがあっていましたので、殴られたり、そういうことは一切ありません。則夫の顔のどこかに火傷の跡があったと思いますが、あれも次男が火箸か何かで投げて付けた傷でして、あれはやはり、次男が元ですね。何度か、そういうことがありましたね。

永山　三番目の兄貴はね、外ではいい人って思われてたけど、俺から見たらいつもバカにするんだよね。俺を嫌ってたのかな、汚い格好をしてたし、よくね、「友達に見せられない」って言うんだよね。シカトしたんだ。その頃、山に行くのがはやってたんだけど、マーケットでね、他の子たちは連れて行くんだけど、兄貴、俺だけ残していったんだ、徹底的にね。他の子は自転車に乗せたりするのに、どうして俺には出来ないのかなって。「サボリマン」とかね、学校行ってなかったからね「キチガイ」とか言われて。俺のこと、「ノッチ」って呼ぶようになるんだけど、それ、英語のノット（否定形）というところから付けたんだって、ちょっと、問題だよね……、俺とすれば。兄貴は殴らないけど、口で言うんだ。上京する少し前から、ちょっとやさしくなったけど……。

密室での暴行とはいえ連日ともなると、さすがに近所の知るところとなる。母はある日、行商から帰って来た時、「マーケット」に住む人から、次男がひどく末弟を殴っていることを知らされた。しかし、母は意に介さなかった。泣いている永山を「また泣いて、この！」と理由も聞かず殴った。そのような母の態度は次男の暴力をますます増長させた。母は永山を殴る時、決して自分の手で殴らなかった。無意識かもしれないが、四男の則夫に肌をふれないことだけは徹底していた。だから、永山には母に直にふれられた記憶が一度もない。

永山　おふくろは道具を使ってね、手当たり次第、バチーンッてやられたりしたの。それで、すごい声が大きいんだ。周り中に聞こえるような大声を出すんだ、「アンゲハアー（またやった）！」とかね、だからそれでいつもビクビクして……。ベニヤが二枚くらいしかないから筒抜けなんだ。おふくろはね、俺にはノータッチの人なんだ。学校なんかのことでも何にも聞かないし、成績がいいとか悪いとかって誉められたりとか叱られたりとか、そういうこと全然タッチしないんだ。俺だけ、よくのけ者にされるんだよね、食う時。で、みんな寝ちゃってから、俺だけ食うとかあって……。俺だけなんか悪いっていうか、ひとりシクシクやっててね、しゃっくりみたいなのが出てね、みんないるのにね……。それでよく飯、食わなかったっていうの、覚えてるよ。

家族の中の一人が集中的に苛められ孤立することによって、他の家族が平穏な関係を保っているかのような空気が漂う。子どもは親の態度に敏感だ。永山を疎んじる母の気配は、他の子どもたちにも伝わっていただろう。
母ヨシはなぜ、四男の永山だけに辛くあたったのか。その理由についてヨシは、石川医師に驚くほど正直に曝け出した。

石川 次男がよく則夫君をぶったらしいですね？
母 そうだと、近所の人から聞いての。
石川 お母さんは見ていない、目の前ではぶたないですか？
母 うん……。
石川 アザとか無かったですか？
母 うん、分からない。近所の人が教えてくれて分かったの。あれ（則夫）、ちょっとこう何て言うんだろう、強情なとこがあるのさ。小さい時からそうだった。おもちゃ遊びする時とか、何か遊んでいる時とかさ、夢中になって。それでおら腹たって、親父（夫）の血統だから勝負事に夢中になって、博打ごと、勝負ごとが好きで、それで「血統でえ！」って早いとこ言うだの。おら、ガラガラ言ってしまって。おら忙しいから、パパーって言ってしまって。

石川　言ってしまうわけですね？

母　言ってしまうの。妹や姪だったらおっかねえって済むけど、あれはそうでないの。ちょっと強情で。

石川　博打じゃないけれど、熱中するところが親父さんに似てるのね？

母　そう。それで、ちょっと歩く格好も似てるの。ちょっと気にくわねえことがあると、こう……、

石川　ああ、ちょっと肩を落として歩きますね、あれ、似てるんですか？

母　似てるの。それで「歩く格好まで似てる」っていっつも腹にあるから、また言ってしまって。「おら、また言った」って思うんだけど、言ってしまうの、似てるの。

石川　歩く格好も似てて、

母　寝る時も似てるの。何ていうか、横になってさ、ちょっと、かがんだみたいにしてさ、横になってさ。なんぼ言っても直さねえのさ。だから「親父と寝る格好まで同じだ」って、もう腹たってきたら何でも言ってしまうの、腹たって……。(親父には）自分で苦労してるからの、腹たって、言うの。

石川　お母さんは、則夫君、誉めたりはしなかったんですか？
母　滅多に言わんかったの。おら、子ども、構わんかった。

夫に似た子へと湧き出す憎しみ、その感情を律することが出来ない母親――。

背景に浮かび上がるのは、夫婦の不仲である。夫婦間で問題が生じた時、妻が夫に対して自分の気持ちを伝えたり話し合えるような関係でない場合、夫に対する憤懣や憎悪といった負の感情を、家の中で一番弱い立場にある子どもに向けてしまうことは決して珍しくはない。時代が変わってもなお、子どもが死ぬまで虐待を続けてしまう悲惨なニュースは後を断たない。

石川医師は、永山が生まれた時期について改めて思いを巡らしていた。戦前、夫婦仲は必ずしも悪くはなかった。特に網走に越してからふたりは協力し、三人の子を高校まで出している。しかし、夫が戦地から帰って来て、ふたりの亀裂は深まった。永山が生まれた昭和二四年（一九四九）、夫の博打三昧を主因に家庭は崩壊の危機に瀕し、大勢の子どもたちを抱えた母ヨシは心理的にも経済的にも追い詰められていた。そんな最中に産まれた永山のことを、母は以前、「法律がなかったから流せなかった」とも語っている。

歓迎されない子を身ごもった上、生まれてみたら憎らしい夫に何から何までそっくりときた。心に積らせてきた夫への憤懣は、一気にその子へとぶつけられることになった。網走で、幼い永山に乳もやらず、その世話を長女セツに任せっきりにした理由は忙しさだけではなかった可能性もある。実は、永山家のことを知る多くの関係者は、永山を「母親似」と証言している。しかし一旦、父親似と思い込んでしまったヨシからすれば、憎しみのはけ口を閉ざすことはもはや出来なくなってしまったのかもしれない。

母が、夫に似ているという理由で永山を疎んだことに、永山自身に何の責任もないことは言うまでもない。逮捕されてから初めて母親と面会して帰る途中に永山がつぶやいた言葉、「どうしておふくろは、俺に冷たかったのか」――。この答えを、当時の永山が知ることが出来るはずもない。母の永山に対する仕打ちは、たとえ大人の世界でいかなる事情があるにせよ、子にとっては不条理の一言に尽きる。しかし、いつの世も密室である家庭の中で起きる不条理に、幼い子は抗うことは出来ない。

一方で母ヨシは、永山よりも三年後に生まれた四女のことは何かと気にかけ世話を焼いている。四女も、真冬に手をあかぎれだらけにしながら魚臭い母のリヤカーを掃除したり、母が駅から帰ってくるわずか数分の道のりを迎えに行ったり、祭りの浴衣をねだったり、一緒に風呂について行くなどしている。四女は、子どもらしく母に甘えることが出来た。そこには確かに母と子らしき関係が在った。

かつて長女セツが、戦前の家族思いの父の姿を語ったように、同じ屋根の下、同じ親の下でも、それぞれの子を包む環境は十分変わりうる。家庭内で起きる問題に向き合うには、通り一遍の洞察では埒が明かないことが分かる。

永山は当時、一番辛い時間は夜だったと語っている。たとえどんなに貧しくても、家族が集まり団欒の時間であるはずの夜、彼の居場所はなかった。足は自然と家の外へと向かった。寒い夜でも、近くの板柳駅で寝ぐらを探して歩き回った。

永山　家から出て、どっかにすぐ逃げて行って、駅の荷物置き場あるでしょう、そこ、あったかいんだよね。俺はもう、駅が好きなんだなあ。あそこ、あったかくて、家を自分で作れるんだ。線路脇には色々ね、リンゴの箱とか薬とか肥料とかね、貨物で一杯運んできて積んであるんだ、それでね、箱と箱の間にね、こうなってる所にムシロかけてテントみたいにしてさ、家みたいなのを作って。まだ荷物が来てない時はね、駅の側に材木屋があって広場みたいになってるの。あそこにいたり、時間が早いと追い出されるから、そしたらマーケットの近くにバスの車庫あって、（営業が）終わって停まっているバスの下にムシロを敷いて休んだりして。バスのドア開いてたら中に入って休んでたよ。

かつて母ヨシが、樺太で義父の暴力を恐れ、「寒い夜でも表に出て隠れていた」と語っていたように、息子もまた同じことを繰り返していた。家出は徐々に大胆になっていく。小学校二年頃からは、次男にひどくやられた次の日に何も持たず板柳駅から汽車に飛び乗った。「やられたら逃げる」の繰り返しで、家出の回数は何十回にもなった。

だが彼は、五所川原行きの汽車には絶対に乗らなかった。必ず、川部駅を経由して青森駅へと向かう便を選んで乗った。なぜなら、まだ七歳と幼いながらも明確な目的地があった。それは、セツ姉さんがいる網走——。網走に行けば姉さんに会える。そう思って北へ北へと向かった。家から離れれば離れるほどに自由になっていく気がしてうれしかった。

網走への逃避行の最中、乗り合わせた新婚とおぼしき若夫婦が「可哀相に」と頭を撫でながら羊羹を与えてくれたことがある。甘い物はスイカ以外、口にしたことがなかった。その時の羊羹はとろけるほど美味しくて忘れられないという。当時の永山にとって甘い物はすべて羊羹だったようで、いつか網走の公園でゴミ箱から拾って食べた甘い物も、やはり羊羹だと言った。

この若夫婦に限らず、永山は家出をする度、見も知らぬ大人たちから沢山の食べ物を恵んでもらった。機関車に乗っていると、家に居る時よりずっとお腹がいっぱいになった。幼い頃の写真に見る永山の顔は丸くて大きな瞳が目を引き、長いまつ毛は女の子と見違うほどだ。その容貌で、町の子どもたちからは「オカマ」と呼ばれさんざん馬鹿にされたが、大人から見れば愛らしい顔つきだったのだろう。

機関車の隅っこの席にちょこんと座り、窓の外を見ながら貰ったばかりの食べ物を食べていると、いつも決まって車掌がやって来た。食べ物をくれた大人たちが密かに通報していたのだろう。「君はどこからやって来たの?」とやさしく問われてうれしくなってついてゆき、いつしか板柳町へと送り返された。

一番遠くまで行ったのは小学校三年の時。九歳の逃避行は津軽海峡を越え、北海道・函館へと渡り、その先の「森」の駅まで辿り着いた。家出の距離がここまで伸びると、補導されてもその日のうちに板柳町に送り返されることが出来ず、青森市内の児童相談所に保護された。

この頃、たまに登校した小学校の作文の授業で、女の先生から将来の夢を書きなさいと言われたことがある。永山は、「雀になりたい」と書いた。

「鳥になって、どこかへ行きたい、ずっと行きたい」

心の中で、セツ姉さんがいる網走に飛んでゆく風景を思い浮かべていた。作文は珍しく「B」を貰った。

しかし家出は、楽しい思い出ばかりではなかった。ある日、板柳駅の売店で『少年ブック』を読んでいると汽車が来た。そのまま本を持って汽車に乗ってしまった。まだ読みたいという気持ちだけで、それが良いことなのか悪いことなのか分からなかった。保護された児童相談所の職員に一晩中、「盗んだと言え」と詰問された。髪を摑まれ、熱い電灯を顔の正面から当てられ、朝まで怒鳴られ殴られた。盗んだつもりはなかった。「盗んだ」と言いたくなくて、ただ泣いた。

一泊の家出になる度に、母ヨシが呼び出された。永山を引き取りに行くのに時間をとられ、その日の行商はあがったりとなった。「もしかしたら、おふくろに心配してもらいたくて、俺（家出を）やってたのかもしれないね」と永山は語っているが、この家出は彼にもうひとつ、大きな成果をもたらした。永山を迎えに行くために仕事が出来なくなって困り果てた母親が、次男に暴力を止めるよう注意したのである。以降、次男のリンチはぴたりと止まった。永山は「家出した俺の勝利だ」と思った。〝逃避行〟は、やられっぱなしの少年の心に、物事を解決する有効な手段として刻まれた。

2

小学校二年の頃、永山家には兄たちをも巻き込んだ大騒動が起きている。

網走で博打にのめりこんで放蕩し行方不明になっていた父が、ある日突然、板柳町へとやって来たのである。板柳には彼の実家があり、ヨシと出会い結婚した町だ。自分の郷里へ戻ってきたということでもあったが、網走での借金がいよいよ嵩んで逃げ出してきたという推測の方が真実に近いかもしれない。

「マーケット」の飲み屋で永山家の父親らしき人物が帰って来て酒を飲んでいるという噂は、狭い町に瞬く間に広がった。学校から帰って来た次男と三男は近所の人からその話を聞き、まんじりともせず家で待った。黙り込むふたりの手には、木刀が握られていた。次男は中学三年生、三男は小学六年生だった。

永山は、ただならぬ兄たちの気配に家の奥の方に隠れていた。暫くすると、父親とおぼしき男が玄関を開けて入ってこようとした。永山はこの時、父の顔は見ておらず、話の流れから父親だと思っただけだ。

待ち構えていた次男と三男は、木刀を持って一斉に父に殴りかかった。そして家から叩き出してしまった。その時、通りで偶然に出くわした父から一〇〇円をもらったことがばれた四女も、次男から木刀でひどく殴りつけられた。

「お前ら、親父から一円でも金、もらったら殴り倒すぞ！」

妹が殴られるのを見たのは初めてだった。妹の手から一〇円玉硬貨のような小銭が、スローモーションのように床にバラバラと飛び散った光景を永山は鮮明に覚えていた。

騒動を聞きつけて帰ってきた母親は、近所の人から事の一部始終を聞かされた。

「ふたりの兄らがワンワン大声で泣きながら親父、殴りつけて追い出したんだ。まるで映画の場面みたいだった」。

三男の証人尋問速記録より

狭い扉でしたけど、そこから親父が入るのを、次男と私の二人で棒を持って追い返した記憶があります。その時は夜で、則夫も後ろにおったと思います。捨てられたその親を、今更、多分五〇過ぎていたと思いますけれども、もう一回一緒に住むことは、ぼくの気持ちの中でどうしても許せなかった。まだ小学校か中学校なんでしょうけど、それだけは、はっきり意識していましたね、家には入れないと。まあ非常に不幸な話ですね、自分の親を。親父は確か、「〇〇〇（三男の名前）、お前もか」と。親父は私のことを良く思っていたんじゃないでしょうか、しょうか、「〇〇〇、お前もか」というようなどこか外国の戯曲みたいな台詞を覚えています。それから町には二、三日いたように思います。もう家には来なかったですね。

しかし、永山と父の物語は、ここから始まる。騒動があった翌日、永山は町の中で父と遭っている。

永山　あのね、映画館でね、映画の看板、見てて、そしたら、その人、親父だと思うんだけど、後ろから俺の名前呼んでね、「則夫、則夫、これやろうか」って。で、俺、こっちに逃げちゃったんだよね、怖くなっちゃって。電信柱の

石川　後ろに隠れちゃったんだ。この辺の路地に入って隠れてたんだ。妹が親父から一〇〇円もらって殴られたの、分かってたから。

永山　「則夫、則夫」って言って、一〇〇円をくれようとしたわけね？

石川　うん。黒いね、こういう……、鳥打帽っていうの、帽子かぶって、ヒゲが伸びてて。それで次男が妹、殴る時、「親父から金もらったらお前らも殴る」って言われてたから、だから怖くなって。

永山　それで逃げたわけね？　お金、とらないで、路地に逃げ出して？

石川　隠れて見てたんだ。

永山　顔、出して、見てたんだなあ（少し笑う）。

石川　うん。

永山　路地に逃げ込んで、お父さんをな、密かにな。

石川　うん。

永山　お父さんも立ち止まって、暫く見てたのか？

石川　そのまま駅の方に歩いてって一分もしないうちに行っちゃったよ……。それっきり、手紙も何も来ない……、板柳にも帰ってこなかったみたい……。

永山　汽車を出るところ、見てたの？　うん、そうか、ついていったんだなあ。

永山 それ（兄貴たちには）言えなくてね。会ったってったら、「また金もらった」って言われるかなって思って、ずっと黙ってたんだ……。

ほんの一瞬の、父との邂逅――。永山は、この時の父の顔をほとんど覚えていないのだが、父への夢は胸の中でムクムクと膨らんでゆく。

永山 映画、観ててね、板柳は大映系統がたくさん来るんだ。佐田啓二とか佐分利《さぶり》信《しん》とか、そういう人を見るとね、こんな親父だったらなあって……。現実の親父は知ってるけどね、それでも、（想像）したんだなあ、俺。ああいう人かもしれないって夢は持ってたけどね。ところがおふくろは喧嘩した時さ、「血統！」とか、「酒飲み」とか、「親父のとこ、行け！」って必ず言うんだよね。俺それ聞くと、何て言うか分からなくなっちゃって……。それで逃げてって、駅の方に逃げちゃって……。親父のこと、おふくろは悪く言うけど、俺にとってはいい感じの人だったんだ。お金、くれようとしたしさ。その頃、何かくれるって人は余りいなくて、俺にとっては、やさしい感じだったんだ。

この頃、永山は一日一回、映画を無料で観ることのできる「パス券」を持っていた。兄たちの新聞配達を手伝わされるようになり、新聞の販売店から、新聞配達の少年たちへの特典として渡されていたものだ。映画館は独りで夜を過ごせる格好の場所となった。駅の荷物置き場やバスの下よりも暖かかった。

映画を観ながら、父親役を演じる俳優たちに父の姿を重ねた。永山には兄たちのように、博打に狂う父の姿も、大酒を飲んで家族に暴力をふるう姿も記憶にない。まして網走で母に捨てられた事実も覚えていないのだから、助けてくれなかった父への怨みもない。母から疎まれ、邪険にされる中、父への夢は逃げ場であり救いになっていた。「親父のところへ行け！」と母から怒鳴られる度に、「親父は今、どこにいるのだろう」と思った。親父がいつか自分を迎えに来てくれると思ったりもした。「もし親父が出て行った先が分かっていれば、自分は必ず青森を出て向かっただろう」と永山は語っている。この数年後、父の非業の死を知るまで父の存在は、どこか心の支えになっていた。

次男が集団就職で上京し、三男が新聞配達をするようになってから、四男の永山が炊事の担当になった。毎朝五時過ぎに起きて井戸で水を汲み、木をくべて家族全員の麦飯を鍋で炊き、味噌汁を用意する。味噌汁の具は、ふ、または豆腐で、何も入れられない時もあった。間違えて固いモヤシを入れてしまった時には、三男から「キチガイ！」と厳しく叱りつけられた。たまのご馳走はカレーライスと団子汁。永山は、団子汁を作るのが兄たちよりも上手だったと、母親は石川医師に珍しく永山のことを誉めている。料理がうまいのも、やはり父親譲りだった。

一度だけ、妹が小学校の家庭科の授業で作ったオムレツを持って帰ってくれたことがあった。とても旨くて家で作ってみようとしたが、あまりに沢山の卵が必要なことが分かり諦めた。

金が尽き、食材が買えなくなると、食卓には具のないうどんや干しそばが並んだ。麺もなくなると、麦飯に醬油をかけて食べた。それもなくなると、母親が行商で訪れた先の農家から、家畜の牛馬に食べさせるための飼料や残飯を雑多に煮込んだものを貰ってきた。行商の売れ残りの腐りかけたリンゴを、みなで分け合ったりもした。板柳には冬だけはリンゴが豊富にあり、永山家の食卓の頼みの綱となっていた。

三男が当時つけていた日記には、次のような記述がある。当時、三男は中学三年生で、翌月に集団就職を控えていた。

昭和三六年二月二二日（水曜日）晴れ

今日みたいな、けたくそ悪い日はない。このごろなんか母ちゃんの売り上げが少ないので、食うものも食わずだ。また六年前みたいな、どん底の生活に戻りつつある状態だ。早く、早く、板柳から出たい。向こうへ行って苦労するのは分かっている。そこが俺の頑張りどころだけど、次男も三女も、長男もいる。決してあてにはしていかない。

三男もまた兄や姉たちのように、一日も早く板柳の家から出ることばかり考えていた。片や四男の永山が板柳に連れてこられたのは四歳であり、集団就職で上京するまでには一一年の歳月が必要だった。そして、板柳時代の永山に決定的な痛みをもたらすことになる二つの出来事が起ころうとしていた。

3

その事件は、永山が小学校五年生の頃に起きた。

家庭裁判所の資料を読み込んでいた石川医師は、東京家庭裁判所が板柳小学校から取り寄せた「出欠記録」に目を留めた。小学校の六年間、ずっと不登校が続いて欠席ばかりの永山が、なぜか五年生の時だけ毎日、出席している。休んだのは風邪をひいた六日だけだ。担任の評価欄も、横並びの「怠けてばかりいる」から「やる気が出てきた」に変わっている。

面接でその理由を尋ねると、永山は話題をそらした。何度か話をふったが、話そうとしない。永山が初めて示した拒否反応だった。石川医師はそれ以上、問い詰めることはせず、永山の準備が出来るのを待とうと日を改めた。それが何日か続いた。そこに何らかの問題が隠されていることは間違いなかった。しかし、とにかく待つことが仕事と考え、腰を据えた。

「その頃、セツ姉さんが帰って来てたんだ」

永山がようやく語り始めたのは、石川医師が四度目に水を向けた時だった。永山が五年生になる少し前、網走で入院していた長女セツが退院し、家族のいる板柳町に戻ってきたのだ。五年にわたる入院生活で日常生活を営めるほどに症状が安定し、退院を許されたのである。病院が家族の行方を調べ、板柳町に送って来た時、セツは二九歳になっていた。

板柳の家を初めて見た時、セツは「家族があまりひどい家に住んでいるもんだから驚いて……」と話している。三男は、セツのことを「キチガイ」と呼んで寄り付かなかった。彼は、「下つき一丁で家を飛び出す」姉の姿を忘れていなかった。しかし永山にとっては、帽子岩の見える網走の海で一緒に遊んでくれた母代わりの姉さんである。永山に一時の平穏が訪れる。

永山　宿題あっても、全部やれたもんね。セツ姉さんが手伝ってくれるから。それで、みんなに高々として言えるでしょう。高学年になったら、だんだん、難しいもんね、みんなその頃から分からなくなるんだけどね。（登校したのは）そういうのもあったのかも分かんない……。

長女セツは再び、献身的に永山の面倒を見た。永山を「のっちゃん」と呼び、宿題を手とり足とり教えた。雨が降れば傘を持って小学校まで迎えに行き、学校の担任が家庭訪問に来れば、母親に代わって話を聞いた。編み物が得意で、永山に色とりどりの靴下や手袋を編んだ。永山が生まれてから四歳になるまで、付きっきりでミルクを飲ませ成長を見守ったセツにとって、一九も年下の永山は弟というよりはわが子に近い存在だったのかもしれない。

短い期間ではあったが、この頃、一家の食事の世話はセツがかつてのように切り盛りしただろう。低学年の頃の写真に見る永山は、シャツがボロボロで肩のまわりはすっかり破れている。そんなシャツも、セツは縫ったり洗ったりしてくれただろう。オネショが止まらず、二階の藁布団はいつも湿ってベトベトだった。その万年床も、干してくれたかもしれない。

それまで何年も不登校だった子どもが、たったひとりの人間の存在で、せっせと学校に通うようになるのである。成績表を見る限り、五年生の時に際立って成績が上がっているわけでもない。それでも永山は六日しか休んでいない。幼い子どもにとって、愛する人から愛情を注がれることがいかに大切で尊いことか、石川医師が注目した小学校の出欠記録は示している。

この記録は、それまで永山事件の調査にあたった少年鑑別所や家庭裁判所、第一次精神鑑定の大勢の専門家が見ているが、五年生の時に何があったのか尋ねた者は、石川医師の他にいなかった。

だが、永山の幸せはいつも長くは続かない。

ある日、小学校から帰ってきた永山は一階の六畳間で、「マーケット」の数軒隣に住む四〇歳くらいの独身男、Oとセツ姉さんが寝ている様子を見てしまう。ふたりはコタツの中に寝っころがり、Oがセツの上から覆いかぶさっていた。セツはされるがまま、ヨダレを垂らして横になっている。性に関する知識がなかった永山は最初、それが何を意味しているのか、よく分からなかった。Oから「二階に上がってろ」と怒鳴られて階段を上がり、上から三段目あたりに座って待っていた。

どのくらい時間がたったのか、階段でウトウトしていると三男が帰ってきた。戸口から姉らふたりの様子を察知したのか、それとも同じようなことがこれまでにもあったのか、三男はすぐさま部屋に上がってきて怒鳴り散らした。

「出て行け――！」

永山が恐る恐る下に降りると、Oはズボンを上げ上げ戸口から飛び出していった。

それから少しして、セツは妊娠した。不意の妊娠ではあったが、セツは産みたいと思った。かつて網走では結婚まで誓った恋人の子を諦めた。今度は母ヨシに分からないように、いつもは連れ立って行く近所の銭湯に、何かと用事を作っては別々に通った。

しかし妊娠も七ヵ月になると、腹の大きさはもはや隠すことは出来なくなったようだ。銭湯でセツと一緒になった近所の人は、ヨシに「セツさん、妊娠しているよ」と告げた。ヨシはすぐさま動き、セツは入院させられた。相手の男と結婚していないという事情はもちろんあったかもしれないが、それよりも当時は、精神疾患を抱える女に子どもを産ませぬよう処置することは当然という考え方があった。

セツにとっては、母に知られぬよう細心の注意を払い、腹の中で大切に育ててきた子どもだった。もう、自分の腹を蹴るほどになっていたかもしれない。セツは、母ヨシや医師からどのような説得を受けたのか受けなかったのか、その子を強制的に堕ろさせられた。妊娠七ヵ月ともなると手術は出産の形をとったと思われ、心身ともに大変な打撃になったはずだ。

セツを妊娠させた近所のOは、暫くして姿が見えなくなった。Oの母親は「マーケット」で小料理屋を営んでおり、ヨシは彼女に幾らか借金をしていた。長女の妊娠について文句のひとつも言わず、見舞金も得ていない。退院したセツは再び、家でひとり塞ぎ込むようになる。

石川　セツ姉さん、またおかしくなってきたの？

永山　うん……、空笑いで……（沈黙）

石川　独り言も言ったり？
永山　うん……。
石川　どうだった、その時？
永山　分かんない……（沈黙）
石川　五年の時さ、姉さんが色々、勉強みてくれたりさ、そういう優しさみたいなのがあったでしょ？
永山　うん……。
石川　それで学校にも行ったわけでしょ。それが姉さんがおかしくなるっていうのは、すごいショックだったと思うんだけどね、何か覚えていない？
永山　……（沈黙）
石川　自分の気持ちについて……、
永山　なんか、こう、石、あるでしょう……、あれ持っていくのも嫌だったよね……。

ぽつりぽつりと姉のことを語りだした永山が、ようやく切り出したのは「石」の話だった。姉が堕ろした子は、永山が家の近所にある永山家の墓まで運ばされた。そして、幼い手でその子を埋めた。家でみなが嫌がることはいつも永山に回された。墓には墓石がなかった。母は、家の漬物石を持っていけと言いつけ、永山はひとり大きな漬物石を寺まで運んだ。その石は今も、永山家の墓地に苔むしたままある。

石川 それで、姉さんとはあまり会わなくなっちゃったのかい？ うん、そうか。宿題も教わったりしなくなっちゃった？

永山 うん、嫌になってね……。

石川 何が嫌になったの、姉さんの？

永山 あの、妊娠されてね……。あの時、（セツが）三番目の兄貴に怒られた時のことを根に持っててね……、その頃から俺の方もなんか、変になってきて……。

石川 変っていうのは、どんな感じ？ 憎んだの？

永山 会うと、いやあな感じになるというか……。

石川 何か姉さんが悪いことしたっていうのが、おぼろげながら分かったの？

永山 うん、なんて言うか……。一番目の兄貴に殴られた時とも違うしね、何かね、汚いものを見た時に反吐《へど》、吐きそうになるっていうか……、ああいう感じでさ、何か、嫌でさ……。

数週間後、セツは近所の民生委員の世話で弘前市内にある精神病院に入院した。そして生涯、入退院を繰り返すようになる。

永山にとって、家族の中でただひとり自分を愛してくれたセツ姉さん。姉が男と寝ている光景は、その意味がすぐには理解できなくても、姉に裏切られたような思いを抱かせたに違いない。そして堕胎である。七ヵ月の胎児を自分の手で葬らされ、大好きだったセツ姉さんは、汚い存在へと変わってしまった。

石川医師は鑑定書の中で、この時のことは姉との「生き別れ」に等しく、母にされたのと同じ「捨てられた」行為と同じ意味を持つと指摘している。心から求めた母と姉に捨てられたことは、彼の人間としての基本的存在の基盤さえ奪いかねない出来事であり、これから後の永山の人格の全体的発達や対人関係等に障害を来し、劣等感と絶望を深めたと分析した。

子どもは、母親的な愛情を本能的に求めるものだ。たとえ母の相手が自分の父であろうと浮気相手であろうと、または仕事であれ趣味であれ、自分以外のものに愛情や関心が向けられることは耐えがたいショックになるという。石川医師によると、離婚が急増した頃の一九七〇年代のアメリカの研究では、母子家庭で自分を育ててくれた母親が別の男性と結婚することは、子どもにとっては新しい父親が出来るというより、多くは自分が捨てられたように受け止めてしまうという結果が示されている。「自分が悪いから母は自分を捨てるのだ」と自らを責める方向に受け止め、その結果、子どもに鬱状態を引き起こしたり、逆に憎悪を親にぶつけることが出来ないため、他の子どもにひどく攻撃的になることが報告されている。

子どもは、妊娠中は母の温かさに包まれ、まさに母親と一心同体である。それが産声をあげて生まれてきた時、それまで包んでくれた母親と引き離されて非常に不安になる。だから母の胸にしがみつく。一、二年しがみついていると別離の不安感が少し解消され、恐る恐る母の下を離れて一歩、踏み出す。しかし、すぐ不安になって母の下へと戻ってくる。そこでまたしっかり抱っこしてもらい、甘えて安心し、さらに一歩踏み出して、戻り、それを繰り返しながら子どもは自立し、成長していくと言われる。人間が母親的な愛情を基盤にして、そこから自立していくことを考えると、「甘え」と「自立」はセットである。自分が愛されて初めて愛されることの喜びを知り、やがて相手のことも愛することが出来るようになってゆく。その根っことも言える愛情の基盤が無ければ、子どもは順調には成長していけなくなってしまうということは、石川医師の恩師、土居健郎はじめ多くの専門家が指摘しているところである。

石川医師は、永山の話を聞きながら幾度となく「惜しい」と思った。

幼い頃の網走で、永山の母代わりを立派に果たしていた長女セツがあと数年間、永山のそばにいてくれたら。またそれが叶わなかったとしても、セツが板柳に帰って来てから発病することなく、永山に愛情を注ぎ続けていてくれたならば、彼の人生は全く違うものになっていただろうにと。

4

中学に入っても永山の不登校は続いたが、生活にひとつのリズムが出来ていた。次男に続いて三男も集団就職で上京し、朝夕の新聞配達の仕事がいよいよ永山に引き継がれたのである。配ったのは『東奥日報』という地元紙で、月の給料はわずか九〇〇円。だが、当時の永山には貴重な収入源となった。初めて手にしたその給料を、永山は家族のために使っている。

永山　うんとね、最初、自分の日用品とか、妹たちの筆入れを買ってあげた。学校のビニールのやつ、ふたりで一二〇円。

石川 姪にも買ってあげたの？

永山 うん、おふくろとね、一番最初にもらった時ね、ソバを食いに行ったんだ。一〇円くらいだったかな。

石川 へえ、初任給ね。それでお母さんとソバを食べに行ったのね。

永山 うん、そう。それでパーって無くなっちゃったみたいね。それからね、いつも自分で買えたのは三〇〇円くらいで、模型飛行機あるでしょう、五〇円のやつね。零戦《ゼロせん》とかね、紫電改《しでんかい》とかね。

石川 ライデンとか。

永山 うん、ライデンも知ってる、自動車みたいなやつ。あれ、上がっていくのが早いんだよね。

石川 ギンガとかね。

永山 ギンガも知ってる。あとドイツのロンメルは上にのってないやつ、頭がないやつ。あれは電池じゃないと動かないんだよね、電池が高いんだ。それが中学一年の頃かな。妹にも買ってやったよ。ほら、服装あるでしょう、アノラックとか、妹のアノラック、月賦なんだけど、俺が全部、払ったからね。

真冬の新聞配達は辛かった。吹雪の時ばかりは、大枚はたいて買ったアノラックも威力を発揮してくれなかった。風で前に進めず、背を進行方向に向けて新聞を抱えて後ろ向きに歩いた。一〇〇軒も配り終えるとクタクタになった。しかし他に収入源はなく、一日たりとも休むわけにはいかなかった。まだ兄貴たちがいた頃、新聞配達を終えてから自分に辛く当たった気持ちが今なら分かる気がすると、永山はふり返った。

みなが学校に行っている間は、家で模型飛行機をいじったり、妹に学校の図書館から借りてこさせた本を読んだりした。石川啄木のものはほとんど読んだし、エジソンやヘレン・ケラーといった伝記物も好んで読んだ。

天気がいい日は、家から歩いて一〇分ほどにある岩木川の川辺で過ごした。石が水面を飛び跳ねる回数を数える水きりは、八回が最高記録。砂で城を作ったり、川岸に捨てられている紙の薬箱を並べて立て、遠くから石で狙って倒したりもした。学校では出来なかった幅跳びも、ひとりでやって計ってみた。

しかし、ひとり遊びはいつまでも続かない。することがなくなると、リンゴの木が生い茂る川辺に独り寝っころがり空を見あげた。晴れた日には、目の前に雄大な岩木山がドンとそびえて見えた。

「あの山の向こうは、海なんだ」

海の景色を思い浮かべると、なぜか心が安らいだ。永山はとりわけ海に憧れた。セツ姉さんと過ごした、帽子岩の見える穏やかな海。船乗りになりたいという夢も、この頃に抱いたものだ。

だが、夢の時間は長くは続かない。昼も二時をまわると、学校帰りの生徒たちが岩木川にかかる橋をゾロゾロと渡り始める。ひとりぼっちの姿を見られたくなくて、永山はそそくさと川辺を後にした。

この頃の記憶を語る永山の話には、家族もふくめ第三者がほとんど登場しない。いつも独りである。ただ、永山にも初恋の人とも言える女子生徒がいた。同じクラスのTさんは、あまり目立たない大人しい人で書道がうまかった。成績はいつも五番くらい、目は一重で痩せていた。彼女も母子家庭だった。目が合うだけでドキドキしたが声をかけたことはない。中学を卒業後、弘前市内のミッションスクールに進み、後に九州の大学へ行ったらしいと風の便りに聞いた。ただそれだけのことである。だが、永山にとっては数少ない淡い思い出だ。そんなことを石川医師に語るまでになっていた。

現在は弘前市内に暮らしている永山の中学二年の担任、比内博美さんは当時をよく覚えていた。

「非行少年？　とんでもない。マスコミは永山がどんな不良少年だったかってそればっかり聞くけど、それは違う。私がどんなに話をしても（記事が）出てみたら、手に負えない問題児ってなってるでしょ。事件を起したからって後付けしちゃって誇張したりさ、くっつけたりさ、都合のいいように作るんですよ。全然、どこにでもいるような普通の子どもでさ、とても非行なんか出来るような子じゃない。身長も一五〇センチあるかないか、小さくて痩せて、腕なんかこんな細くてね。女の子、追いかけまわすこともないし煙草もしないし。あの頃、悪ぶってるのは煙草とか吸ってたけど、そんなこともしない」

比内先生は、「マーケット」に何度か家庭訪問に行った。母親はいつも留守で、永山は家の中から鍵をかけて閉じこもっていることが多かった。先生は近所の同い年くらいの子どもを呼んで、永山を遊びに誘うふりをさせて鍵を開けさせ中に入った。永山は薄暗い部屋の隅にちょこんと座っていたり、時には押入れの中に隠れていたりもした。

「『こら、則夫！』って押入れ覗き込んだら、こっちをキョロって見てね。『お前、中学校出て働いて立派に頑張っている人もいるんだぞ、学校に来い』って言ったら、まあ二、三日は来るんですけどね……」

比内先生は、永山の母親のことも忘れられないという。母の徹底した永山への無関心ぶりには、少し奇異な感じを受けたという。たまに町で出会っても話をしようとせず、会話も成立しなかった。学校へのアレルギーのようなものを感じた。比内先生は、これだけは言っておきたいと付け加えた。

「あの事件の後ね、さんざん貧困が生んだ事件だとか騒がれたでしょう。でもね、私に言わせたら、あの当時、永山より貧しい子はまだいましたよ。永山の家がいくらボロだと言っても一応、屋根のある家でしょう。ある女子生徒の家庭訪問に行ったら、馬小屋ですよ。ピューピュー風が通る中で藁にくるまって、父親とふたり身体を寄せ合って寒さを凌いでいた、そんな子だっていましたよ。貧困が原因だと言うんなら、この辺は人殺しだらけになってしまうよ」

裁判資料の中にあった中学の記録を見ると、三年生の担任（故人）は次のように書いていた。

学習態度　頭脳は悪い方ではないので出席さえすれば相当な力を出せるのだが、

消極的
問題行動　努力がなくただ幸せに憧れる　小心なのか大きな悪にも走れない
交友関係　全くと言っていいほど交友なし
保護者　生活に追われて教育には無関心。生活以前の何か家庭の事情がありそうだ
その他　本人の性格が暗いのに、上の兄二人は正反対の明るさを持っていたことを想い出す

5

岩木山のでこぼこした山頂が雪化粧して白くなり始めると、板柳にも厳しい冬がやってくる。

一二月、父が死んだという報せが届く。昼間、ひとりで家にいた永山に町の警察官が知らせにやってきた。岐阜県の垂井駅で、東海道本線の電車の中で倒れていたという。警察によると、所持金はポケットに入っていた一〇円だけ。息を引き取る間際、名前と住所を聞かれ、自分の名前と「板柳町土井」とは答えたが、妻の名前だけは決

して言おうとしなかったという。

母ヨシは、この日、永山が駅まで迎えに来て「母ちゃん、親父が死んだから赤飯炊くべし」と言ったと話しており、それは自分がいつも「親父が死んだら赤飯炊くべし」と言っていたせいだと語っている。しかし録音テープの中で永山は、それは母の作り話だと否定した。当時の自分は、「夕食の準備や夕刊の配達でガタガタしていて駅まで母を迎えに行けるような状態ではなかった」と話している。

いずれにしても母は、その報せを聞いて「博打打ちが死んだ！」と騒いだ。そして栃木で働いていた次男、東京に出ていた三女の二人を連れて、岐阜の警察まで遺骨を引き取りに行った。帰路、母は三男がいる東京に立ち寄ったようだ。その時のことが三男の日記に記されている。

三男の日記より（昭和三七年一二月一八日火曜日）

一二月六日午前九時三〇分、岐阜県の垂井と云う所で、親父は五四年の生涯を閉じたそうだ。たとえ、八年という長い歳月を別居していたとは云え自分にとってはこの世の中でたった一人の父には違いなかった。けれど親子の情と云うものが、こんなにもうすれるとは。俺は涙一つ、流さなかった。いや、流れなかった。あわれな男よ、この人の人生をバクチと云うものが大きく変えてしまったのだろう。何度も何度も立ちなおろうとしたらしい。その努力は俺もみとめる。けど、長い間の習慣と云うおそろしいものが許さなかったのだろう。八年の間、会ったのは、たった一度だけだった。

警察から報せをうけた後の永山自身の記憶は、父の葬式へとうつる。そこで永山は、思わぬ話を耳にすることになる。

葬儀は近くの寺でささやかに行われた。栃木県小山市で暮らしていた長男と次男の二人もやって来た。次男は、「親父の遺骨を受け取った時、俺と三女は泣いたけど、おふくろは涙ひとつ流さなかった」と話していた。それを聞いた永山は、父のことをとても不憫に思った。

寺には、マーケットの近所の人たちが僅かながらも香典を持ってきた。ふだんは交流を断っていた親戚も集まった。焼香は親戚らが先に行い、永山は最後になって大人たちの真似をした。そのようなかしこまった場で、普段は威勢のよい母ヨシは必ず小さくなってしまう。参列者の中で一番大きな顔をしていたのは、地元の信用金庫の役職を務めていた父の義理の弟だった。父の生前は挨拶すらしてくれなかったその人は、みなの前でヨシを責めた。

永山　その人、おふくろのことをガミガミ怒鳴るんだ。全部おふくろが悪いって言うんだ。「妻がもっとしっかりしていたら義兄もグレなかった」って、そう言うんだ。一番上の兄貴なんかね、親父はリンゴの試験場で試験に受かって、いいとこもあったって親父のこと誉めるんだ。昔は畑を持ってたとか金持ちだったって言うんだ。
そしたら二番目の兄貴が、「おふくろが俺たちを（網走に）置いてきぼりにした」っていうことが会話に出て来て、俺、分からなくなって。兄貴が、「おふくろは悪いやつだ」って言うんだ。それで、その時ね、（網走で）三番目の兄貴が「俺たち、捨てられたんだ」って言ってたね、その言葉、思い出して、それとダブってね。俺、分からなくなっちゃったんだ。

すでに述べたように、永山には母に捨てられた記憶がない。しかし次男が発した母親への怨みの言葉は、かつて網走で聞いた三男の言葉をふと思い起こさせた。この時、永山は初めて、「網走で乞食みたいになったのは、おふくろに捨てられたからなのか」という疑念を抱く。ところが、当時の永山はそれでも母を信じようとして苦しんだ。

永山　その当時、当たり前なんだけど、俺としてはおふくろのこと信じてるし、でもこっちではアレッて思うこと言ってるし、分からなくなっちゃったんだ……。

石川　自分が捨てられたっていうのは、思い出さなかった？

永山　思い出さなかった。次男や三男や三女なんかはね、捨てられたってこと覚えていたからよかったんだ、そうしたら兄貴らみたいに、「俺たち捨てられたんだ、だけど迷惑かけない」って、「一人でやってやる」っていう根性がついたかもしれない、でも俺は全然、分からなかったもんね。それを分かってたら、色んなこと考えられたかもしれないけど、俺は分からなかったんだ。次男にも「（俺たち）捨てられたのか？」って聞けないしね。おふくろにも聞けばよかったんだけど聞けなくて……、それでグレちゃったんだ。

石川　お母さんが捨てたなんて思いたくもなかったし？　うん、お母さんは自分のこと、面倒見てくれてるし？

永山　うん、飯だけはやってたからね。
石川　ああ、食わしてくれてたからね、捨てることはないだろうって？
永山　……（無言）……その時もね、捨てられたっていうこと聞けなくて、あれはあれで良かったんだ。刺激されたら俺、おふくろのところ行って、ひっぱたいてたかもしれないしね。

のちに逮捕された永山が、母親との最初の面会で放った一言、「おふくろは俺を三回、捨てた」――。この「三回」のうち一度目が、網走でのことを指している。自分は母に捨てられたのかもしれないという疑念は、中学一年の冬から事件を起こして捕まるまでの六年間、永山の心の奥底でドロドロと渦巻くことになる。

永山と父をめぐる悲劇はまだ終わらない。

葬儀の後、永山家の二階の六畳間には、ミカン箱の即席の仏壇が作られた。永山は、いつか映画館の前で一〇〇円をくれようとしたやさしい父の面影を思い出しながら、毎日、仏壇に水をやった。父に関することにはかかわろうとしない母に代わって、こまめに仏壇の掃除もした。

父の死から数ヵ月がたった春頃のことである。いつものように仏壇を掃除していると、普段はさわらない奥の方に裏返しに置かれた数枚の紙があることに気がついた。写真のようだった。手にとって裏返して見た時、永山は頭が真っ白になった。父の死に顔だった。警察から渡された現場検証の写真を母が持って帰り、仏壇の奥に隠していたのである。

永山　俺、びっくりしちゃって……、なんか……。仏壇のとこ、奥に入ってて気がつかなかったの。四枚あったんだ。親父がね、こんなことやって目をつぶって寝てるんだよね。あれ、汽車かな、どっかに横になってて、ツバみたいな、ドロっとしたもんが出て。なんていうか、嫌でね……。最初、嫌で……。帽子、被ってなかったんだ。横になってるんだ……。汚い格好してたな……、なんかこう、ジャンパーみたいなのを着て。顔が嫌でね……。それでおふくろがいっつも、「親父は一〇円持って死んだ」って悪口言ってるのと、だぶってさ。おふくろが悪口、言ってもさ、でも心のどっかでやさしい人だって思ってたんだ。うちの兄姉、みんな頭、いいでしょ。おふくろは字が書けないから、親父の方がいいんだろうって思ってね。だから、（親父への）夢をぶっ壊されたっていうか、風船と同じだね、針でパーンってやったらめちゃめちゃに……。それで何か、そういうものが無くなっちゃったっていうか……。

その頃からなんだね、「なんで俺、生まれてきたんだろう」って思ってね。それで俺、何回も、死のうと思ったりしてね……。次男が使ってたサンドバッグの縄、外して、こうやって、それ（天井に）かけて、いつ死のうかなって、そればっかり考えてたよ……。

永山はこの頃から、自殺を考えるようになる。母代わりの長女セツの発狂、そして映画俳優に重ねて夢みた父の非業の死。瞼に焼き付けられた父の死に顔は、後に東京を放浪するようになってからもずっと脳裏から離れず、永山を「死」へと誘うことになる。石川鑑定は、この頃の永山について次のように分析している。

〈自分を愛してくれた大切な人であったセツ姉の不倫は則夫に不潔感、侮蔑感、失望等の混合したやり場のない怒りを引き起こした。則夫は姉と口をきかなくなり、胎児の埋葬時には則夫は意気消沈し、気分は暗く沈み、すべてに意欲を失い、仲間とも遊ばず、「死」についての考えに浸り学校も行かなくなった。これは則夫の最初の抑鬱状態といえよう。また、母が自分たちを捨てたのではないかと強い疑惑を持ったが、母に捨てられることは子どもにとってあまりに惨めで絶望的なことなので、母に事実を尋ねる勇気がどうしても出てこなかった。それが出来なかったため、犯行後、逮捕されて問う迄の間、則夫の心の中でこの問題は繰り返し反芻された。その結果、疑惑は疑惑を生み、惨めさは絶望と憎悪に転じ、母への不信感はますます膨れ上がることになった。さらに父の横死時の写真を見つけた時、則夫は今迄になく強いショックを受けた。その写真はあまりに惨めだったので、則夫がそれまで心の中でよき父として育んできた父のイメージが木端微塵に打ち砕かれ、則夫は夢から現実へ引き戻されたような衝撃を受けた。「俺なんかどうして生まれてきたのだろう」と虚しさに打ちひしがれ、果ては自殺をしようとした。

これは則夫の第二回目のはっきりした抑鬱状態であり、今回は自殺念慮から自殺企図に進行しはじめ、程度は重くなった。この強烈な体験は、セツ姉の胎児埋葬時の記憶と共に、現在に至るまで則夫の自殺念慮ないし自殺企図の原点となった。〉

6

父の写真を見てから中学卒業後に上京するまでの二年間は、大人しかった氷山が少しずつ変わっていった年でもあった。逃避の形で一時的に凌いできた憎悪のはけ口が、他者に向かって露出し始めたのである。

永山は、かつての兄たちのように木刀を持つようになった。

木刀を持つと、自分が強くなったような気がした。妹と姪のうち、永山は特に姪のことをひどく殴った。姪は、長男が産ませた子どもである。永山家で育てられたが、口減らしのために何度も青森市内に養女として出された。だが姪も、次男や永山と同様、夜尿が止まらなかった。そのため養子に出される度に、暫くして板柳へと送り返されてきた。苗字もひとりだけ違い、家の中では一番、立場の弱い子どもだった。

姪を殴った理由は、父の葬儀にやってきた長男と次男が結託して、僅かに集まった香典をすべて持ち帰ったことへの復讐だった。それに、上京する前の次男が姪のことを可愛がっていたことから、散々、暴力を振るわれた次男への復讐も兼ねていた。これまで自分がされてきたのと同じ理不尽な仕打ちを、今度は自分よりもさらに弱い立場の姪にぶつけたのである。

永山　姪をね、木刀で殴るでしょ、するとね、紫の痣がついているんだって。それで姪がおふくろと一緒に風呂に行くでしょ、それで言われるんだ。俺、腹がたってね。姪よりも、学校、行ってないし、服もボロボロだしね。おふくろには直接こんなこと（殴る仕草）やらないけど、その頃から、いつでも木刀、持った時はね、おふくろが何か強く言ったらね、ぶん殴るっていう……。

石川　決意ね？

永山　決意っていうか……。

石川　気持ちか？

永山　来たらやるっていう……。姪をぶん殴ってから、自信つけちゃったんだ。

石川　それからお母さん、ガミガミしたことある？

永山　ない。

姪の供述調書より（愛宕警察署・昭和四四年）

のっちゃんは、子供の時からものすごく気が短くて、少しのことですぐ頭にカッときてしまう。私が小学校五年生位の時に家でちょっとしたことで、のっちゃんと口喧嘩したところ、いきなり「いろり」にあった金火箸を投げつけられて私が頭のところに大怪我をしてしまったのです。（この時、本職は、供述人の指示した顔を見分したところ、前髪の下の顔の部分に約二・五センチくらいの傷跡が認められた）この他、私が本当の兄弟ではないためか、のっちゃんの妹よりも、良くいじめられたことが多かったのです。のっちゃんはあまり朗らかな方ではなく、一人でいることが多く、（私が）学校から帰ってくると、詩を作ったり俳句を作ったりしていました。詩は、人生のことでした。

これまで逆らうことのなかった母親との関係も、少しずつ変わってくる。石川鑑定には、「それでも則夫は母を憎みながらも愛し、この母に何とか愛されたく思い強く期待してきた」とある。しかし、夫を亡くして名実ともに未亡人となったヨシには誘惑が増え、彼女の関心はますます息子から遠のいていく。

最初の人は、板柳駅の「助役さん」だった。期限の切れた定期券を使っていたのが見つかって相談しているうちに懇意になったという。助役はしゅっちゅう家にやって来て、玄関すらない狭い部屋の中に、乗ってきた自転車を隠した。助役は妻子持ちの身である。助役が来ると、母はきまって永山に一〇〇円を握らせ、映画に行ってこいと命じた。映画が終わっても、自転車がまだ戸口の向こうに見えて、なかなか家に帰れなかった。助役は、妹や姪に小遣いをくれたり、永山が東京の三男にリンゴを送る時には、頼んでもないのに送料を無料にしてくれた。だが、永山は素直に喜べなかった。母親も定期券などを融通してもらっていたが、永山は小遣いだけは絶対に助役から受け取らなかった。

暫くすると、助役の心は永山家の数軒隣の未亡人にうつり、助役の自転車は今度はその家に隠されるようになった。他人に対しては従順で大人しいヨシだったが、この時ばかりは、その未亡人の家に怒鳴り込む大立ち回りを演じた。ついには助役の本妻まで登場する騒ぎとなり、近所の格好の噂になった。行商一筋だった母親は、すっかり変わってしまっていた。そのことは、たまに郷里に戻ってきた三男も知るところとなる。

三男の証人尋問速記録より

同じ永山家の兄弟といっても、三段階に分かれるような気がします。長女、長男、次男の頃は高校にも行き、教育を受けられる環境にありました。次の三女、次男、三男の私は、生活保護を受けて高校にも行けず東京に出たんですけど、私の下の三人ですね、姪も含めて。母親が少し年をとってきたということ、それと、私たちのいた時には考えられなかった母親に変わっているんです。そういった環境から考えて、これが普通の円満な家庭だったら、ご迷惑をおかけすることはなかったと思います。

永山　親父が死んだ後だったかな、気分、変えるためかもしれないけど、駅の助役とくっついて。それから助役がO（永山の一年上の先輩）のおふくろとくっついてさ、それでOがさ、俺のこと〝兄弟〟って呼ぶんだ。お前の母さんと俺の家の母さんは姉妹だから、俺らは兄弟だって言うんだよ……。それで今度は、天ぷら屋の男の人が来て、きゃあきゃあ騒いでるの。俺の目の前で……。それはやだもんね、本当に嫌だったよ……。その頃、三男が帰って来てね、おふくろを引っ張ってきて、酒、飲んでさ、歌、歌ったりさ、それで三男が、「それでよく親父のこと言えるな！」って言ってね、引っ張って来たんだ。三男、しっかりしてたよ。でも、俺の言うことはきかないもんね。三男が言ったら周りの人も言うしね、三男、おふくろのこと叱ってたらしいよ。その後はまた、同じショイコの人が二人くらい続いて。おふくろより若い人だったけど……。親父が死んだのが決定的だったんだ……。

助役の次の「天ぷら屋」は、母が行商で売れ残った魚を売りに行く先の店の主人だった。その天ぷら屋は四〇代半ばくらいで、母よりも随分若かった。

永山が中学二年の夏、母は、天ぷら屋ら数人と夏休みの間の一ヵ月、北海道に〝リンゴの仕事〟に出掛けてしまった。留守にするとも何とも言わないまま出て行った。後に帰って来てから、「踊りを習うのにテープレコーダーがいるので金を貯めるために行って来た」と説明したそうだが、永山はこの時、母が天ぷら屋と駆け落ちして、もう帰ってこないのではないかと思った。父の葬儀で聞いた「おふくろは俺たちを捨てた」という次男の言葉を、何度も心に繰り返した。妹と姪も何も聞かされておらず、子どもたちの不安は募った。母が帰ってきた時、三人の子どもたちの顔は薄汚れ、洗濯もしない着物は黒くなっていた。

永山が逮捕後に母親に言った「おふくろは、俺を三回捨てた」のうち二度目は、この夏のことである。

しかし、そんな子どもの脅えや不安に、母ヨシは関心がなかった。石川医師から、この時の北海道への出稼ぎについて聞かれた時、ヨシは時に笑いを交えながら辻褄の合わない言い訳を繰り返した。その口調は決して意地悪さに満ちたものではなく、それがかえって罪の意識の薄さを強調するものとなっていた。石川医師は思わず鑑定医の仕事を離れ、ヨシをたしなめかけたほどだ。

母　則夫がテープレコーダー欲しいって言ったの。それで、おらも踊りするから欲しいなって思って、稽古するのに欲しいんだべさって、それで北海道、行ったの。

石川　則夫君が欲しいって、言った？

母　欲しいって、手紙が来た。

石川　則夫君に聞いたら、「欲しいって言ってない」って言うんですよ。則夫君、普段から何か欲しいって言わないでしょう？

母　うん、言わない。

石川　確かに、覚えていますか？

母　おらが買うかなって言ったら、則夫もいいなって……。

石川　北海道に行くことは、則夫君や四女や孫には言って行ったんですか？

母　言わね。言わねえで行ったの。あのさ、友達に言ったら稼いで来いって言うからさ。

石川　子どもたちは誰が見てくれたんですか？

母　友達がさ。帰って来たら夏だったからさ、シャツもなんも三人とも真っ黒いの着てさ、ははは。

石川　洗わないと真っ黒でしょうねえ。

母　黙って行っても友達がやってくれると思って。それで二万円稼いでさ、すぐに（テープレコーダー）買いに行ったの。

石川　シャツも真っ黒でね、子どもは痩せてませんでしたか？

母　いえ、食うもんはちゃんと置いていったの。

石川　子どもはびっくりしたでしょう、急にいなくなったから。

母　え……、北海道に行くというのは、言って行ったんだけどな。

姪のことは散々、木刀で殴りつけた永山だったが、母にだけは生涯、一度も手をあげていない。口喧嘩になると家から飛び出したり、母の貯金通帳を使ってわざと高い買物をしてみたりと、母に当てつける行動で困らせることくらいしか出来なかった。面と向かって怒りをぶつけたり、甘えたことも一度もない。何も喋らない息子に、母は手を焼いた。

石川　則夫君は、言い返すような子じゃなかったですか?
母　うん。中学校に入ってからはだんだん、「こうせえ」って言ったら、ちょっとも言われねえの。すぐに逃げていく。だから何にも言われなかったの。
石川　逃げちゃうのは、兄弟で則夫君だけ?
母　何も言われねえの、ちょっと大きい声出したら直ぐに逃げるの。何も言わねえの。
石川　普段から、お母さんには話しなかったですか?
母　うん、何も……。しなかったな。
石川　次男とか三男はしましたか?　学校の話とか。
母　うん。

石川　則夫君が何を考えて悩んでいるのか、全然、話、しないんですね？
母　話、しねえの。
石川　どうしてでしょうねえ、則夫君だけ。
母　なんか、こう、言ったりすると、すぐに逃げるでしょ、何も喋れねえの、おらも。
石川　則夫君、お母さんが仏壇に隠してた写真、見たんですよ。仏壇の裏の。
母　おら、隠してたの。
石川　それを見て、死にたくなったって、覚えていますか？
母　分かんね……。
石川　則夫君、天井から縄を吊るして、自分で死のうと思ったたって。
母　分かんねえ……。何も言われねえの。とにかく、「ああしろ、こうしろ」って言われねえの。言ったらすぐ家から飛び出るの。
石川　お母さんは則夫君の生活、ご存じないですか？
母　うん。食うのに一生懸命、やんねえとならねえ。

集団就職で上京するまで五ヵ月となった中学三年の秋、「おふくろは俺を三回捨てた」の三度目の出来事が起きる。

網走時代から脳卒中の気のあった母は、この頃から体が酷くむくむようになり町の病院に入院することになった。家には永山と妹、姪の三人が残された。永山は依然、姪に暴力をふるっていて、とばっちりは時に妹にまで及んだ。そうするうちに、妹と姪は母が入院している病院へと逃げ出してしまい、母と共に病院で寝泊まりするようになった。ついに家には、永山ひとりになった。

それは、町に冬の気配が近づく一一月のことだった。秋の清々しい空気が、冷たい冬の気配に覆われていくこの時期が、永山は大嫌いだった。厳しい寒さがやってくる予感はいつも、網走での孤独と飢餓を思い起こさせた。心がざわざわして怖かった。四年後、彼が重大な事件を起こすことになるのも、やはり秋だった。

母と妹たちは、翌年三月に永山が上京するまで一度も戻ってこなかった。永山はひとりで一冬を越すことになった。母は、「妹らに時々、食べ物を届けさせたから則夫が困ったはずはない」と語っているが、一方の永山は飢えに苦しんだという。ひからびた大根をいろりの火であぶって食べたり、麦飯に醬油をかけて食べるしかなかったと語っている。

大人がいなくなった永山家には、近所の不良少年が出入りするようになった。家の二階は彼らの盗品を保管する倉庫となり、新品のレコードや衣類が山と積まれていった。だが永山にとっては、誰もいないより遥かに良かった。そのうち、かっぱらいの手下をやるようになり、町の商店や、時には弘前まで出掛けて行って食料品や衣類を盗みまくった。新聞配達で鍛えたせいか足が速かった永山は、一番危険な盗品を持って走り去る役目をやらされた。仲間との共同作業に、初めてとも言える達成感を味わった。

家に独りでいると、周りの同級生たちが集団就職に向けて準備を進めているのが分かった。トランクや白いワイシャツ、靴下を買ったという会話が、筒抜けのベニヤ板の壁の向こうから、いやでも耳に入ってきた。一銭の金もない永山には何も用意することも出来ず、焦りだけが募った。窃盗仲間から、盗んだワイシャツを分けてやると言われていたので彼らだけが頼りだった。

永山の家は、「博打場」にもなった。不良少年が集まって、トランプやルーレット、バンカースといった玩具で金を賭けて遊んだ。現金の代わりにマッチ棒を使った。永山は勝てたためしがなく、マッチ棒の借金は嵩んでいった。近所の同級生からは、「永山んちは板柳のモナコだ」と笑われた。

人の出入りが増えたせいで、永山の窮状は近所に知れ渡るところになり、隣の家の子や大工の奥さんが漬物を持ってきてくれることもあった。近くの焼肉屋の同級生は度々、店で余ったモツを持って来ては永山の家で手早く焼いて食べさせてくれた。それは一度や二度ではなかった。彼のモツの差し入れが無ければ、自分は生きていられたかどうかも分からないと永山は語っているが、永山はその同級生の名前も知らなかった。

二月になって、事件は起きる。不良少年らについて、かっぱらいの店を見定めしながら町を歩いた時、連れ立って歩く母と妹にバッタリ出くわした時のことだ。ふたりは銭湯に行く途中だった。母ヨシは永山に声をかけた。

永山 おふくろとね、妹がさ、ふたり笑ってね、「なんか、元気にやってるか」って。俺は「この野郎」って思ってね。俺、メシも食えない状態がすごく続いているわけだ。俺、その頃さ、風呂も入れなかったから、それで「元気か」なんてさ、言われるもんだから、無性に腹がたったんだ。

その瞬間、それまで抑え込んできた何かが爆発したようだった。その場はどうすることも出来ず、母と妹の横を無言で通り過ぎた。だが、怒りは鎮まらないまま「頭の中をグルグル回っていた」。
仲間たちの最後尾についてターゲットの洋服店に入った。本来は慎重に事を進めなくてはならない場面だが、永山は入り口にあった一番目立つ色のセーターをわざとひったくって一目散に逃げ出した。見てくれと言わんばかりの行為だった。後ろの方で店の主人が大声を出して叫んでいるのが聞こえた。不良仲間たちは散り散りに逃げた。永山の無謀は、母に復讐してやるという一心だった。何度となく繰り返してきた「当てつけ」である。

母は学校に呼び出され、大目玉をくらった。永山家の二階に山と積まれた数々の盗品も見つかり、すべて没収された。不良少年たちは永山との関係をそろって否定し、窃盗は永山ひとりの仕業にされた。永山は否定せず、また何度問われても仲間の名前だけは一切、喋らなかった。

さらに事件の後、近所の不良仲間のNからは、マッチ棒の賭けで嵩んだ三〇〇〇円の借金も取り立てられた。永山は、母が買ったテープレコーダーを渡して許してもらった。それは借金の返済と同時に、自分を独りにした母への当てつけでもあった。それ以降、不良仲間たちは一切、永山の家には寄り付かなくなった。彼らにとって永山は都合のいい手下にすぎなかった。永山にとっては、町で出来た唯一の友人だった。

だからこそ、大人たちに何を聞かれても彼らの名前は絶対に明かさなかった。

しかし、五ヵ月にもわたって永山家に出入りしていた不良少年たちの姿は近所の人に目撃されていて、永山にかけられた嫌疑はそのうちに晴れた。セーターを盗まれた洋服店の主人は、永山はひとりで苦労しているし、もうすぐ集団就職するのだから品物さえ返してくれればそれでいいと、学校にも警察にも事を荒立てないよう言ってくれた。少年に対する周囲の人々の配慮が、この小さな町にはまだ辛うじて残ってぃた。だが永山は大人たちを怨むばかりで、店主に感謝する気持ちにはなれなかった。窃盗という行為で他者に迷惑をかけたなどという真っ当な倫理観に接することは出来ず、何より彼の周りには、そのことを諭してくれる大人もいなかった。姪や妹を殴りつけるだけでは鬱憤は晴れず、自分だけが疎外されているという憎悪ばかりを増幅させていた。

堪忍袋の緒が切れたのは、母ヨシである。「則夫（が東京に）行ったら、赤飯炊いて喜ぶべし」と娘たちに盛んに繰り返した。かつて夫に言い続けた「親父死んだら赤飯炊いて喜ぶべし」と同じ言い回し。母は、だんだん手に負えなくなっていく息子に愛想を尽かすばかりだった。

ヨシ　やっと（家に）帰って来てみるんだけど、ゴミの箱にミカンの皮があふれてしまっているの。それで（則夫が）近所の人に役場から金をもらってくれって言ってるらしいの。強く言えば逃げるし、今少し我慢すれば、学校、終わってどっか行くから、我慢しいしいやって……。

石川　行ってしまってせいせいしたですか？

母　せいせいはしねえけど……。悪いことしねえでやったらいいと思って。友達が悪かったし。やっぱり友達だと思うんだけどの、自分の子どもも悪いけどの……。

永山　おふくろが「赤飯炊いて喜ぶべし」って言ってるって、妹から聞いたんだ。「喜ぶべし」って……。おふくろ、喜んでたんだなあ……。俺はもう帰って来ないっていう気持ちだったよ、絶対に戻って来ない！　その頃からね、おふくろは食わせてくれただけだって思ってたから。なんかこう、「見てろ！」っていう気持ちだったよ。

昭和四〇年（一九六五）三月下旬、五〇〇人の生徒を詰め込んだ集団就職列車に乗せられて、一五歳の永山則夫は東京へと向かった。駅のホームは教師や見送りの家族でごった返していたが、母と妹の姿はなかった。

石川医師が板柳時代の聞き取りを終えたのは、鑑定が始まって一ヵ月あまりたった二月二一日のことである。

永山の詳細な証言に、石川医師は手ごたえを感じていた。問題の断片が少しずつ見えてきた。しかし、事件に至るまでにはまだ山のような疑問が残されている。永山の八王子での留置期間は残り一ヵ月を切っていた。このまま駆け足で鑑定を終えることは出来ない。面接にはさらに数ヵ月は要すると確信した。

次の二月二三日の面接の冒頭、石川医師は永山にこう持ちかけた。

「東京拘置所に帰るのに少し期間は延びるけど、もっと時間をかけて話を聞いていきたい」

永山は黙って頷いた。

東京地方裁判所は、石川医師による鑑定留置の期間延長の申し出を認めた。

第五章　兄と弟

1

東京に向かう汽車の中で、彼はふたつのお守りを身につけていた。

ひとつは、学生服の下に着ていたシャツである。

胸に大きなワシの絵がプリントされたシャツ。板柳の不良仲間がかっぱらってきた、例の盗品だ。店主に見つかった時、家にあった品物は返したが、このシャツだけは隠しておいた。「これを着て東京に行く」と固く心に決めていたからだ。そのシャツを着ていると自分が強くなったような気がした。盗んでやったという達成感、そして誰に向けるでもない「ザマ見ろ」という当てつけにも似た満足感、さらには力強い大きなワシの絵が彼に自信を与えてくれた。

しかし、特別なシャツを身にまとい手に入れていたはずの自信は、上野駅に着くやいなやすっかり消え失せていた。駅に降り立った永山は初めて目にする東京の雑踏に圧倒され、その瞳は三男の姿ばかりを探していた。

駅前の広場に整列させられ、体育館に連れて行かれ、大勢の団結式に参加し、また行き先別に整列させられ、五人乗りの車に乗せられてと、まるで就職先までの長いベルトコンベアで運ばれているかのような流れに身を任せ、永山はずっと三男のことばかりを考えていた。こんな大勢ひとがいるというのに、上野駅まで迎えに来てくれているはずの三男の姿はどこにも見あたらない。

敢えて盗品を身にまとって自信をつけるという外形的なふてぶてしさとは対照的に、少年はひどく脅えていた。その奇妙なまでのアンバランスさが、上京した時の永山則夫の心境を表していた。

もうひとつのお守りは、ワシのシャツの胸ポケットにしのばせた千円札。彼が上京する前、三男が送ってくれたものだ。

「東京に行けば何とかなる、東京に行けば三番目の兄貴がいる」

青森を出た汽車の中で、永山は胸ポケットの千円札に手をあてて自分に言い聞かせていた。

板柳町では何の楽しい思い出も残してくれなかった兄貴たちではあった。だが、他に頼れる相手はいなかった。母や妹らが家を出て行ってから、永山は住所が分かっていた長男、次男、そして三男に何度も手紙を送った。母が入院したこと、そして「上京の支度をするための金を送ってほしい」と書いた。長男と次男からは何の音沙汰もなかったが、上京する間際になった二月頃、やっと三男だけが病院にいる母親宛てに三〇〇〇円を送ってきてくれた。二〇〇〇円は母が取ってしまったが、一〇〇〇円は自分がもらった。千円札は、彼の全財産となった。

永山　その時はね、三番目の兄貴にさえ会えば何とかなるって気持ちがあったんだ。兄貴からも上野に来るって手紙もらってたんだよね。それを考えると、ちょっと気持ちが楽になったんだけど……。「兄貴、来てないか、兄貴、来てないか」って、しょっちゅう探してね。上野から西村（渋谷の青果店）に行くってことは分かってたけど、小さなバスで高速道路のって、見たこともない町の風景も見えたけど、それを通り越してね、兄貴のことばっかり探してたね。

一五歳での上京。そこに特別な夢も希望もなかった。完全な片道切符である。もう帰ることの出来る場所はないという絶望感、そして未知の都会への不安。それを払拭してくれる存在が、三男のはずだった。

永山が上京した昭和四〇年（一九六五）は東京オリンピックの翌年で、町はまだ前年からの活気に覆われていた。新幹線が開通し、高速道路が縦横に走る都会的な風景が広がる一方、そこから少し離れた街角には、まだ戦後の闇市の面影を残す飲み屋街がひしめき合っていた。その景色は、近代的なビル群に吸収されていくスーツ姿の集団と、食うや食わずの田舎から上野駅に大量に運び込まれてくる労働者の一群の対比にも似ていた。その一群の中の、さらに小さな点にすぎない永山則夫という少年を飲み込んでいく東京の街もまた、どこかアンバランスな景色を形づくっていた、そんな時代だった。

その大都会の片隅で、少年は〝死〟へと向かって堕ちていく。その悲劇とも言える軌跡を語る彼の肉声に耳を傾ける前にまず、すでに関東に働いていた永山の兄姉たちの状況を知っておく必要がある。

なぜならば、不安で脅えていた少年が、わずか三年半後に引き起こすことになる大事件への道のりには、必ずと言っていいほどに彼らの存在が現れるからである。それが兄らの意思でもなく、さらには望むところでもなかったとしても、取り返しのつかない方向へと転げ落ちてゆく弟の背を、彼らはある意味で押していくことになる。

　この年、長男は三二歳になっていた。

　網走の高校を卒業後、土木現業所に勤めていたことはすでに述べた。それから五年後、長男は体調を崩し、仕事をやめて療養のためという理由で母のいる板柳町に戻っている。父方の親戚の家に居候し、運送業を営む遠戚の手伝いをして過ごした。この時、三男や永山もまだ板柳町に暮らしていたのだが、長男は、自分の実の娘もいる「マーケット」には一度も寄り付かず、永山は近くに長男がいたことすら知らない。

　その後、長男は友人のつてで栃木県小山市に移り込み、リンゴの販売を手がけたが思うようにいかず、同じ小山市内のオートバイ販売修理店に就職してセールスマンになった。ここではかなりの営業成績をあげた。長男は不特定多数と付き合い人脈を広げていくことに長けていたようである。そのことは、後に彼をある犯罪へと向かわせることにもなるのだが。

　オートバイ店に勤務している時、長男は妻となる女性と出会い、入籍。相手の実家は、父親が東京にある中堅銀行の役職に就いていて、妻の姉の夫も大手印刷会社の係長を務めるなど、経済的に恵まれていた。長男は永山姓を変えて婿養子に入っている。そして銀行マンである義父の紹介で地元の住宅会社に就職してセールスマンとなり、間もなく役職に就き、後に支店長になるまで出世する。結婚を機に風向きは良くなったが、営業と称した彼のマージャンづけはひどくなるばかりだった。

そして、兄弟の中で飛び抜けて成績が優秀だった次男は、二三歳。上京してから都内の運送会社に就職した。すぐに運転免許を取得し、運転手として二年ほど働いた。しかし、交通事故を起こして会社にいられなくなったことをきっかけに、複数の運送会社を転々とするようになる。かつての秀才も、都会では田舎から出てきた金の卵のひとりにすぎない。自分よりも明らかに出来の悪そうな「都会の大学出」に、ただの運転手としてこき使われるのは面白くなかった。一からやり直そうと一念発起し、働きながら金を貯め、定時制高校に入学して再び勉強を始めたこともあった。しかし、卒業まであと一年というところで挫折した。周りの兄弟たちには、「高校を卒業した」と言ってある。

以来、次男の東京での挫折は続き、小山市内で結婚していた長男の家に転がり込んだ。長男は、自分が課長を勤める住宅会社のセールスマンとして次男を雇ってくれた。次男はそこで生命保険会社のセールスをしていた女性と出会う。次男もまた、永山の姓を変えて婿養子に入っている。

二五歳の三女は、すでに述べたとおり、東京・四谷の美容室に就職。そこで三年ほど勤め、町で知り合った職人の男性と結婚して退職。相手の実家がある東京・板橋で義理の両親と同居し、間もなく男の子を授かった。三女もやっと永山の姓を捨て、一人前の幸せを摑みかけていた。青森の母とは絶縁したままだ。

兄姉たちの中でひとりだけ毛色が違っていたのが、彼らに少し遅れて上京した三男である。

三男は、江東区の小さな米屋に就職した。他の金の卵たちと同じような苦境に置かれていても、彼は米屋の使用人で一生を終えるつもりはなかった。自力で高校、大学へと進み、都会で成功を摑むのだと密かな闘志を燃やしていた。当時の三男の日記からは、彼の生き方の一片が窺える。昭和三六年（一九六一）は、三男が上京した年である。

三男の日記より（昭和三六年四月）

俺だって本当は家には帰りたくないや。決定当時から米屋は嫌だった。こちらの新聞には色々と募集が出ている。東京に慣れてさえいれば、とっくに米屋なんか辞めてるだろう。どうしても兄貴みたいに夜間高校は終わるつもりだ。四年我慢すれば資格は同じになる。俺はどんな苦労したって高校の資格をとる。高校へ進学する奴の顔を見て唇をかんだ時もあったけど、俺は母ちゃんを怨まない。今年一年は最低の暮らしをしなきゃ。東京へ来て一年そこらで立派になれる訳はない。来年は俺も学校に入らなきゃ。家が貧乏だからなんて云ってはいられない。あとは一人で生きて行くんだ。

三男は翌年、計画どおり都内の私立高校の定時制に入学。正月には小山にいた長男を訪ね、次男やその家族とともに過ごしている。その後も三人の兄たちは正月になると必ず、板柳町に帰郷する代わりに集まって、お互いの近況を報告し合っていた。

しかし、一年がかりで準備して入学した定時制高校も、米屋の力仕事との両立は体力的に辛かった。三男は、将来の大学受験に備えて勉強時間を確保するために、働く時間が決まっていて計画が立てやすい牛乳配達の仕事に転職することにした。雌伏の時と割り切り、荻窪の牛乳店に住み込みで働き始めた。高校からは少し離れてしまったが、米屋に比べると身体は遥かに楽になった。三男はさらに時間を惜しんで勉強に励むようになる。彼が二〇歳になる年の春、弟の則夫が板柳から東京にやってきた。

石川鑑定はまず、上京した永山則夫が事件を起こすまでの三年半の間に就いた仕事を表にして示している。

記録に残っている仕事先は一〇ヵ所にのぼり、さらに細かなものまで加えると二〇近くになることが目を引く。石川医師は転職の多さとともに、一ヵ所あたり最も長くて五ヵ月という在職期間の短さと、その期間が転職を重ねる度にどんどん短くなっていくこと、そして仕事を辞める時の行動パターンがすべて酷似しているという特徴をあげ、そこに永山の様々な問題性や病理が凝結していると記している。単に彼の経歴を辿るだけでは転職の履歴にすぎず、重要なことは何ひとつ明らかにならない。彼の行動にともなって現れる細やかな心の軌跡を、録音テープの生々しい証言からつぶさに見ていくことにする。

最初に就職したのは、渋谷駅前の青果店、西村フルーツパーラー。中学校の担任に就職先の希望を聞かれた永山は、「どこか、にぎやかなところ」とだけ答えている。会社は確かに、渋谷の真ん中にあった。

東京での生活は、驚きの連続だった。板柳の母が行商で得る月収と同じ数千円もするメロンがあり、それを買っていく人がいる。給料も月に一万二〇〇〇円と聞かされ、飛びあがって驚いた。新聞配達は月九〇〇〇円だったから無理もない。一万円程度の金は、都会の生活ではすぐに無くなってしまうことを知るには、まだ時間が必要だった。

「ジャム」や「ネーブル」という言葉の意味も初めて知った。それまで「ジャム」とは、リンゴをつぶして作った甘い食べ物の名前だと思い込んでいた。色んな果物のジャムがあると仲間から知らされた時は随分笑われた。まるでミカンのような、ネーブルという果物を見たのも初めてだった。その発音にはなかなか慣れなかったようで、録音テープでは何度も「ネーブル」を「ネーブツ」と間違えて言っていた。

永山は、板柳でのことは誰にも知られたくなかった。不安をかき消すためには大車輪で働くしかない。誰よりも早く仕事を覚えようと朝早くから出社し、店の掃除をやった。果物を包装してリボンをかける作業はみんな嫌がったが、永山は熱心に練習してすぐに覚えた。何より自信になったのは、他の地方出身の同期たちと比べてなまりが少なかったことである。北海道育ちで津軽弁が喋れず、板柳では随分、苛められたものだが、今度ばかりは逆だった。

永山は小柄で華奢で色が白く、丸顔に大きな瞳でまつげも長く、いわば女性的な顔立ちをしていた。都会での新生活に、いつもおどおどしていたに違いない。うぶな永山は、とにかく「もてた」。それも男女を問わずである。店の前でホウキを持って掃除していると、通りがかりの男に食事によく誘われた。「また永山だ」と同期入社の少年たちは笑った。板柳で「オカマ」と呼ばれて苛められたことを思い出して嫌な気分になったが、この種の話はそれだけに終わらない。

渋谷駅から一〇分ほど歩いた桜丘町に、西村の社員寮があった。そこで、ある先輩と二人きりになった時のことだ。いきなりズボンを脱がされて陰茎を舐められた。それがどういうことを意味しているのか当時は分からなかったが、永山は「悪いことをしているような」気持ちになった。身を任せているうち、少し妙な気分になりかけて大慌てで部屋から逃げ出した。「ホモ」という言葉を知るのは随分あとになってからだ。永山が初めて夢精をしたのは中学三年の冬だったが、当時、そのことの意味を教えてくれる大人もおらず、自分の性欲やその処理をどうしたらいいのか、よく分からないままだった。

年上の女性にも誘われた。自由が丘からアルバイトに通って来ていた女子大生のSは、「今度ボーナスが出たら一緒にホテルに行きましょう」と誘ってきた。Sはお嬢さん風の綺麗な人でドキドキしたが、永山は「ホテルに行く」の意味するところも、実はよく分かっていなかった。突然の誘いにどう答えていいか分からず、笑いかけてくるSにこう返した。

「お金、二〇〇円あげるから、君だけで行け」

Sは「侮辱だ」と怒り、以来、女子グループに「共同戦線をはられて」総スカンを食らうことになった。Sが夏頃にアルバイトを終えた後、その母親が店にきて従業員にお礼の挨拶をしてまわっていたが、自分にだけ話しかけないように感じた。まだ怨まれているのだろうかと嫌な気持ちになった。


永山が仕事に就いてから暫くして、三男が店に様子を見に来ている。

弟が上野駅に着く日、三男は自分の用事を優先させた。三男にとって弟との約束は、それほど大事なものではなかった。上野駅に着けば、黙っていても半ば自動的に職場に連れて行かれることは自分の経験で分かっていた。果物店の店頭に立つ弟の姿を見て、「則夫は水商売に就いてしまったか」と同情した。

店を覗いた次の日曜日には、弟を東京タワーに連れて行った。板柳時代、弟にかかわろうとしなかった三男にとっては、忙しい牛乳配達と学業の合間に精一杯のもてなしだった。わずか数時間のことではあったが、永山は誰も知らない東京で、頼れる兄貴の存在を心強く思った。

永山はこの日、三男と一緒に見た風景を忘れることが出来ない。東京タワーからは東京の街が一望できたはずなのだが、そのパノラマは覚えていない。記憶にあるのは、タワーの真下にあった東京プリンスホテル。そこは、後に彼が起こす事件の第一現場となる場所である。ホテルの庭には真っ青な色をした豪華な屋外プールがあって、水面がきらきら光っていてとても綺麗だった。「いつかあんな所に行ってみたいなあ」と思った。

入社して二ヵ月、大役が巡ってきた。渋谷駅の近くに出来たばかりの東急プラザの二階に、西村フルーツパーラーの支店が出ることになり、先輩と担当に抜擢されたのである。永山は開店準備に奔走した。西村から東急プラザの間を人ごみを縫いながら、重い冷蔵庫や陳列の棚、果物を詰めるパッキンや段ボールの束を運んで何往復もした。当時を語る永山の声は、これまでになく明るく生き生きとしている。

永山　あのね、西村は俳優とか、高級な人、いっぱい来るんだ。岩下志麻とかね。あの人、黒い眼鏡かけてね、笑ってるんだ、それで俺がね、「はい、ありがとうございました！」ってやってやったけどね。あとね支店の方にお客さん来て、「果物屋の二階はいただけませんねえ」なんて言うからね、俺も、「そうですねえ」なんて言ったりしてさ、言葉には不自由しなかったよ。「お前は銀座に行っても通用する」って言われたこと、あったよ。支店にさ、外人が来た時ね、緊張して顔が赤くなっちゃったけどね、上のレストランに行きたいって言うから、ちゃんと案内したよ。社員はエスカレーター、駄目なんだ。だから守って、全部歩いて上がったよ。

しかしその頃になると、ある問題が永山を悩ませた。友達が出来ないのだ。たったひとりでもいい、ふと淋しくなった時、一緒にいてくれる人がほしかった。休日に一緒に遊びたいとも思ったが、どうやって声をかけたらいいのか分からない。小学校も中学校もほとんど不登校で通し、友達を作る知恵も経験も無かった。それまでに経験したのは、叱られたり殴られたりという受身の人間関係だけ。他人と対等に付き合うということが出来なかった。会社では親睦を深めるための慰安旅行があって、夏前には社員総出のバス旅行が開催された。行き先は日光で、友達を作る折角のチャンスだったが、もともと乗り物に弱い永山はバスに酔ってしまい、寝たきりで過ごす羽目になった。

少しずつ孤独を感じ始めた頃、経験したこともない蒸し暑い東京の夏がやってきた。

上京した当初の緊張も解け、疲れも出始めていた。五〇キロあった体重は四五キロくらいまで減り、上司からは「お前、痩せたなあ」としきりに言われた。それまで完璧にこなしていた仕事にも、時々ミスが出るようになった。世間の常識を何も知らない永山は、会社という場所はミスをしたら首になるものと思い込んでいた。映画でサラリーマンが失敗をするシーンを何度も見たが、彼らは必ず首にされていた。人が気にも留めないような小さなミスでも、今度こそ首になるとビクビクした。彼の短い人生で、誰かに相談するという経験は一度もなかった。目の前で起こることすべてをひとり抱え込んだ。落ち込んだ日には、東急東横線に乗って終点の横浜まで行った。海を見ると心が安らいだが、深まる悩みを解決するには彼はあまりに無知だった。

事件は、そんな時を待っていたかのように起きる。

当時、右肩上がりの景気が続いた東京は慢性的に人手が不足していた。永山が上京した年には一一万人もの金の卵が京浜地区に流入しているが、それでも安くて若い労働力は取り合いで、西村フルーツパーラーも例外ではなかった。来春も青森から生徒を送り込んでもらうためには、継続的な営業活動が必要だった。

永山の上司Aは秋頃、青森・弘前に出向いた。店に就職した生徒の保護者や学校の先生を集めて子どもたちの近況報告をし、来年以降も求人があることを忘れずにアピールするのが仕事だった。永山の母親は、事前に連絡しておいたのに会合に来なかった。Aは、代わりに学校関係者に対し、永山がよく働いていることを伝えた。すると、その学校関係者は、永山が中学三年の時に起こした窃盗事件について喋ってしまった。その一言は、少年の人生を変える引き金となる。

ある日、西村でちょっとした窃盗事件が起きた。店に入ってきたフランス人が、陳列していたオレンジを金を払わないまま持って出ようとした。上司のBがそれを見つけ、男を店の上階にある会社の事務所に連れて行った。オレンジは一五〇円だったが、八〇円に負けてやって金を払わせ、警察には届けないまま放してやった。このことはすぐ従業員たちの話題になった。Bは、それとなくこう言った。

「俺も分かるよ、やったことあるからさ。永山、お前はどうだ」

永山の胸はドキンと脈うった。咄嗟に答えた。

「俺は、畑のリンゴをかっぱらったくらいだから……」

すると、待っていたかのようにBが続けた。

永山　そしたらBさんがね、「嘘つけ、この野郎」ってね、「呉服屋（洋服店）のこと、知ってるぞ」ってね。俺、ビックリしちゃって、「あれっ」て思って、何て言うか、ガーンッてぶん殴られたような気がしたよ。それからね、もう、駄目になっちゃったんだよね……。

石川　それでガクッて来て？

永山　ガクッと来たわけ。それで俺、やる気なくして、昼休みに飯も食いに行かなくなって、仕事、終わったら、すぐ寮に帰るようになって、そしたらBさんが「どうしたんだ、永山」って、「期待してるんだぞ」って言ったけど、俺はもうやる気がなくなってしまって。「永山は大分、疲れてる」って大分、気も遣ってくれたらしいけど、俺の方としてはね、Bさんのこと、根に持ってたから、大分、憎んだよ。そうなると俺、（Bさんに）会うと、もう外に逃げちゃうんだ。それで帰ってこなくなったりして。

石川　Bさん「期待してる」って励ましてくれたんでしょ？　その時に、さっき言われたことがショックだったとか言わなかったの？

永山　内気だったのかな……。

石川　お母さんの時もそうだったでしょ？　捨てたのか聞かなかったでしょ？　ひ

とりで悩んで。

永山　うん……、憎んでたのと同時にね、言ったら「辞めろ」っていうか、「辞めさせられる」って思ってたんだ。そういう状態が続いて、首になるかも分かんないって。それで、俺、もう自分から辞めるかなって。

それでなくてもミスが続いていた。さらに窃盗の過去がばれてしまっては首になるのは間違いない、と永山は思い込んだ。上司を頼って相談したり、自分が期待されていると自信を持つことは出来なかった。切り捨てられるか、その前に自分が切るか――。一週間後、永山は誰にも相談せず、荷物も持たないまま身ひとつで寮から飛び出した。

向かったのは、三男がいる荻窪。住所は前に聞いていた。目の前の国鉄渋谷駅から新宿駅まで山手線で行ったが、中央線にどうやって乗り継いだらいいのか分からない。仕方なく新宿駅の改札口を出ると、ポケットには二〇円しか残っていなかった。駅の表示を見ると、荻窪に行くにはもう三〇円必要だった。交番で金を貸してくれと頼んだが断られた。どうしていいか分からず、新宿の夜をさ迷った。

やっと闇夜にまぎれて無賃乗車し、荻窪駅で下りた時には夜の一〇時をまわっていた。家路を急ぐ乗客たちがはけた後、改札口から離れた所にある金網をよじ登って線路の外に出た。近くの交番で三男の住所を伝え、地図を書いてもらって歩いた。

牛乳店の二階には、小さな明かりが点いていた。永山は、下から大きな声で「兄貴、兄貴！」と三男の名前を叫んだ。するとガラッと二階の窓が開いて三男が顔を出した。

「おい、こんな時間にどうしたんだ！」

「俺、会社を辞めてきた」

「とにかく上に上がれ、静かに、シーッ！」

狭い六畳ばかりの部屋には、数人の男子が寝ていた。三男だけが、周りに気を遣って小さな蛍光灯を極端に下向きに点け、参考書やノートを広げて勉強中だった。永山は、兄が着ていた上下揃いの灰色の古い作業服が余りに薄汚れて粗末なのに驚いた。本やノートが詰め込まれてパンパンのナップザックもボロボロだった。兄貴の質素な暮らしぶりにびっくりした。

その日の夜は、そこで寝た。しかし翌朝、目が覚めると、牛乳配達から戻ってきた三男はジャラジャラと小銭を出してきて、永山に二〇〇円くらいを握らせた。

「これで西村にすぐに帰れ」

は聞いてくれなかった。

「ここに居ても、いい？」

「駄目だ！」

三男の厳しい口調は反論をゆるさなかった。永山は黙って三男の下宿を出た。

三男にしてみれば、朝夕は牛乳配達、夕方からは遠く離れた定時制高校。その間に仮眠をとったり、学校の宿題や大学の受験勉強もこなさなくてはならない。無駄に出来る時間は一分たりともなかった。後にこの時のことを問われた三男は、「受験のことで頭がいっぱいで則夫が来たかどうかすら覚えていない」と語っている。

一方の弟は、東京でただ一人、頼りにしていた三兄に二〇〇円で追い払われて絶望した。上京して半年間、精神的にも頼り切っていた分、落胆は大きかった。とにかく海へ行こうと思った。昔から憧れていた船員になろうと思ったのだ。それ以外のことは思いつかなかった。三男に貰った金で電車を乗り継ぎ、横浜港へ向かった。半日ほど埠頭で船を見たり、港で働く屈強な男たちを眺めていた。どうやら船員にはすぐになれそうもないことだけは分かってきた。

日も暮れてきて行く当てもなく、港に停泊していたデンマークの貨物船に乗り込んだ。いつか映画で観た『チコと鮫』（イタリア・アメリカ、一九六二年）のような南の島に行こうと思った。船に取り付けられた救命ボートの中にもぐりこんで、そっと外を見ると富士山や夕日が綺麗だった。自分が自由な世界に向かっているような高揚感に包まれた。

だが、そんな浮かれた気持ちも最初だけ。夜の寒さと船酔いで食べた物を全部もどし、数時間後、ボートの中で意識が朦朧として倒れているところを乗組員に見つかった。それから外国人の船員に見張られたまま船内で過ごし、香港に着いてから大使館に連行された。領事らしき日本人の男に調べを受け、説教され、再び別の貨物船に乗せられて横浜港に戻された。横浜港を出てから一ヵ月が経っていた。

永山にとっては、かつて板柳駅で汽車に飛び乗って逃げたのと同じように、目の前の貨物船に乗り込んだだけのつもりだった。「ここから逃げたい」という思いしかなかった。しかし、社会に出てからの逃避行は簡単には許されない。密航は、永山の経歴に記された最初の非行歴となった。

板柳から持ってきた大切なお守りのワシのシャツも、そして三男にもらった千円札も、いつの間にかなくなっていた。

2

横浜にある海上保安庁の薄暗い待合室で、次男はひどくイラついていた。どうしてこんな朝早く、こんな場所に来なくてはならないのか。しかも仕事まで休んで、小山から高い旅費を自腹で払ってまで。しかし——。あの板柳の薄汚れた部屋の中で、さんざん痛めつけた幼い則夫の顔を思い出すと少しばかりの罪悪感もちらついて、仕方ないかと溜息をついた。

小山にいる長兄の自宅に、珍しく青森の母ヨシから連絡があったのは二日前のことだ。ヨシからの電話はいつも、実家の近くにある佐藤商店からかかる。

永山が密航して捕まり、横浜の海上保安庁に送り返されてきた、身柄を引き取りに行かなくてはならないという。ヨシは、「青森への家出とはわけが違う、自分は絶対に行かない」と言い張った。そして、今後の永山の身元引受の担当は一切、長男の仕事とされた。長男は次男に、自分の代わりに迎えに行ってくれと頼んできた。損な役回りではあったが、長男には仕事を紹介してもらった恩もあり、断ることが出来なかった。次男が渋々と横浜にやって来たのは、永山が上京して半年後の昭和四〇年一〇月中旬のことである。
暫く待っていると、薄っぺらいドアの向こうから保安官に連れられて則夫が出てきた。憔悴し切った様子でうなだれている。
保安官に促されて顔を上げた永山は、目の前にいる次男の顔を見て、心臓が飛び出しそうなほどギョッとした。それは恐怖にも似た感情だった。父の葬儀以来、二年半ぶりの再会である。

永山　船から陸に上がったらね、宇宙旅行をしてきたみたいに足がつかないんだ。それで保安庁の人に脇を抱えられて警察に連れて行かれるのかと思ったら、そこに二番目の兄貴がいたんだ。もう怖くて、まずは殴られるって思って覚悟してたんだ。そしたら兄貴、殴らないんだ。案外怒らないんだ。うん、前だったら考えられないことだったんだね。それで青い電車（京浜東北線）に乗ってすぐ弁当とミカン、買ってくれたよ。「日本の飯、初めて食えた」って言ったら、「生意気だな」って言うんだ、兄貴はお茶、飲んでて。

次男は帰路、一度も永山を殴らなかった。ぶっきらぼうでも穏やかな兄の態度は、びくついていた弟を拍子抜けさせた。そのまま電車で、栃木県小山市の長男の家へと送り届けられた。長男はマージャンで留守にしていて、次男もすぐ長男の所へ行ってしまった。初対面の長男の嫁が、夜ごはんを作ってくれた。他人の家で食事をするのは初めてだった。面識もない女の人を前に緊張し、食事は喉を通らなかった。

次の日の夕方になって、長男と次男が帰ってきた。長男に礼を言わなければと待っていたが、長男はこちらをちらりと見ただけで、三歳か四歳になる自分の子どもと遊ぶだけだった。長男はずっとこんな態度で、一番末の弟には何の関心も示さなかった。

長男のマージャン好きには妻も頭を悩ましていた。子連れで店に迎えに行っては喧嘩ばかり。永山はこの家にいる間、長男が働いているのを見たことがない。一体どうやって稼いでいるのか最後まで分からなかった。夫婦仲は悪く、家の中はいつも暗くて居心地が悪かった。

結局、長男の家に寝泊まりしながらも、面倒を見てくれたのは次男だった。次の日、次男に付き添われて警察へ行き、調書をとられた。

「とにかく、黙ってウンウン言ってろ」

次男の言うとおりにしていると、事情聴取はすぐに終わった。家に戻ると、船会社から食事代として一万五〇〇〇円の請求書が届いていた。こんな大金をどうやって支払えばいいかとうろたえていると、次男は言った。

「こういうのは無視してればいいんだよ」

請求書をゴミ箱にポイと投げ捨て、いつもの口癖を繰り返した。

「悪いことしても、捕まらなければいいんだよ」

それから長男のつてで、近所の自動車の板金工場に勤めることになった。長男が工場の社長と立ち話をしている時、自分のことを「ちょっとタリナイ」とか「学校にも通ってない」と言っているのが聞こえた。長男は自分を馬鹿扱いしていた。昔の傷を触られるようで嫌だった。

任された仕事は簡単な作業ばかり。しかし、ここでも人付き合いに苦しんだ。みなが焚き火を囲んでいるのに、自分だけ独りポツンとなってしまう。会話をしても、どうしても噛み合わない。昼ごはんは会社で出されるのだが、自分の茶碗だけご飯の量が多い。食べ盛りの一六歳だから喜んでもよさそうなものだが、永山は、自分が貧しい家の出身だから同情されていると被害的に受け止めた。密航の前歴がばれているような気がして、みんなからの一言一言に裏があるように感じて「ポツンとなってしまう」。

給料の半分は居候代として長男に渡した。しかし長男は、永山の世話は妻に任せっぱなし。マージャン三昧で話も聞いてくれなかった。思い出すことが出来る言葉と言えば一度だけ、奥さんに言われて迎えに行ったマージャン屋で言われた、「コーラを買って来てくれ」。永山は自分の感情を表に出さないため、周りから見れば淡々と仕事をしているように見えただろう。しかし、長男への怨みは募っていった。

ある朝、永山はその計画を実行した。

会社の近くの肉屋に入り、レジに手をかけてガチャーンと音をさせ、思い切り派手に逃げ出した。すぐそばに座っていた店の主人に追いかけられ、パトカーが出動する騒ぎになった。あっという間に捕まって近くの交番に突き出された。しかし、捕まった永山は一円も盗んでおらず、店の主人はわけが分からないと首をかしげた。

永山　肉屋のことは盗る云々っていう気持ちよりはね、なんか悪いことやって警察に捕まるっていう、そういう気持ちでいたんだ。兄貴（長男）への当てつけなんだ。自分は悪いことしてないからビクビクもしてないんだ。「ザマミロ」って思ってたんだよね、一番上の兄貴にね。

長男を困らせてやろうと、永山はわざわざ会社の近くを選んで警察騒ぎを起こしたのである。それは、板柳で母を困らせるために洋服屋でセーターを摑んで逃げた時とまったく同じ「当てつけ」だった。しかし長男への当てつけは「窃盗」として、永山の二つ目の非行歴となった。上京した年の昭和四〇年一一月九日のことである。

警察まで家族が迎えに来れば処分もされなかったのだが、さすがに怒った長男は引き取りに来なかった。そのため永山は、宇都宮の少年鑑別所に送られた。数日後、長男の代わりに次男がやってくると、すぐに釈放された。「今度こそ殴られる」と次男の一挙一動にビクついていたが、次男はなぜか、この日も殴らなかった。

それから再び、同じ板金工場に勤め始めたが、先の窃盗の件もあって益々みんなが自分の悪口を言っているような気がして居心地はさらに悪くなった。年末も押し迫り、ボーナスの時期が来た。まともに勤めていない永山には一銭も支給されなかった。当然のことである。しかし、工場を逃げ出すきっかけを探していた永山にとっては、辞める口実が見つかったと思った。社長に文句を言って「会社を辞める」と伝えた。社長からの電話で長男が駆けつけてきた。

「お前、甘ったれるな！」。入ってくるなり、永山の顔面を力いっぱい、ひっぱたいた。小さな永山の身体は部屋の隅まで吹っ飛んだ。それは長男にとって、社長への詫びに代えたパフォーマンスでもあった。

永山　俺、悔しくて、「お前のようなのに叩かれる筋合いは無い」って思って、立ってね、行こうとしたんだ。そしたら「待て！」って通さなかったんだ。バンドね、使って、叩いて。それで俺、シクシク泣いてね。痛くて泣いたんじゃない、こういう奴に叩かれるのは嫌だって思って泣いてたんだ。叩かれて顔が真っ赤になってね……。姪のことがあったでしょ、姪は長男が高校で作った子でしょ、だからずっと根に持ってて。そのことは最後まで言わなかったけどね、次男にも誰にも言わなかったけどね……。

正月が明けてから、永山は長男の家を飛び出した。荷物は何も持たず、所持金は五〇円だけ。しかし、不安はなかった。いつも逃げ出した瞬間が一番、自由になれた。苦しみから解放された晴々とした気持ち。そのままヒッチハイクして、成り行きで大阪に着いた。

ここから永山は、大阪、池袋、羽田空港、浅草などと渡り歩き、職を転々としていく。最初は必死に働くものの、辞めるきっかけはいつも同じ。人間関係を作れず孤立して、何をされても被害的に受け止めてしまい、果ては身ひとつで逃げ出すというパターンを繰り返す。

昭和四一年（一九六六）一月から勤めた大阪・守口市の米屋では、店の主人から取り寄せるように言われた「戸籍」がきっかけになった。そこに記載された本籍地の欄には、「網走市呼人番外地」と書かれていた。番外地という表記に、自分が網走刑務所の生まれだと信じ込んでしまった。戸籍が届いてから急に周りの従業員が嫌味を言うようになったり、自分への当てつけに、当時はやっていた映画「網走番外地」シリーズの主題歌をわざと歌うようになったと思った。優しかった主人も、何となく自分を辞めさせたがっているのではないかと感じるようになった。

店の長男が日本大学に進学するために下宿の下見で東京に行った時には、自分の密航の経歴を調べに行ったに違いないと勘ぐり、いつ辞めさせられるかと脅えた。帰ってきた長男が渋谷の町の様子を話した時には、西村フルーツパーラーに話を聞きに行ったことを当てつけて言っているのだと怨んだ。店の公認会計士がやって来た時は、それを弁護士だと思い込み、自分の過去を調べに来たに違いないと思った。そして四月になって地方から新しい従業員が採用されることが決まると、いよいよ自分を辞めさせることが決まったのだと先回りして、荷物をまとめて店を出た。

永山　俺が行ったらね、話をやめちゃうとかさ、そういうことがあって……。
助手　話、やめちゃうの？
永山　前もほら、悪く思われてるって、負い目を感じて……。
助手　打ちとけた人は？
永山　誰もいない。いないから辞めてきたんだ。いたらひとりで本なんか読んでない。俺が行くとすぐに話をやめちゃったりしてね、空々しいっていうか……。店の運転手の人とか、前は声をかけてくれた人たちも返事もしなくなっちゃって……。いっつも人間関係が駄目になっちゃうんだ……。

米屋の後、東京に戻ってきてから勤めた池袋の喫茶店では、マネージャーが自分にだけ飲物の作り方を教えてくれないような気がして、上司に嫌われたらもう駄目だと辞めた。羽田空港の喫茶店では、自分と同じ板柳町の出身者がいることが分かるやいなや、荷物も置いたまま一目散に逃げ出した。洋服屋の窃盗がばれてしまうと思うだけで怖かった。
永山は当てもなく無賃乗車を繰り返し、最後はタクシーに乗って日光までたどり着いた。この時初めて、タクシーに「メーター」という計器がついていることを知った。日光を選んだのは、西村に勤めた時に社員旅行で遊びに行った、思い出の場所だったからだ。バスに酔って寝込んだけれど、あの時は介抱してくれる大人もいて楽しかった。あれからもう五回も転職してしまった。暫く食事もとっていない。泊まる当てもない。

「死んでもいい」と思った。

あまりの薄汚れた永山の格好と、ひどく落ち込んだただならぬ様子に、タクシーの運転手は永山を降ろしてからすぐ警察に通報した。華厳の滝の手前まで歩いたところで、警察官がやってきた。職務質問を受けるうち、疲れ果てて倒れてしまった。

夜中、警察の車で宇都宮署に運ばれると、署では長男が待っていた。身元引受人として登録されているため、呼び出されたのだ。「またお前か」と言わんばかりの形相で睨みつけ、無言でタクシーに乗って自宅へと向かった。正月に飛び出してから九ヵ月が経っていた。何日かそこで過ごしたが、長男は一言も話しかけてくれなかった。

「今度こそ死のう」

決意した永山は、ひとり近所の田んぼの真ん中に立ち、長男の家から持ってきた安全剃刀で手首を切りつけた。朦朧としたまま血が流れるのを見ていたが、出血はしばらくしたら止まってしまった。自殺を図ったのは中学二年の時、父の写真を見て天井の縄に首をかけて以来のことだった。

家に戻ると長男の妻が驚いて、その父がガーゼで治療をしてくれた。しかし、誰も何も聞かなかった。「なぜ」と尋ねてくれる大人はいなかった。当の長男は相変わらずマージャンに出掛けて留守のまま。永山は再び、一銭も持たず家を飛び出した。「もう長男の世話にだけは絶対にならない」と誓った。

永山は後日、半年ほどしてから、こっそり長男の家を訪ね、世話をしてくれた長男の妻に働いて貯めた五〇〇〇円を届けている。食べさせてくれたお礼をしなくてはいけないと思ったからだ。長男の妻は「ありがとう」と言って受け取ってくれた。以後、その妻とは二度と会うことはなかった。

長男の家を出てから数日後の昭和四一年九月六日、永山は「窃盗」で逮捕されている。

犯行現場は、アメリカ海軍横須賀基地。基地に侵入した理由は、基地の中に停泊している船に乗り込めば、日本を離れることが出来るかもしれないと思ったからだ。その日の昼間、基地に入ってみようとフェンスをよじ登ると、簡単に侵入できた。日も高いので、一旦、基地を出て出直すことにした。

夜になって、今度は海から泳いで渡ってみた。また拍子抜けするほど楽に侵入できた。水面には物々しいサーチライトが照らし出されていたが、全然、恐ろしくなかった。むしろ見つかってもいいと思っていた。アメリカ兵なら不審者を見つけたらすぐ撃ち殺すだろう。撃ちぬかれた自分の脳みそがバラバラに飛び散ってサーチライトに照らし出され、海にプカプカ浮いている光景を想像してみたりもした。死への距離は、少しずつ縮まっているようだった。

基地の中を歩いていくと消防学校があった。そこで濡れた服を脱ぎ、たまたま置いてあった上下ブカブカの服に着替えた。さらに進むと修理工場があり、そこに金庫を見つけた。壁にぶらさがっていた一五〇本ほどの鍵をひとつひとつ鍵穴に合わせてみたが、開かなかった。永山の行動はどんどん大胆になっていく。捕まって殺されるか、外国船に乗り込むか、選択肢は二つだけ。長男の家に戻ることだけは、絶対に嫌だった。

自動販売機を壊して金を取り出そうとしている時、やっと見回りの警備兵に発見された。しかし、彼らは予想外にやさしかった。通訳の人は、「物を盗むなら、こんな所に来なくても」と気の毒そうに言って、射殺どころか丁重に横須賀警察署に送り届けられた。時は全共闘運動の只中、その数日前には基地周辺で原子力潜水艦入港阻止のための大規模なデモが行われたばかりで、対日本に関する事柄に、彼らはとても慎重になっていた。

青森から東京にやってきて右も左も分からなかった少年は、上京からわずか一年半後には住む場所を失い、基地に侵入して逮捕されていた。彼の兄たちは自分の生活に手一杯で、手のかかる弟には表面的にしかかかわろうとしなかった。見境もなく無謀に飛び出していく少年を、説得したり止めてくれる大人もいなかった。周りに窘《たしな》める大人が居ない時、少年が堕ちていくスピードは加速度的に増していく。

永山は事件を起こすまで、この横須賀基地に通算四度も忍び込んでいる。何の目的もなく執拗に繰り返された侵入は、まるで、あの拳銃を探していたかのようである。当時の永山には、そこがかつて旧日本軍の海兵団の基地で、彼の父親が網走から出征し、そして後に人生を狂わすきっかけとなった場所でもあったことを知るはずもなかった。

警察署の留置場では、ある出会いがあった。デモで捕まっていた東大生である。まだ幼い顔立ちをした少年が人生に絶望し、死にたがっている気配をさとった学生は、何とかして少年を励まそうとした。

「君の兄さんたちは東京でどうしてるの？」

「俺は昔から落ちこぼれだけど、二番目の兄貴は定時制、出てるし、三番目の兄貴も今、通ってる」

「兄さんたちが定時制高校に行けたのなら、同じ兄弟なんだから君だって出来る、頑張って高校に行けよ。卒業したら東大まで遊びにおいで」

当時、永山は東大がどこにあるのかも知らなかった。それだけの会話だったが、初めてかけられた温かい言葉は、心の奥の方まで沁み込んだ。

しかし、一旦、社会の枠から足を踏み外し歯車が狂い始めると、その負の流れから抜け出すことは容易ではない。この後、送られた横浜・保土ケ谷の少年鑑別所での時間は一転、地獄絵図となる。同室になった少年たちからのリンチだ。田舎から出てきた新入りの一七歳は小柄で大人しく、点呼されても大きな声で答えることが出来ず、絶えずおどおどしていた。格好の苛めの標的になった。

永山　段々、苛められてきたんだよね。「部屋の名誉にかかわる」とか言って。腕立て伏せ、便所の横でみんなにやらされて。その後、部屋で布団かけられたのかな、その上から滅茶苦茶にやられたんだ。全員にやられたんだ。上からボンって、あと一時間くらいやられてたら死んでたかもしれないね。それで、みぞおちにバーンッてやって「まだ大丈夫だな」なんて言ってんの。あとね、耳。耳に歯磨きの長いのを詰められて、その上からバーンッてやられるんだ。俺、ブルブル震えてさ……。でも泣かないんだ。泣いたらね、コケにするからね、だから泣かないんだ。朝になったらね、歯磨き粉を取らすんだ。便所の水、汲んできて、それに溶かしてね、飲まされるんだ。

板柳で次男にやられた時と同じように感情を殺し、ただじっと耐えた。リンチは教官の知るところとなり、永山は医務室に運ばれた。

永山 医務室に行ってね、先生が触ったら、耳から血がタラーッて流れてくるんだ。それで「お前、リンチされたんだろう」って、「殴られただろう」って。「どういうわけなんだ」って言うから、「みんなに殴られた」って答えたんだ、そしたら（自分が）言ったのが悔しくて、俺、そこで泣いちゃうんだよね、シクシクシクシク。涙が滲んだけど、とうとう落とさなかったよ。

それで俺、言ったの。「もうギリギリっていうか、そういう感情を無くした」っていうかね、そういうこと……。

密航、レジの窃盗に続き、米軍基地の自動販売機で金を盗んだことは彼の三度目の補導前歴となった。身元引受人だった長男は永山の引き取りを強く拒んだ。連絡を受けた青森の母は、短い代筆の手紙を返してきた。

〈東京へ行く金がないから、少年院にでも入れて下さい。〉

3

東京時代の話を聞いていた石川医師は、永山が深刻な状態に陥っているように感じていた。

永山は、人を信じることがまったく出来ていない。「自分が行ったら話が止まる」「自分の悪口を言っている」「自分の過去を調べに行っている」など、相手の行動をすべて被害的に受け止め、たとえ良いことをされても悪い方向へと考えてしまう、典型的な「被害念慮」のパターンである。

永山は、最初は必死に働く。それは不安をかき消すためであり、劣等感の裏返しの行動だ。そして心身ともに疲れ果て、それ以上そこにいられないという切羽詰まった極限状況に自分が置かれているかのように思い込み、ついには他人から見ればささいなことをきっかけに、すべて放棄して逃げ出す。逃げて、もっと条件の悪い所に行き、そこでまた頑張って、さらに極限状況に陥ってどうにもならなくなって逃げるという悪循環を繰り返していた。石川医師は言う。

「人間不信、そして不安、それが異常なレベルで強いと感じました。恐らくその原点は、網走での出来事から始まっています。姉からも母からも捨てられ、後に父もあんな悲惨な死に方をした。これだけ揃えば人間不信になるには十分すぎるほどですが、彼の場合、その後も傷を恢復させるような扱いは受けていない。それどころか、母親からはさらに精神的にも見捨てられている。家族も誰も信じられないし、誰からも誉められず、不安だけが強くなる。全部、人間不信感に繋がっていっているように思われます」

辛い現実から逃げ出した時、永山はいつも「安心した、自由になった」と喜ぶ。だが、心の中に憎悪は溜っていく。逃げ出すだけでは腹が立つ。その憎しみを仕返しに転化しようとする時、必ず「当てつけ」の行動をとる。そして、一時的に相手を困らせて復讐した〝つもり〟になり、すっきりする。しかし、現実には何の解決にも復讐にもなっていない。しかも永山の当てつけの方法は、密航や窃盗など悪いことをして自分が捕まるといった自虐的な方向に働き、社会的に自らを貶《おとし》めていく結果を招いてしまっている。

自分の損得を何にも考えず、感情、本能のおもむくままに動いてしまう。それは幼い子どもがとる行動そのものであり、人格が発達していないことを窺わせた。「全面的な信頼と献身」↓「被害念慮と失望」↓「逃避」や「当てつけ」——。決まって繰り返される行動パターンは、単なる努力不足の次元を越えているように石川医師には思えた。

石川医師は、面接と並行して永山に行った脳波検査の結果にも注目していた。検査は別の専門医が行ったのだが、そこには複数の異常所見が報告されていた。「安静覚醒時閉眼記録」や「睡眠時脳波所見」で、それぞれ後頭部に見られるα波の振幅に、左右で明瞭な異なりがあることが確認されたのである。左側の脳波より、右側の脳波がより高い振幅波を示していた。この左右差を確認するために、誘導方法を変えたり電極の位置をずらすなどして複数回、検査は行われたが、結果は変わらなかったという。

実はすでに一九六〇年代から、研究が先行する海外の専門家の間では、心の問題と脳の器質的な問題が密接に結びついていることが疑われていた。まだ画像診断のない時代のため限られたものではあったが、幼い頃から家庭で何らかの虐待を受けて育った若者の脳波には、左右差が多く見られることについて複数の研究結果が得られていた。石川医師が永山の鑑定にあたったのは、今から約四〇年前の昭和四九年（一九七四）である。石川医師は、その四年前に世界の精神医学をリードしていた拠点のひとつ、イギリスへの留学経験を積んで研究を重ねており、これら最先端の情報にすでにふれていた。

「永山の逃避行動は、直接的には板柳での母や次男から繰り返された暴力と関連があるように思えます。踏んだり蹴ったり殴ったりという圧倒的な暴力に晒され、抗弁も反抗もできない。物理的にも肉体的にも心理的にも、そこから逃げて離れるということしか彼がとれる手段はなかった。何度も〝殴られては逃げる〟をやっているうち、『何かあったら逃げる』という、いわば生物の環境への働きかけの中で、永山にとっては逃げること、苦難や危険を避けることが自分の生き方になってしまっています。悪い意味での学習です。恐らく脳に傷が出来ているのです。暴力は一見、肉体的なものではありますが、それが繰り返されることにより、生物学的なレベルから心理的なレベルまで非常に深い所で傷を受けてしまう。この現象は、最近になって科学的にも立証されていることです」

幼い頃に家族から受けた虐待とも言える仕打ちが、その後の永山の行動の原因にあるのではないかという診立ては、現在で言うところの「PTSD（心的外傷後ストレス障害）」と考え方を同じにするものである。自身の生命を脅かされるような事態に遭遇して心に深い傷（トラウマ）を負い、その影響によって、その後も心身に重大な障害を患う病気のことだ。一般に「PTSD」という概念が広く認知され始めるのはベトナム戦争（一九六〇〜七五年）が終わった後のことであるが、石川医師は先の脳の器質的問題とともに、PTSDの問題についてもすでに知っていた。

PTSDによる脳への器質的な影響が科学的に立証されるには、一九九〇年代後半に磁気共鳴撮影（MRI）など脳の画像診断法が確立されるまで待たなくてはならない（PTSD以外では八〇年代から、それまで心の病とされていた内因性精神病についてコンピュータ断層撮影CTによる診断が行われ、脳の機能異常との関係が明らかにされている）。それ以後の研究は目覚ましい速度で進捗している。石川鑑定からは時代の針を少し進めなくてはならないが、これから引用する最近の研究内容は、その後の永山が引き起こす行動と、それを分析した当時の石川医師の鑑定結果を考えていく上で有益である。

ＰＴＳＤの中でも、特に「幼児期における虐待」が脳にもたらす影響については、すでに様々な研究で明らかにされている。脳が発達する幼児期に長期間にわたり、しかも複数回、繰り返し行われる虐待の影響は極めて深刻である。

世界で最初に発表され、児童虐待の問題について医学的な見地から衝撃的な結果を示したのが、一九九七年のアメリカ・エール大学のブレムナー博士による研究である。博士は、幼児期に虐待を受けた大人と健常な大人それぞれ一七人の脳を調べて比較検討した結果、虐待を受けた人のグループの「左側の海馬」が、健常な人より平均一二％、萎縮していることを突き止めた。

「海馬」は、一般には認知症との関係が知られていて、記憶をつかさどる部分として広く認知されている。しかしその機能は、言語の記憶だけにとどまらない。海馬は、「情動」の記憶を作ったり思い出したりするのに重要な働きを持つとされている。「情動」とは怒りや恐れ、哀しみ、喜びなどといった比較的、急速に引き起こされる急激な感情の動きのことで、虐待により引き起こされる感情と一致する。それら視覚や聴覚、体性感覚から入ってくる情報は、大脳皮質連合野で処理された後、海馬に入ってくる。

同様の研究は続き、カリフォルニア大学サンディエゴ校のステイン博士は、幼い頃に受けた虐待により、ＰＴＳＤや解離性同一性障害（ＤＩＤ）に苦しむ二一人を対象にした検査を行った結果、やはり「左側の海馬」だけが平均五％小さいことを発表した。さらにステイン教授は、海馬の小ささと、病状の程度は明らかに関係しており、重症であればあるほど海馬が小さいことも突き止めた。この他、かつて虐待を受けた経験を持ち、大人になって鬱病を発症した患者を調べた研究でも、やはり「左側の海馬」だけが平均一五％萎縮していた。

同じ海馬であっても、影響を受けるのは「左側」だけのようである。海馬以外の領域でも、幼児期に虐待を受けた人は脳の発達が左右で異なるケースが圧倒的に多く、特に左半球の発達が大きく遅れていることが報告されている。

海馬を作る組織が特にストレスに弱い原因の詳細はここでは省くが、海馬が萎縮することにより心身に様々な影響を及ぼすことは、現代の医学ではほぼ間違いないものと認識されるまでになっている。具体的に自分へと向かう病状としては、些細なことで鬱状態に陥ったり、ひどく不安に苛まれたり、自殺を考えたりすることがある。外に向かって現れる症状には、過度に攻撃的、衝動的になり、多動性やアルコール依存等といった形で現れることも少なくない。

さらに、最新の日本人研究者による研究も関心を集めている。福井大学大学院医学系研究科附属子どものこころの発達研究センターに所属する友田明美教授の研究は、子どもが受ける虐待の「種類」によって、影響を受ける脳の領域が異なるという結果を示した。

友田教授は虐待の種類を、(1)性的暴行や両親のDV（家庭内暴力）など視覚的なもの、(2)暴言など聴覚的なもの、(3)過度な体罰、の三つに分けて、それぞれの脳への影響を調べた。すると(1)では、左半球の視覚野が八％減少し、うち左紡錘状回は一八％も減少、(2)では聴覚野の容積が増加し、うち左半球の上側頭回《じょうそくとうかい》灰白質は一四・一％も増加、(3)では右前頭前野内側部の容積が一九・一％減少しているという結果を得た。(1)と(3)が萎縮であるのに対し、(2)のみ該当部分が増加していることの意味は、シナプスの刈り込みが正常に行われず、本来は必要でない雑草が生い茂っているような状態を想像すればよいという。つまり雑草を茂らせることにより、耳から入る情報を聞きとる力を減退させているというイメージである。

これら研究結果が示す意味は、性的な虐待を受けた子どもは残酷な出来事を見ることを拒否し、暴言に晒されて育った子は聞くことを拒否し、体罰を受けて育った子は感情や思考を停止させていると推測される。「見ざる、聞かざる、言わざる」のような状態だと友田教授は指摘する。見方を変えると、子どもたちは虐待を受けながらも生きていくために、自分の脳を虐待に〝適応〟させているとも受け取れるのだという。

このように児童虐待は脳に傷をつけ、その発達を阻害する。そして、虐待された子は成長して大人になってから深刻な症状に苦しむ場合がある。もちろん、脳に何らかの障害を負っているからといって、すべての人が犯罪を起こすわけではない。そこには生物学的な問題に加え、生育・生活環境などのあらゆる条件が作用することは言うまでもない。最近では、いったん出来た脳の傷を回復させる先行研究も進んでいるという。

だが、このような医学的な分析は、児童虐待の発生件数が過去最高を更新し続けている日本では意外なほど知られていない。児童虐待はいつも、両親の資質や知的レベルの低さ、家の中の特殊な問題として封じ込められているように思えてならない。家庭は究極の〝密室〟である。そこで起きている悲劇に光を当てるためにも、これらの情報はもっと周知されるべきだろう。

そして、医学により明らかにされている脳障害の問題は、犯罪者の責任能力をめぐる司法判断の材料としてどのように捉えていくかを検討したり、再犯を防ぐためにどのように活用していくかといった視点からも、刑事政策全般に生かされるべきではないだろうか。

後に完成する永山則夫の第二次精神鑑定書、いわゆる石川鑑定は、PTSDの理論を用いて被告人を分析した、日本で最初の鑑定書であった。石川医師は永山の行動と脳波検査を総括し、精神鑑定書の第六章第一節「身体的現在症」で次のように述べている。

〈一部の脳波の発達が他に比べて何らかの原因で遅滞し、発達異常を来したものと考えられる。その原因としては幼少期における失神発作や脳外傷等の遺残の可能性が考えられる。また自律神経機能検査において、交感神経緊張性異常徴候が顕著であり、尿中活性アミンの定量の異常が認められる。両者の異常所見から、被告人は体質的に明らかな交感神経緊張状態にあり、性格特性や自殺念慮を伴う抑うつ状態と関係があると考えられる。

これらは、被告人の脳にある種の脆弱性が存在することを示している。脳の脆弱性は人格の形成分化にさいして、生い立ちの劣悪な環境条件と共に生物学的にこれを既定し、また強い情動刺激を受けた場合、自殺念慮や抑うつ反応を強めたり、心身の病的緊張状態から衝動の爆発を惹起しやすくした可能性がある。〉

永山の口から語られる苦悩は、彼を包んだ「家族」との関係に密接にかかわっている。これから事件まで二年あまりの軌跡に耳を傾けてゆくと、あらゆる出来事の背景には、さらに母や兄たちの存在が色濃く浮かび上がってくる。

4

まだ朝早い横浜の家庭裁判所の控え室には、子どもの審判の順番を待つ何組かの親たちが腰掛け、当たりさわりのない雑談を交わしていた。昭和四一年（一九六六）一〇月二一日のことである。

次男は、彼らから少し離れた場所にひとり座り、考えていた。則夫のために横浜にやってきたのは、これで二度目。前回はちょうど一年前の密航、そして今回は基地侵入。例によって裁判所からの連絡は長男の所に入ったが、長男は「もう二度とあいつにはかかわらない」と突き放していた。則夫はいつも突然、家を飛び出していなくなったり、ふらりと帰ってきたりと突拍子もない行動ばかりで、かといって自分が何を考えているのか喋ることもなく不平不満を言うわけでもない。まったく摑みようのない弟だった。

次男は次男で、この短い半年ほどの間に様々な出来事に見舞われていた。

長男らとのマージャン三昧で、婿入りしていた妻の実家と折り合いが悪くなり、さらに妻が妊娠している間に他に好きな女が出来た。地味な妻とは違って、水商売の女は小奇麗にしていて何より稼ぎがいいのが気に入った。気持ちはすぐにそっちに移った。長男が生まれて三月ほどしてバタバタと離婚の手続きを済ませ、女と一緒に東京に出てきた。国鉄池袋駅の東口から歩いて一〇分ほどの木造二階建ての安アパートに部屋を借りた。まだ定職には就いていないが、女の稼ぎがあるから急ぐつもりもなかった。

それともう一つ。長男を巡る風向きが悪くなっていることに、鼻が利く次男は敏感に勘付いていた。長男は、妻の実家に多少の財があって金まわりは悪くなかったが、マージャンの借金はかなりの額に膨んでいた。それなのに、いきなり大金を持ち歩いたりキャバレーで大枚をはたいたりと、どうも様子がおかしかった。自分もその恩恵に浴してはいたが、さりげなく聞いてみると、長男が詐欺まがいの商売で金儲けをしていることが薄々、感じ取れた。このまま一緒にいてトバッチリを受けてはたまらないと、女が出来たのをいいことに小山から逃げ出してきたのだった。それが四ヵ月前のことである。

長男が則夫をこのまま放っておいても、誰から文句も言われないだろう。青森の母も来るはずもない。自分にも何の責任もなければ義務もない。しかし、自分が上京した時は会社を転々として挫折した挙句、結局、上の兄貴に助けてもらった。そんなことをあれこれ考えるうち、どうせ仕事もしていないしと重い腰を上げて来てしまった。

最初は遠慮がちに世間話をしていた親たちも、三〇分もすると悪ガキの愚痴にすっかり花を咲かせていた。その雑談の中に、どこか聞き覚えのある青森弁が聞こえてきた。

くすんだ茶色の柄の粗末な服に身を包み、少し背を丸めて話し込んでいる小太りの年寄り女。同じく後ろ姿の年配の女と、何やらボソボソ話し込んでいる。「まさか」と思い、後ろから近づいて座り、ふたりの会話に耳を立てた。すると、「則夫」という名前が度々、聞こえてきた。暫くして女は、係の職員に名前を呼ばれた。

「永山ヨシさん」

次男は後ろから追いかけて、母の肩をポンポンと叩いた。ヨシは驚いてこちらをふり返り、次男の顔をまじまじと覗き込んだ。

「俺を、分かんねえのか」

「はて、〇〇〇（次男の名前）じゃなかったか」

「おふくろよ、自分の子どもの顔、忘れたのか」

「だってお前、中学、出たっきり……、はっきり顔も見てないのにさ」

当時一七歳になっていた永山は、家族による引き取りがなく、一ヵ月間、横浜・保土ケ谷の少年鑑別所に収容されていた。

その日、やっと家庭裁判所での審判の日を迎え、ゴム草履で法廷に出た永山は、とにかく驚いた。法廷に母と次男が座っていたからだ。嬉しいような腹の立つような、どこかホッとするような複雑な気持ちがない交ぜになり、どうふるまっていいのか分からなかった。ただ言われるがまま流れに従って儀式を終え、審判の結果は「試験観察処分」となった。

家庭裁判所の薄暗い建物の外に出てから、三人は食堂で親子丼を注文した。席に座ってからも、永山はどうしていいか分からず黙り込んでいた。会話はもっぱら、母ヨシと次男の他愛もない近況報告に費やされた。暫くしてヨシは、永山の片方の耳が酷く切れているのに気がついた。

母　見たら、耳が切れてるんだ。「これ、何した?」って聞いたらさ、ポツポツ喋りだして。刑務所（鑑別所）、入った時さ、部屋に六人くらい入ってるんだとさ、それで監視の人が回ってこない内に、初めて入った人を叩くんだって。それで耳、切られてんだって、映画であるような、新入りを。それで次男がさ、「お前、何でも困ったことがあったら俺のとこ、来い」って言って、それで住所を教えてやったのさ。親子丼、来たらさ、それを飲んだような食ったような、あっという間に食ってしまったの。オラの渡しても、それも食ってしまったの。オラ、こっちから見てて、則夫のそんな姿、初めて見て。それでコーヒー飲みたいっていうから、コーヒー飲んで、そん時、則夫が泣いての。

石川　ええっ、誰がですか?

母　則夫が。

石川　そうなんですか?

母　泣いて……。それでオラ、「(青森に) 帰った方がええんでないか」って言って、そしたら、「いや、オラ、こっちでやってみる」って。それで、ズボンやジャンバーみたいなの色々買って、そして置いてきてやったの。そして頭もゴワッてたから、床屋さん行って、そして置いてきたの。

次男は最初、永山に悪態をついてばかりいた。こんな悪いことばかりするんならいっそヤクザになれ、クリハマ (少年院) あたりに行けばよかった、船員になりたいと言っても船酔いするお前には無理だ、おかげでお前の身元引受人は長男から俺になってしまったと、散々言いたてた。しかし、次男の口調が本気で弟を責めるものではなかったことに、永山も気付いていた。別れる間際に次男はこう言った。
「行くとこなくなったら、いつでも俺のとこ帰って来い」

永山　二番目の兄貴がね、帰り際にそう言ったんだよ。なんか……、好きな女の子から笑われて、笑いかえしたみたいに、ニッてしちゃった。ずっと今まで兄貴から……、だから……、ああって思って。おふくろは、すぐ泣くんだよね、ハンカチ出して。俺、それが嫌いなの。空涙って言うのかな、親父が死んだ時も涙、流れなかったっていうでしょう、だから泣かれるとすごい反発、感じるんだ。おふくろ、俺が汚い格好してるからね、上だけグリーンの濃いシャツみたいなの、無地の、それ買ってくれてね。で、兄貴がジーパン買ってくれて。おふくろ、千円くれたんだ。

永山が泣いたのか、母ヨシが泣いたのか、両方なのか、今となって真偽は分からない。ただ永山にとって、この日は鑑別所を出て、母と兄と食事をとり、久しぶりに温かい感情を取り戻した一日になったことだけは間違いなかった。板柳の日々を思い返せば憎しみの蘇る母ではあるけれど、この日、自分のためにはるばる青森からやって来たことを思えば「ジワッとくるもの」があった。次男も同じだ。兄貴の最後の一言は、上京してから聞いた一番嬉しい言葉だった。母と次男との数時間に力を得たかのように、永山は再び自分の生活を取り戻そうと、しゃにむに動き始める。

永山は兄たちのように、定時制高校に通うことを決意する。そして、新宿・淀橋の牛乳店に住み込みで働くようになった。たまたま店主の親戚が現役の明治大学の学生で、永山に明治大学の附属高校に定時制があることを教えてくれた。学校は店から歩いていける距離だった。永山はすぐに入学願書を出すことにした。

だが困ったことに、入学試験のために必要な、板柳中学校からの内申書がなかなか届かなかった。焦った永山は自分の指を切って皿に血を溜め、「早く記録を送ってくれ、自分は命がけなのだ」と、血書で催促した。血の手紙を受け取った中学三年生の時の担任は、教え子の突拍子もない行動にびっくりさせられ、その日のうちに書類を送った。当時の永山には、物事を必死に頼むための手段が他に思い浮かばなかった。いつか映画で観た、時代劇の血書のシーン。永山の行動の判断基準はいつも「映画で観たこと」だった。父や母、兄、学校の先生たちから、何かを教わった記憶もなかった。

入学試験は簡単な面接だけで、数日後には合格通知が届いた。永山は「飛び上がって喜んだ」。その足で次男のアパートへ行って報告すると、次男は「信じられない」と驚いたが、保証人になってくれた。これですべては順調に進んでいくかのように思えた。

永山は、入学して最初の中間試験で七九人中一三番の成績を残している。ドストエフスキーを読み始めたのも、この頃だ。小説を小脇に抱え、公園や喫茶店で読むという当時の学生スタイルに、永山はずっと憧れていた。クラブ活動は演劇部に入った。最初にもらったのは、検事役。人間関係が苦手な自分だから人前で演じたら度胸がつくだろうと思って頑張ることにした。その頃、中央大学法学部の夜間に合格した三男は、毎日三時間しか寝ずに勉強していたと次男から聞いていたので、自分も同じようにやらなくてはと、夜遅くに学校から帰ってからも勉強を続けた。牛乳配達も休むことなく、勉強も仕事も、周りから見ればやりすぎと思えるほど真面目に取り組んだ。それは西村フルーツパーラーに勤め始めた時と同じ行動だった。当時の店主が裁判で語った証言を見ると、「他の子以上に真面目で学校も毎日行って勉強をしていたのに、いきなりいなくなった理由が分からない」と語っている。

永山　一生懸命やったよ、授業、終わって、一一時頃までバレーの練習やって、それから帰ってくるんだけど眠れないんだ。目が冴えちゃって。それから、あれもやったんだ、演劇の台詞の練習。どういう題名か忘れたけど、みんな寝てるから、トイレに入ってボソボソ暗記して。三番目の兄貴が三時間しか寝なかったっていうから、俺も二時から四時半くらいまでしか寝なかった。最初はスッキリしちゃうんだよね、スカーッて。ところが、やってるうちに疲れてくるんだ。配達してると、前（の車）から排気ガスが出るでしょ、あの時に眠くなるんだ。それで後ろからドーンッて追突されて、運ちゃん怒ってね、聞いてくれないんだ。それで俺、「牛乳代だけ払ってくれませんか」って言ったら、「あとは払わなくていいか」って言うから、それで俺、「うん」って言って、全部ひろって、足、びっこ《ママ》引きながらね、配って回ったけどね。そういうことが続いて。

最初は必死にやるものの途中で疲れ果て、逃げ出してしまう行動パターンが繰り返されようとしていた。この過程のどこかに、たったひとりでも第三者の助けがあれば事態は変わっていたかもしれない。しかし、永山は誰かに相談する術を知らなかった。

寝不足と毎日の仕事に勉強が重なり、疲れ果てて気持ちが沈み、精神は不安定になっていく。再び猜疑心が頭をもたげ始めた。牛乳店で同じ部屋にいる人たちが自分を無視しているように思えてくる。店の売り上げを計算する時、自分が配ったはずの本数が少しだけ足りないようにされている。嫌がらせをして学校を辞めさせようと思っているのかもしれない。

そんな気持ちをもてあましている最中、永山が心配していたことは現実になる。家庭裁判所の審判に来ていた保護観察官が突然、店に様子を見にやって来たのである。
永山は自分の前科が知られることを何よりも恐れていた。それは自分のすべてを否定される恐怖にも近い感情だった。牛乳店の主人には、学校の先生が来たとごまかして保護観察官を外に連れ出した。

永山　どうして真面目にやっているのにって。ずっと付けられているっていうことで、また（鑑別所に）連れて行かれるかもしれないって思ったんだ。保護観察所っていうのはここみたいな監獄だって思ってたから。その頃ね、俺、大分疲れてきてて、あまりみんなとも口をきかなくなってきてて、そういう時にね、保護観察が来たでしょう、だからなおさら気持ちが沈んで、色んなことに気を遣ってやってたのに、今度は保護観察の方に気をとられてね、それで段々、予習もなんもしなくなって、やっても頭に入らなくなってきて……。

保護観察経過記録より（昭和四二年四月——六月の要約）
「兄弟の中で自分が一番頭が悪い。長男は麻雀で自分を構ってくれず憎んでいる。これから真面目にやろうと思って学校に通い始めたのに保護観察されることは納得できない。相談相手なんていらない、信じられるのは自分しかいない。体が疲れて大変だ、この間は倒れてしまって学校も一日休んでしまった」など拒否、興奮する。別途面会した保護者の次男は、ヤクザっぽい。遊び人の感じ。やや調子の良さが気になる。

永山が店への訪問を嫌がったため、保護観察官は、日曜日に水道橋の東京少年鑑別所に出頭して近況報告をするよう命じた。永山と次男に何度も出頭要請を送り、店の周辺で素行調査をしたりもした。このため永山は、保護観察官に付きまとわれているという被害感情をさらに強めた。おかげで前科がばれてしまい、店の仲間たちが自分に話しかけなくなってしまったと思い込んだ。いつ逃げ出すかは時間の問題だった。

六月下旬のある朝、店長に頼んだ。

「疲れが溜まって動けないので、一日だけ休みたい」

「駄目だ、行ってこい」

その瞬間、ほんの身の回りの品だけを持って店を飛び出した。学校に通い始めて二ヵ月、六月中旬のことだった。

行く当ては、池袋の次男のアパートしかなかった。永山がしょぼくれた様子で戸口に立っているのを見ると、次男は「しょうがないな」と言って部屋に入れてくれた。そして、永山に手持ちの金が八〇〇〇円あることを確かめ、「暫くそれで暮らしてろ」と言った。

永山は、「どうして学校に戻れって言ってくれないのか。兄貴は不人情だ」と思った。しかし、次男以外に頼れる相手は誰もいなかった。持っていた八〇〇〇円のうち七〇〇〇円を手渡すと、次男は泊めてくれたが、「まさか、ここから学校に通う気じゃないだろうな」と、永山が密かに願っていたことは牽制された。高校は八月になって、保証人と連絡がつかないという理由で除籍処分になった。定時制高校では珍しいことではなく、誰も気にも留めなかった。

永山はこのあと、事件を起こすまでの一年三ヵ月の間、さらに二度、再起を誓っては牛乳店に勤めている。石川医師が指摘した行動パターンが繰り返されるのである。

この年の夏は、二軒目の牛乳店に勤めるまでの三ヵ月間、横浜へ通った。

手持ちの金がなくなり、すぐに日銭をもらえる仕事が必要だったからだ。この時、初めて沖仲仕の仕事をやった。横浜港のノースピアを拠点にシマを張っているK組の社長に世話になり、かなりの額をピンはねされながら仕事をもらった。船の上で重い麻袋をひたすら運ぶ力仕事である。

毎日、次男のアパートに泊まるわけにもいかず、平日は横浜の映画館や喫茶店、トラックの荷台や港のコンテナの中で寝起きした。ウワン、ウワンと両耳から音が響くほど蚊の来襲がものすごく睡眠不足には悩まされたが、幸い夏だったので寒い思いはしなくてすんだ。

何よりこの頃は、少し我慢すれば池袋の次男のアパートに帰って眠れるという安心感があった。いわば、横浜は出稼ぎ気分。仕事はきつかったが、一週間も働けば一万円近い現金が手に入った。永山は稼いだ金の大半を次男に手渡した。その金は、次男との関係を続けていくために必要なものであるということを、永山自身が一番よく分かっていた。

石川　泊まる場所が大勝館（映画館）とかトラックでしょう、随分だけど……。牛乳屋で勉強している生活とガタンと落としたわけでしょう？

永山　でも、気、楽だったよ。

石川　落ちた、っていう気はしなかった？

永山　うん、むしろ逃げてきた、っていうような気持ちだったよ。
石川　ああ、ホッとしたと、逃げてきたのね。
永山　なぜかというとね、前科なんか持ってるもん。そんなこと言えないもん、言ったら（牛乳屋に）居られなくなっちゃうわけだ。でも、（保護）観察もあそこまでは追って来ないんだ、あそこに（自分を）落とすために行ったたっていうのもあるんだけどね。保護観察から解放されているっていうこと、気持ちは楽だったよ。
石川　住所不定だから分からないんだね。学校への未練はなかった？
永山　あったけど……。K組にね、外人、来ることあって。英語をカタカナで書いている本、あるでしょう、あれ買ってポケットに入れてね、昼に読んでみたりしてね、それで英語で話してみたりしたよ。

次男は、Nという女性と同棲していた。Nは、昼間は池袋の喫茶店ウィーンでウェイトレスをし、夜は近くのバーでホステスとして働いていた。次男は定職に就くこともなく偽名を使い、Nの稼ぎで暮らしていた。昼前にアパートを出て、池袋地球会館で一日中ひたすらパチンコ台に向かう、自称パチプロ。言い換えれば、女の〝ひも〟

だった。マージャンや競馬にものめり込み、この頃はもう就職する気持ちもなくなっていたようだ。次男の周りにはいつも人相の悪い大人たちが集まってきたが、調子のいい次男は、そんな男たちともうまくやっていた。何度も警察に呼ばれていたが、正式に逮捕されたことはなかった。

「悪いことしても捕まらなきゃいいんだよ」

次男は口癖どおりの生き方をしていた。

Nは自分の稼ぎを次男に貢ぎながら、時々アパートにやってくる永山にも優しくしてくれた。一番うれしかったのは、Nが、兄貴と自分の夜ごはんを作ってくれることだ。ひとつ屋根の下、誰かと食卓を囲み、温かいご飯を食べるというのは初めてだった。長男の妻が義務的にやってくれた時とは全然、感じが違った。兄貴のアパートに居る時は「家族」にも似た、ふんわりとした空気に包まれた。

またNは、沖仲仕で汚れた服を置いておくと洗ってくれたりもした。きちんと畳まれたTシャツがうれしかった。永山はNに淡い恋心を抱くようになっていく。Nは、遊び人の兄貴のために働かされて可哀相だと思った。自分が兄貴に渡している金は、できればNに使ってもらいたかった。

兄貴のアパートに泊まらない時も、永山はNが勤めている喫茶店ウィーンに冷たい牛乳を飲みに行った。「レイミー（冷たい牛乳）」と注文して、あとはただ黙って座っているだけだったが、Nは店の人に自分の弟だと紹介してくれた。永山は時々、食事のお礼にとNに数千円を渡して帰った。Nは喜んで受け取ってくれた。永山は年上の女性に憧れた。自分にも、こんな人がそばにいてくれたらなあと思った。次男のアパートに行くことは、Nに会えることも意味していた。

この夏、一八歳になったばかりの永山は、横浜で「筆おろし」をしている。

ノースピアのK組で仕事をした時、たまたま出会った一回り年上のGが、仕事が終わったら女を買いにいくという。永山が「俺、したことない」と言うと、一緒に行こうと言い出した。不安だったが、この際だと思ってついて行った。

どこをどう歩いたのか、小汚い暗い部屋に通された。三〇は超えていそうな、シミーズ姿の痩れた女がけだるそうに座っている。どうしていいか分からず戸口でオドオドしていると、「ベッドに寝て」と言う。ベッドには行ったものの、やはりどうしていいか分からず、立ったままモゾモゾしていると女が聞いてきた。

「初めて？」

「うん……」

「パンツ、脱いで」

それでも恥ずかしくてモジモジやっていると、「パンツ、脱いで!」と命令調になった。「嫌だ」とゴタゴタやっているうち裸にされて横になっていた。渡されたコンドームは何とか自分でつけた。

永山 それでね、彼女が(上に)乗るっていうんだ。パンツそのままにして、なかなか脱げなくて。それまでさ、映画で勝新太郎とかのを観てるでしょう。

石川 ベッドシーンね、女が上に乗るっていうのは嫌だったのね?

永山 うん、それが嫌でね、むこうが入れてくれたんだけど、うまくピストン、出来ないんだ。それで黙ってモジモジしてたんだ。一応入ったけど映画と違うんだなあ……。彼女の見たけど真っ黒なんだ、紫色で、それ見て、なんか、おっかなくなっちゃって、背筋がぞっとして、何ていうか、あんまりいい感じがしなかったんだな。駄目なんだなあ、子どもだったんだね。よっぽど言われて何とかやったけど、いざ出陣って時にね、まだ出来てなかったんだ。

石川 愛情があればね、どんな女でも天使のように見えてきて、全部、許せるんだけどな。

永山　あ、そうなんだ！　俺、買うの、すごく嫌だったんだ……。

エロ漫画のそれは綺麗な感じだったが、その女のは違った。胸や唇にも絶対に触らせてくれなかった。よく見ると女の顔は痩せこけて、何ヵ所か殴られたような痕があった。客をいかせられない時に殴られるのだろうか、歯もなかった。とにかくそこは暗くて汚かった。ふとセツ姉さんと男が寝ていた時の風景が頭をよぎった。ヨダレを垂らしたセツ姉さんの顔――。やる気は益々なえた。

それはあっという間に終わった。最初に言われた料金は三〇〇〇円だったが、女が気の毒そうに永山を見て、「私が少し出してあげるから」と言うので、二五〇〇円を払ってそこを出た。永山は近くの水道めがけて一目散に走った。

永山　終わった後、とにかく洗おうと思ってね、水道あるとこ、駅の近くの水道でゴシゴシやって洗ってね。俺、なんか嫌だったんだ、空しいっていうかね。「こんなもんか、こんなもんか」って……。なんか女の人に憧れてたのがあったんだ。俺、本当にヤだったんだな。あれ、無いほうがいいね、女の人、可哀相だよ……。

結局、最後までいくことが出来ず、すっかり自信を無くした。劣等感はますます募った。女の人の「性」にはいつも、セツ姉さんの影がつきまとった。女の人と話をするのは、それまで以上に苦手になった。

以後、どんなに沢山、稼いだ時も二度と女を買おうとは思わなかった。筆おろしがうまくいかなかったからだけではない。都会では、自分のような田舎者の貧乏人と売春婦は、何をされても文句ひとつ言えない同じような立場に居ることを、永山は敏感に感じていた。

三ヵ月ほど不規則な沖仲仕生活が続いたが、秋になると、さすがに次男も「いつまでも沖仲仕でいないで定職に就け」と言ってくれた。実はその少し前、「お前もパチプロになれ」と言われ、池袋の地球会館に一緒に連れて行ってくれたことがあった。しかし兄貴はすぐに、「お前には無理だ」と諦めた様子だった。俺は勉強だけじゃなくパチンコも出来ないのかと、永山は次男以上にがっかりした。それからトラック会社の運転手の補助、明治製菓の倉庫の雑用係、新宿の水道局のパイプの敷設工事など、職を転々とした。衣食住の心配もなく、運転免許がとれるという自衛隊にも応募してみたが、基地侵入の前歴のために断られた。

そんなことをやりながら、永山は定時制高校に通う夢を捨て切れないでいた。もう一度だけ、来年の春から頑張ってみようか。そのためには三男がやっていたのと同じように、時間が自由に使える牛乳店にまた勤めるしかない。

その頃の牛乳店はどこも人手不足で、勤めようと思えばあちこちに求人が出ていた。一〇月下旬から、池袋の近くの牛乳屋に住み込みで働くことにした。ここで働いて金を貯め、来春から定時制高校に通おうと考えた。すでに一度、牛乳店に勤めた経験もあり、仕事の内容は分かっていて苦労はしなかった。自分専用の配達地図を作ったりして一生懸命、働いた。最初のうちはみんな親切で、居心地はよかった。

ただこの店では、ひとつ気になることがあった。店長の奥さんが心を病んでいたのである。

その人は時々、店にふらっと姿を見せて、永山の顔を見るとなぜか「はははは っ」とかん高い空笑いを繰り返した。その笑い方は、セツ姉さんを思い出させた。他の人にはしないのに、自分にだけ空笑いをするということは、自分がどこかおかしいからなのだろうかと真剣に悩んだ。

この頃から永山は、配達仲間に「お前、馬鹿か」とか、次男から「お前は馬鹿だなあ」と言われる度に、自分は本当におかしいのだろうかと深く思い悩むようになっていた。「馬鹿」と言われる度にセツ姉さんのことを思い出し、ドキっとした。幼い頃、三男によく「キチガイ」と言われていた。永山は「馬鹿」という言葉を、「姉さんのようなキチガイ」という意味に翻訳して受け止めていた。自分はいつも他の人より劣っている。学校にも行ってないし、兄弟の中でも一番頭が悪い。永山の思考はいつも自分を責める方向へと向かう。そして、いつか自分も姉さんのように狂ってしまうのだろうかと脅えていた。

永山　なんか非難されたり、馬鹿って言われる度にね、ウッと姉さんのことを考えちゃうんだ、知識がなかったんだな。キチガイってよく言われてたからね。俺、キチガイ知ってるでしょう、見てるからさ、姉さんの顔、思い出しちゃってね。空笑いでね。姉さんは店長の奥さんみたいに大きな声は出さないけど、ニターッてやるんだなあ。で、それを分かってるからね、嫌になっちゃってね……。笑い方が似てるんだ。

その頃さ、俺が小さくて顔が子どもっぽいし、声が優しいでしょう、だからさ、「ホモ、ホモ」ってからかわれてさ、「新宿の美川憲一の店に働きに行ってこい」とか言われてたからね。「ホモ」とか「馬鹿」とか、そういうこと言われて、やっぱり俺、おかしいのかなって思ったりしてね。

この頃の出来事について永山は、石川医師にかなり詳細を語っている。事件に近づけば近づくほど、彼の記憶は鮮明になっていく。石川医師は、永山が次男にひどく依存していることに注目した。

もともと次男は、板柳町で永山にひどい暴力をふるい、一番辛い目にあわされた相手である。それなのに、なぜ次男なのか。もちろん次男が昔、永山を殴ったことへの罪悪感から、兄弟の中でただ一人、永山を無視しないでいたことは大きな要素だ。ふたりの関係が、永山がせっせと次男に貢ぐ「金」を媒介して繋がっていたとしても、石川医師は、永山が持っていたであろう心理的な背景をこう指摘する。

「彼の板柳での人間関係は、差別され無視され疎外される、つまり相手にされないわけです。ところが二番目の兄さんは殴るという、非常に惨《むご》いことですけど、殴ることによる肌の接触はあったわけです。それで東京に出てきて心細い時、彼は無視された人にはあまり頼っていかない、三男がそうです。三男は母ヨシと同様、板柳で永山を無視する態度で接していました。たとえ殴られるという接触だけど、ないよりはまし、無視されるよりはましなんです。人間にとって無視されることが一番辛く、厳しいことですから。二番目の兄さんとは殴られながら肌を接する、そういう背景があったので、東京でも頼ることになったのではないかと思います」

肌を接するという視点からすれば、次男と永山のふたりだけが、中学まで夜尿が治らなかったことを理由に同じ布団に寝させられていたこともあるだろう。一番ひどい目にあわされながらも、それでも無いよりはましという悲劇的な依存関係。それでも石川医師は、永山が次男に依存していることは決して悪いことではないと言う。

「人間は自分を愛してくれる者を真似ることから始まるわけで、まさに『依存』、言い換えれば『甘え』がそれにあたります。幼少期からきちんと甘えることが出来てきた人間は大人になってから成長しますが、甘えられないまま大人になると、ひねくれた非常に孤独な人間になっていく傾向があります。これは土居健郎先生のゼミで私自身が学んだことでもありますが、精神療法というのは、非常にねじれた、ひねくれた、歪んだ甘えを、いかにして正しい意味の甘えにしていくか、それを回復と言うくらい、甘えられるということは大切なのです。

永山は幼少期に誰にも甘えられていない。だから永山が次男に依存したことは当然とも言える行動で、決して悪いことではないんです。東京に来て、二番目の兄貴の家に留守中に上がり込んで寝てみたり、部屋の隅に自分の荷物を置いてみたり、ちょっとしたことで頼っていったりという行動からも分かるように、彼にも依存欲求はあるんです。だけど、それをちゃんとした形で出せていない。依存欲求はあるんだけども、それを満たす場所がなかった。それが彼の不幸に繋がっていったように思います。もし、彼にきちんとした相談相手がいたら、ずいぶん違ったと思います」

石川医師が、母親的な愛情の重要性について指摘したように、赤ん坊は母親に甘え満たされ、だんだん自立していく。その依存欲求が満たされないと自立は難しくなる。

育児についてはよく、「乳児は肌を離すな」「幼児は肌を離せ、手を離すな」「思春期は手を離せ、目を離すな」と言われる。そのような形を徐々にとりながら、人間は自立、成長していくのだと石川医師は重ねて強調した。

5

昭和四三年（一九六八）、永山が連続殺人を犯す、その年が明けた。

正月、関東にいた永山の兄弟たちが一堂に集まっている。それは四人の兄弟たちが共に過ごした最後の時間となった。

　この年、永山は初めて兄たちの会合に参加することを許された。いつもは小山の長男の家で集まっていたが、その年はなぜか池袋の次男のアパートに集まることになり、ホスト役の次男が永山を呼んでくれたのだ。小山からやってきた長男は、自慢していた住宅会社の支店長を辞め、白タクをやって生活している様子だった。相変わらず末弟の永山には目もくれない。

　荻窪にいた三男も、菓子折りを持ってやって来た。三男は定時制高校を無事に卒業し、中央大学法学部（夜間）の試験にも合格。昼間は中堅の法律専門の出版社に就職していた。最初はアルバイトだったのだが、働くうちに上司に目をかけられ正社員に登用されたと自慢げに話した。その日も業界関係者らしい、こざっぱりとした身なりで、兄弟の中では一人だけ雰囲気が違っていた。

　西村フルーツパーラーを飛び出してから三男のアパートに駆け込んで冷たく追い出されて以降、永山は三男には意図的に接触してこなかった。もう二度と三男のことは頼りにはしないと誓っていたからだ。言葉には決して出さなかったが、心の奥では深く怨んでいた。

　ここにいる兄弟の誰も、青森の母の下には帰っていない。

四人の食事の世話には、次男の恋人のNが甲斐甲斐しく動き回っていた。惚れた男の兄弟に自分の存在を認めてもらう良いチャンスであり、余計に熱が入っていたようだ。永山は、そんなNの様子をチラチラ気にしながら、部屋の片隅で牛乳店の同僚から借りてきたギターを弾いていた。次男は昔からギターがうまかったので、手ほどきしてもらえるかもしれないと期待してわざわざ持ってきたのだが、次男は何の興味も示さなかった。

食事が済んで暫くして、次男がサイコロの丁半の賭けをやろうと言いだした。Nが「やめなさいよ」と止めたが、次男はすっかり酔っていて聞こうとしなかった。酒と博打に狂った親父の一件もあってか、次男は絶対に酒だけは飲まなかったのに、この頃には随分、飲むようになっていた。永山も参加させられ、負け続けて借金を作った。作らされたと言う方が適当だろう。新年早々、牛乳店で稼いだ金をまた次男のアパートに持っていかなくちゃならなくなったと思い、溜息が出た。この頃、次男は何かと理由をつけては永山から金をまきあげていた。

三人の兄たちの酒はすすみ、話題は永山のことになった。長男はいつもの命令口調で、「お前、運転免許くらいとれ！」と怒鳴っていたが、永山は聞こえないふりをした。長男からは何を言われても反発を感じ、かといって面と向かって歯向かうことも出来ず、とにかく黙り込むしかなかった。ひとりギターを抱え、「バラが咲いた」のフレーズを指先ではじいていた。すると、普段は冷静な三男までが、いつになく威張った口ぶりで言う。

「則夫は何かとガタガタしてるから、もう板柳に送ってしまった方がいいよ」

「そりゃ無理だな。こいつ、沖仲仕の仕事を覚えちまったから、田舎に送ってもすぐ戻ってくるさ」

次男は、三男なんかよりよっぽど世間を知っていると永山は思った。

永山　三番目の兄貴、なんか得意げに話すんだな、仕事のこととかさ。俺は酒も飲めないし、話も全然分からないから、ひとりでギターいじくってたんだ。長男なんか「免許とれ」とか言うけどさ、俺はまだ勉強して学校行きたいって思ってたから何か意見が合わないんだな。三番目の兄貴に、反発、感じたよ。「田舎に送る」って言って、「この野郎」って思ったよ。だけど俺はそんなこと、彼らに言わないもんね、黙ってさ。だけど、何かよっぽどのきっかけがあったら、思いっきり暴れてやるっていう度胸も据わってたよ。俺、口じゃ言えないけどね……。

三人の兄たちは、永山をネタに「こいつはどうしようもない馬鹿だから」などと笑っていた。「馬鹿」という言葉に何度もドキリとしたが、永山は聞こえないふりをした。ギターを弾きながら、少し前に読んだ小説のことを思い浮かべていた。ドストエフスキーの『カラマーゾフの兄弟』。そこに登場する哀れな末っ子、スメルジャコフ。あらゆる関係性から孤立し、人殺しという罪を犯し、自ら首を吊って死んでしまうスメルジャコフ。彼も確かギターを弾いていた。

永山　なんか、よく分からなかったけど、兄弟を見ちゃうんだよね。スメルジャコフと俺がだぶっちゃってね。なぜかというとね、俺、ギター弾いてたでしょう、確か「スメルジャコフがギターを弾く」っていう章があるんだよ。あれでね、なんか俺に当てつけられたような気がして。スメルジャコフが兄弟の中で一番、出来が悪いでしょう。長男がいて、イワン（次男）がいて、そしてアリョーシャ（三男）、それからスメルジャコフ（四男）なんだ。結局、スメルジャコフが人を殺すようになるんだけど……。要するに、あの話で兄弟のこと、考えちゃうんだよね。一番出来が悪いのは俺だっていうこと。どうしても、スメルジャコフのこと、考えてしまうんだ。

『カラマーゾフの兄弟』に登場する四人の兄弟の関係は、驚くほど永山家の兄弟のそれと似ている。事実、その小説のストーリーは、永山の兄弟たちの身に起きる悲劇をも予兆しているかのようだ。

暴君のような父親の下には、腹違いの四人の兄弟がいる。

長男のドミトリィは、感情型の破滅タイプで堕落した生活から抜け切れないでいる。次男のイワンは、合理主義者で冷徹で頭が切れる一匹狼。神の存在を強く否定し、「神がいれば、どうして虐待される子どもを救わないのか」という意味深な言葉を発する。みなに蔑まれる四男に、ただひとり、見下した関係ではあるが、かかわりを持つのが次男である。

三男のアリョーシャは知的で敬虔で、周りの者から尊敬され慕われる存在だ。全編を通してみなに愛される三男だが、四男にだけは徹底して人間的な無関心を貫く冷たい存在として描かれている。

そして四男、スメルジャコフ。

スメルジャコフは、父が街の白痴の乞食女に産ませた私生児という設定だ。生まれた時から他の兄弟たちとは差別され、コックとして働かされている。だから物語では、正式な兄弟と言えば上の三人のことを指し、スメルジャコフは使用人として存在する。

スメルジャコフは小さい頃から猫を縛り首にして殺したり、針の入ったパンを犬に食べさせたりして鬱憤を晴らしてきた。恐ろしく人嫌いで口数が少なく、癲癇《てんかん》の発作を持っていて病的でもある。兄たちの中でただ一人、自分の相手をしてくれる無神論者の次男に心酔し、次男の先の言葉を、「神がいなければすべてが許される」と勝手な解釈をして父親殺しに走る。そして、その罪を憎んだ長男にきせ、次男にだけは自らの罪を告白し、首を吊って命を絶つ（後に永山も自分の犯行を次男にだけ告白する）。スメルジャコフの自殺は、絶望と怨みと憎悪の果ての決算のように描かれている。

永山が語ったように、『カラマーゾフの兄弟』の第二部第五編には「ギターを持つスメルジャコフ」という節がある。

ここで、悲惨な生育環境から人間形成を歪められてきたスメルジャコフの、憎悪と不条理への怒りが語られる。流して読めば日常的なワンシーンにすぎないが、深く読み込めば、抑圧された人間の根深い心理が読み取れる。「出来ることなら母の胎内にいる間に自殺して、この世に生まれてきたくはなかった」と語るスメルジャコフ。あらゆる人間関係の磁場からはじき出され、完全に孤立したスメルジャコフ。永山が彼の姿に自身を重ね、そして兄たちへの劣等感を募らせていったとしても何の不思議もないほどに、物語は示唆的である。

石川　兄弟で一番、自分が出来が悪いと思ったの？

永山　だって、みんな「馬鹿、馬鹿」って、三男なんか、「馬鹿だから返そう」って言ったわけなんだ。あと、学校だって一番、休んでるのは俺だって、長男もみんな、俺が馬鹿だと言ったでしょう。馬鹿だから、長男の姉さん（長男の妻の姉）は、俺の仕事先に、くず屋を紹介したんだ。

石川　あなたのこと、馬鹿って思ってたのかな？

永山　（かなり興奮した口調で）とにかく、兄弟は俺が一番、馬鹿だって、ボケッとしてる！　殴られれば殴られっぱなし！　かかってこない！　そういうような状態を思い浮かべているんだ！　それから俺、普通の人と違うんだ！　他の人の前だったら過去を知らないから普通に出来るんだけど、ところが兄弟の前だったら、小さくなっちゃうもんね。兄弟で成績なんかも一番、悪いんだ、一番、出来が悪いんだ、四人の中で……。

石川　引け目を感じたんだな。

永山　うん……（一転、落ち込んだ口調になる）……。いつか警察に捕まった時、東大の学生が「同じ兄弟だから出来る」って言ったけど、でも結局、学校だって、俺がまた挫折したでしょう。それでまたずっと沈んでたんだ……。俺はやっぱり馬鹿だって。成績は一応、七九人の中で一三番だったけどね、兄弟の中では出来が一番、悪いんだ……。「馬鹿、馬鹿」って言われて、とにかく学校に行かないっていうのが馬鹿になるんだ。病気もなんも、してないのに……。それでセツ姉さんのこと考えて……。

『カラマーゾフの兄弟』の物語の最後、すでに四男は自殺し、三男のアリョーシャが子どもたちを前に演説する。その内容は、大人になって悪にそそのかされる人生の危機的な瞬間を迎えた時、人間としてかけがえのない精神的な柱を持っていることの重要さを訴えるものだった。その柱とは、「子ども時代の良き思い出」であり、それを育む家庭の大切さを指している。このアリョーシャの言葉を、永山はどのように受けとめただろうか。

これまで逮捕後の永山は、「無知と貧困」の象徴として描かれてきた。彼の際立った不登校などの経歴が、それに拍車をかけた。しかし、すでにこの頃から彼はドストエフスキーを手にとり、登場人物の特徴を鋭く摑み、その内容をかなり深いところまで読み込んでいた。さらには、彼の姪が警察に対して語った調書にもあったように、彼は小学校時代からひとり家に閉じこもって石川啄木を読み漁り、その頃から自分の人生を詩にしたりもしていた（一九八頁参照）。

幼い頃から、家族をふくめ他者との関係を結ぶことが出来ず、自分の世界にのみ生きざるをえなかった少年の感性は、恐らく、同年代のそれよりもずっと鋭く研ぎ澄まされていたに違いない。同時にそれは、あまりに繊細すぎた。彼の感性に、真の意味での強さを与えてくれる人は現れなかった。研ぎ澄まされた感性を、別の道へと昇華させていくことが出来なかった。

正月の四人の兄弟たちの会合は、二日後、末弟に不都合な結末をもたらすことになる。

永山はまったくの下戸だったが、次男に無理やり日本酒を飲まされてしまった。ビールなら顔を真っ赤にしながらもコップに一杯くらいは何とかいけたが、日本酒だけはどうしても駄目だった。飲まされたのはお猪口に一杯だけ。それでも、永山をダウンさせるには十分だった。

牛乳店に戻った永山は、一日中、ひどい頭痛に襲われた。夕方の配達はなんとか済ませたが、食事を口にすることも出来ず寝込んでしまった。朝起きると、スイッチを切り忘れていたポットが熱くなり、畳がポットの底の形にそって黒く焦げていた。

永山　大変だったんだ、頭がガンガンしてね。朝、起きたらさ、畳が丸く黒くなってて。部屋の人がさ、「馬鹿、お前、これどうするんだ」って、「修理に一万円かかるぞ」って言うんだ。それで俺、いられなくなっちゃったんだ。もう俺、慌てちゃったのね、一万円って言われたからガックリきて、(店)を出なくちゃ駄目だって思って。それで、ずっとセツ姉さんのこと考えてたのね。何か、馬鹿って言われたらさ、馬鹿とかキチガイとか言われたらさ、調子がいいときは全然、感じないんだけど、セツ姉さんのこと考えちゃって。俺、やっぱりヘンなのかなって思って、わけが分からなくなっちゃって、店、飛び出したんだ。

永山は、すっかり混乱していた。牛乳店を辞めるということは、春からの定時制高校を諦めることを意味する。絶望と不安でどうしていいか分からず、そのまま逃げ出した。次男のアパートに駆け込んだが、次男もNもいなかった。永山は部屋に置いてあった長男のカメラに目を留めた。カメラを見ていると、長男への憎しみがまたメラメラと蘇ってきた。長男への当てつけに、カメラを質屋に売り払い二〇〇〇円を得た。質札には、「俺、もう死ぬ。帰ってこない」と書き付けて、次男の家に置いて飛び出した。もう自分の居場所はない。日本から逃げ出すしかない。横浜は顔を知られているから駄目だ、神戸に行こう。永山はまたヒッチハイクを繰り返す。

永山　もう外国に行くしかないって思ったよ。外国に行くか、船に乗ったら飛び込んで死ぬか、どちらかだって思ってた。本当に未練、なかったなあ、日本から離れるっていうことだけが希望だったんだ。三男がさ、「出来が悪いから田舎に返そう」って言ってたでしょ、だから「俺、出来が悪いんだなあ」っていうのと同時にね、それに対する反発みたいなものもあって。それで俺、香港、行く前にあの時もね、三男に二〇〇〇円で追っ払われたから、それで俺、香港、行っちゃった。宇都宮（の少年鑑別所に入った時）もそうだ。長男がマージャンなんかやるのを根に持ってね、それでレジやって、カメラも質に入れたりして。なんていうか、当てつけっていうか、そういうこと考えてたんだな。直接、危害を加えるじゃなくて。保護観察にだっていつか仕返し、してやるって思ってたよ。兄貴たちだって同じだもんね……。

神戸港に着いた永山は、埠頭に停泊していた三色旗を立てたフランス船に乗り込んだ。フランスの船ならフランス領のタヒチに行くかもしれないと思った。ただそれだけだった。前回と同じように救命ボートに隠れ、港を出るとまた船酔いに苦しんだ。何度か真っ暗な海に飛び込もうとしたが、「おっかなくて」出来なかった。半日ほどして、船員に見つかった。連れていかれた部屋で、船員がいなくなった隙を見計らい、救命ボートの中から持ってきた備品のナイフで手首を切り付けた。何度も何度も切り付けた。そのうち船員が駆けつけてきて取り押さえられた。

永山　手首、こうやってたらね、二、三人やってきて、ナイフ、取り上げられちゃって。こうやって後手に縛られてね、エビみたいにして。足も縛られて。暴れると思ったのかな。窓も閉めちゃって、見張りがずっと立ってて。

石川　その時の傷の痕はある？

永山 うん、……（椅子が動く音）……こっちが深かったんだ。何回も切り付けちゃって。

石川 そうだな。これ、親指の腱だな、二ヵ所あるね。この上とか下も、やったの？

永山 うん、大分、切ったのに血が流れないんだ……。白いのは見えたけどね。こっちは、横浜の海上保安庁で縫ってもらったけど。

一月九日に神戸港を出た船は、外国には行かなかった。三日後に横浜港に寄り、永山はすぐに降ろされた。海上保安庁で傷の手当てをしてもらい、再び保土ケ谷の少年鑑別所送りとなった。リンチの恐怖が蘇ったが、自殺の恐れがあるということで今度は独居房に入れられた。永山が船内で自殺を図ったことに加え、この頃、池袋署で事情を聴かれた次男が、永山が質札の裏に「死ぬ」と書き付けた遺書のようなものを残していったことを伝えていたため、予防措置がとられたのだった。

独居房は淋しかったが、温かい飯も出されるし人の目も気にしなくてよく、思ったより居心地は悪くなかった。二月になって、東京・練馬にある東京少年鑑別所に移送された。「いよいよ少年院に入るんだな」と怖くなったが、練馬の鑑別所は保土ケ谷と違って見回りが厳しくリンチされそうな気配もなかった。運動場で運動する時間もあるし、教官が卓球を教えてくれる。部屋ではテレビも見せてくれるし、風呂にも入れた。ここにいる少年はみな前科持ちで、密航や窃盗程度の自分の過去を恥じる必要もなかった。外に出されるより少年院に行った方が、住む場所や食事の心配もしないでいい。少年院にいる間、高校に入るための勉強だって出来る。よっぽど楽じゃないか。永山は必死に自分を納得させようとした。

一生懸命に働き、そして些細なことで被害妄想や猜疑心を募らせては逃げる。その周期は、どんどん短くなっていた。自己責任が厳しく問われる現代社会では単なる努力不足と切り捨てられそうだが、石川医師は人が「努力」をする心理の背景をこう分析する。

「人が努力をしようという意欲を出すこと、つまり努力のエネルギー源は、愛情とか褒められるとか尊重されるとか、そういうものがなければ続かないし実らないんです。お母さんというか、母親的な優しさとか保護とか愛情があって、それで自信や安心感を得て、やる気、努力する力が出てくるわけなんです。そういう基盤があっての努力だったら実りがあるんですが、元がない努力というのは多くの場合、疲れ、くたびれ果て、さらに悪くなるという方向にしか向かわないことが多いのです。

永山はそういう基盤をまったく持たない上で、努力だけで自分を一人前にしようとするわけですが、やはり空回りで続かない。もっと悲惨な状況になっていく。いわば人間の根っこです、基本的信頼感とも基礎的信頼感とも言いますが、それがなければ人間は成長できないし努力もできない。私の診療でも、最近はそういう子が多いですね。親子の関係が希薄で、パソコンや携帯電話に熱中して他人と付き合わない。生の人間関係とか働くとかスポーツするとか、そういう体験がないと人間的になりにくいですね。バーチャルな、非現実的な世界で遊んでいても、現実で自立しようとした時に心の栄養にはならないですから。大きな事件を起こさないまでも、今はインターネットの世界とか、ああいうもので憂さ晴らしをする傾向が見られますね」

転職を繰り返し、永山は自殺未遂を何度も繰り返すまでに自分を追い詰めていく。石川医師が数えただけで、永山が自殺を考えたり実行しようとした回数は一九回にのぼった。このような永山の心理状態を、石川医師は鑑定書で次のように分析している。

〈則夫が最初、熱心に働くのは、過去の嫌な自分を否定し去り、自分の弱さを補償し、完全なよき人間に変身するためだったので、当初から無理が内在していた。それに対人恐怖的で傷つきやすく猜疑的になりやすい対人関係障害、暑さと食欲不振、疲労等が重なり、衝動的行動が高まり忍耐力と現実検討力が低下し適応困難な状況が招来されるが、則夫は持ち前の頑張り精神で克服しようと一層、努力した。しかし、則夫のこの生き方は、当初から無理な意図に端を発しているため、則夫が努力すればするほど無理な圧力がかかり、ますます攻撃衝動が鬱積するという危機的状況を招来するようになった。則夫は無知で、これ以外の生き方を知らなかったのは悲劇的であった。この状態で、上司や同僚から自分の弱みを突かれる等の強い情動刺激に晒されると、則夫は自分の努力や存在のすべてが否定され、見捨てられたように感じて激しい衝動爆発の渦に巻き込まれ、前後の見境いもなく逃避的に職を辞した。頼りにしていた身内にすら相手にされず、ゆき場がなくなると、則夫は自殺を考え、衝動的に事件を起こし、自身の前歴に傷をつけるという悪循環にはまり状況を一層、不利にしていった。（中略）この絶望状況の果に、則夫はこの世の未練が吹っ切れ、失う物なき者のみが感ずる一種の解放感を感じた。しかし、則夫はすぐ犯罪を犯すには至らなかった。絶望と鬱積した攻撃衝動は、マゾキスチックに自己に向けられ、頻繁に自殺が思われ実行され、失敗した。〉

6

四谷駅を出た地下鉄丸ノ内線は、薄暗い地下にもぐっていった。

突然、真っ暗になった窓ガラスに映し出された険しい自分の表情に、三男は思わず目をそむけた。電車の揺れに身を任せ、まさか自分がこんな場所に行くことになろうとはと深い溜息をついた。

二月二六日午前一〇時、東京家庭裁判所で、出入国管理令違反で逮捕されていた永山の審判が開かれることになっていた。朝早く起き、出版社でその日の配達の手配などを済ませて地下鉄に飛び乗った。この日、東京には珍しく雪が降った。電車も遅れていた。一〇時前に霞が関に着くには少し間に合いそうもなかった。それでもいいと、投げやりに思った。

そもそも裁判所からの連絡は、これまで則夫の面倒を見てきた次男のところに入ったのだ。しかし、さすがに次男も愛想を尽かしていた。

「しょっちゅう呼ばれて俺は体が持たん。たまにはお前、代わりに行ってくれ。一回でいいから」

三男は、昔から次男には逆らったことはなかった。だが仕事が忙しく、一度は断った。結局、渋々引き受けたのは、次男が手間賃として三〇〇〇円を渡してくれたからだ。

三男は、弟が渋谷の西村フルーツパーラーを飛び出した後、どうやって過ごしていたのか何も知らなかった。たまに兄たちと交わす会話に則夫のことが話題にあがることは無かったし、知りたいとも思わなかった。そんなことを気にかけている暇はなかった。

三男自身は、その前の年、念願の中央大学法学部の入学試験に合格していた。しかし入学金と初年度の学費を払えず、入学は諦めた。家族には大学の試験に合格した事実だけを伝えていて、兄弟たちはみな、三男が夜間大学に通いながら働いているものと信じきっていた。「大学出」と誉められても、三男は否定しなかった。どこか後ろめたい気持ちがあった。

昔から弟の則夫には、どこか決定的に弱いところがあった。母ヨシも気の弱い人間だったから、それを引き継いだのだろうか。それにしても病的なほど弱い。小学校も、鞄がないからとか服が汚いからと休んでばかりだったし、ほんの少しのことで簡単にめげてしまう。渋谷の西村にいたら寮もあったし、こんなことにならずに済んだ。正月、兄貴たちと集まった時、あのまま板柳の実家に送り返せばよかった。そんなどうしようもないことを考えているうちに、車内に「霞ケ関」のアナウンスが流れた。

裁判所に着いた時には、もう一〇時をまわっていた。

部屋に入ると職員らしき男がこちらにやって来て、「よかった、どなたも来ないかと思いました。これで少年院送りにならなくて済みますよ」という趣旨のことを言った。三男は、「何がよかったもんか」と心の中で吐き捨てた。チラリとこちらを見た則夫の顔は無表情だった。審判では少年院送りは回避され、保護観察処分となった。

この後の出来事について語る永山の話を聞くと、三男の投げやりな気持ちとは対照的な弟の心情が透けて見える。

永山 兄貴、来てね、俺、保護観察のこと、言ったんだ。前に牛乳屋に来たから学校行けなくなったって。そしたら兄貴、「黙ってハイハイ言ってろ」って言うんだ。それで、兄貴が引き取るっていうことで処分されなかったみたい。外に出たらね、雪が積もってて。それで家裁の近くに大きな公園（日比谷公園）あって、その中にあったレストラン（松本楼）、行ったんだ。兄貴に「西

石川　村のあと、どうなったんだ」って聞かれて、明大中野に行ったこと話して、七九人中一三番だったって言ったらね、「明大中野は有名だぞ、そこで頑張って卒業したらうちの会社に入れてやる」って言うんだ……（沈黙）……。そこで昼飯、食べて、俺……、おふくろの真似できないからって思って、要するに、ほら……、飯食いながら泣けないって、あれで……、感謝なんだ……、別に泣いたわけじゃないんだ……。

永山　でも、多少は嬉しかった？

石川　……（沈黙）……少年院、おっかなかったけど、でも、外よりかいいかなっていうのもあったし。別に嬉しくもない。

永山　うん、でも泣いたんだなあ。

石川　泣いたって、ただ……。

永山　兄さんへの感謝って言った？

石川　うん、感謝っていうか……。

永山　感謝の気持ちを表すために？

石川　うん……、言葉では何にも言わなかったけどね。

永山　飯はうまかったかい？　味、分かんなかった？

永山　うん、ジュースがうまかったよ。でも兄貴、コーヒーだけで、自分は食わないんだ。

石川　そうか、ジュースうまかったんだな。高級レストランだからな。それは兄さんのお祝いみたいなもんだな。

永山　でも兄貴、何も言わなかったよ。兄貴、俺のこと、「お前」って言うんだ。「お前さん」って、「お前さん」って言うんだ……。

東京少年鑑別所・保護観察経過帳より（昭和四三年二月）

次男が会社を休めないとのことで、今回は三男が代理として同伴。三男は夜間大学に通いながら、出版社に勤めている。平素から付き合いがなく、最近になって少年の生活のあらましを知ったという。同じ兄弟でも深い交際なくタッチしていない。今後も次男が面倒を見ると言う。東京家裁調査官からの電話で、保護司の選定が望ましいとの情報があったが、さらに次長面接を行い、三男が責任を持って今後の方針を決めるということで保護司の選定は見送った。

もう二度と頼らないと決めていた三男に励まされ、永山は踏みとどまった。保護観察に付きまとわれる生活も二〇歳になるまでの辛抱だ。二〇歳になれば自分はきっと高校にも通っていて、保護観察からも解放されて自由になっている。二〇まで、あと一年――。もう一度、高校に行こうと思い直した。そして、三男の荻窪のアパートの近くにある西荻の牛乳店に住み込みで勤めることにした。三度目の牛乳店である。それは家庭裁判所の審判から四日後の二月二〇日のことで、まだ四月の入学まで時間があった。

その牛乳店は、今も西荻の同じ場所で営業している。当時、永山ら配達の少年たちの面倒を見ていた石黒大治郎さん（七三歳）は当時をこうふり返った。

「働きぶりは真面目だったね。とにかく、うちに来た一番の経緯は夜学に通いたいと。この辺りには二〇軒くらい牛乳屋があるんだけど、うちは個人営業で小さいし、夕方の配達が少ないってことでね。朝四時頃に起きて配って、それから夕方までは何もない。真面目で学校もちゃんと行ってましたよ。人なつっこいような、でもちょっと暗い感じもあって、相談とかは絶対にしなかったね。写真を撮るのを嫌がって、年に一回あった慰安旅行にも来なかったね。前に学校入る時に、中学校が内申書をなかなか送ってくれなくて、血判書、送ったって聞いたの、覚えてますよ。血で書いたって言ってました。昔の侍みたいだなあって驚いてね、それほど学校に行きたかったのかなあと思ってね」

四月になって、永山は満を持して再び定時制高校に通い始めた。

真面目さが買われて学級委員長にも選ばれた。牛乳店には大学に通っていた息子がいて、彼も当時、永山が熱心に勉強していた姿を覚えていた。

「勉強は真面目だったですよ。自分からどんどん質問してきてね、壁に数式、貼ったりもしてました。仕事の方は、まあ失敗して叱ったりすると、ちょっとムッとしたりはしたけど、あの年頃の子はそんなもんだし、説明したらちゃんと分かる子でした」

後に裁判所で証言した当時の担任も、「永山は毎日、職員室にやってきては委員長の仕事を熱心にやっていた」と話している。周りから見ると、永山の人生の歯車は今度こそ順調に回り始めたかのようだった。

しかし――。永山の心の内は、これまでにも増して強い猜疑心の嵐が吹き荒れ、激しく波立っていた。永山は、自分が学級委員長に選ばれたことへの不審を拭えないでいた。

永山　俺、どうして委員長になったのかなって。向こうが委員長にして辞めさせるっていう考えだったのかもしれないって、俺が脱落するようにして。全員で俺の名前書いてね。選ぶことで辞めさせるっていう、ほら、牛乳屋の仕事はキツイってこと知ってるんだ。それで俺がくじけるからって負担かけて。隣に座っていた人も何かヘンだったんだ。俺、それでなくても、保護観察のこと先生に言うべきかどうか大分、迷ってたし。本当は言いたかったんだ、だけど委員長になってしまって。牛乳屋の人に委員長になったって言ったらね、「いいじゃない、頑張れよ」って言うわけなんだ。俺、嫌でね。牛乳屋も保護観察のこと知ってたのかな。俺、だいたい勘付いてたよ。あんまり自信なかったんだ。よっぽど逃げたかったんだな……。

まったくの被害妄想である。

永山は、三男に相談しようと考えた。頭のいい三男ならきっと委員長を辞めるように言ってくれるに違いない。一緒に学校に行ってもらい、委員長のポストだけは降ろしてもらいたいと担任に頼んでもらおう。

逃げ出す前に、永山が誰かに相談しようと思ったのは初めてのことだった。それまでは、三男が質素な暮らしをしていたことを知っていたので、迷惑をかけまいと三男の下宿には行かないようにしていた。だがもう切羽詰まっていた。

ところが、三男は留守だった。それから日曜日になる度に、三男の名前を呼んではアパートの前に立った。しかし、誰も出てこない。そんなことが三週間ほど続いた。たまりかねて三男が勤める出版社に電話を入れると、「出張している」との短い返事が返ってきた。

五月七日、朝から冷たい雨が降り続いた。

永山は午前五時前に一回目の牛乳配達に出て、二回目の配達の途中に姿を消した。近くのアパートの軒先に牛乳瓶が濡れないように自転車を置き、そのまま立ち去った。この時初めて、金を持って逃げた。前日までに集金していた三万円。あさってては給料日だから、自分の給料と相殺できると考えた。相談に乗ってくれなかった三男に当てつける気持ちもあった。逃げる前の日の晩、三男の下宿に手紙を置いた。

「俺はもう駄目だ、死ぬ」。遺書のつもりだった。

永山　兄貴に、ついてて欲しかったんだ。あと一ヵ月くらい、ついていて欲しかったんだ。俺、ギリギリのとこだったんだ。兄貴のアパートに行ったの、それが初めてだったんだ。兄貴に迷惑かけないっていうこと思ってたんだよね。金のことは俺、持ち逃げは嫌だったんだ、兄貴のことも考えたんだ。なんか、うまく出来なかったのかなあ。今考えると、何であんなにあくせくして学校、行くのかっていうことだよね。学校、一年くらい行かなくっても、みっちり勉強して、それから通信教育受けても行けたんだろうけど、なんか、もっと別なこと……、友達、持ちたかったのかな。一生懸命、学問しようと思うと牛乳がおろそかになるし、両立させようとしたらね、駄目になっていくんだ。何のためっていうことを考えなかったんだ。ただ学校に行くっていう……。でも、もう逃げるっていうかね、なんていうか、もういいって思ったね、何もかも。今度こそ、兄弟とも縁を切ろうって思ったね。「今度こそ、死ぬ」って、「死のう」って思ったよ。

仕事から帰ってきた三男は、牛乳店の店主から永山が三万円を持ち逃げしたことを知らされた。当時の三男に、三万円の大金を払える余裕はなかった。店主には「とりあえず弟の持ち物を全部、処分してもらって金に換えて下さい」と頭を下げた。数日後、三男は長年住んだ下宿を黙って引き払った。

三男の証人尋問速記録より

もう少し、目をかけてやれば良かったかなと思いますけれど、当時としては、私も自分で生きることが必死でしたから、下の弟まで面倒見る余裕もありませんでした。（西村を辞めてきた時のことは）僕もちょうど大学受験を目指していた時で、正直言って、そっちの方へめくら《ママ》になってましたから、周りの状況はほとんど覚えていません。

私自身、汚い生き方だったかもしれませんけれど貧乏から抜け出す一つの方法として、周りを捨てるというんですか、例えば兄弟の面倒を見るのをやめるとか、何かをやらないと、結局、自分が目指す高校卒業とか大学とか、まともな生活をしたいとか、そういう夢を叶えることが出来ませんので、冷たいと思われるかもしれませんけれど、私自身は、周りの肉親は捨てる覚悟で、その当時は生きておりました。

西荻の牛乳店を飛び出した永山は、「これまでで一番、解放された気分」になった。高校のことは、もう完全に諦めた。心残りはなかったが、店に置いてきた荷物の中に読みかけの本があったことだけを残念に思った。ドストエフスキーの『罪と罰』。まだ最初の一巻しか読んでいなかった。事件まで、あと五ヵ月に迫っていた。

母ヨシは、まさか、と耳を疑った。

何度も確認したが、その電話は間違いなく則夫からだったという。永山家には電話がない。東京からの電話は、電話を引いている近所の佐藤商店に連絡が入り、店の人に伝言をしてもらうのが慣例になっていた。永山はもう隣町の弘前に着いていて、夜までに帰ってくると言ったという。

何日か前、ヨシは久しぶりに〝親父〟の夢を見た。電車で野垂れ死んだ親父。一〇円だけ持って野垂れ死んだ親父。写真に見た嫌な顔のまま、夢枕に立った。親父の夢を見ると、いつも決まって悪いことが起きた。これは則夫が帰って来ることだったのかと、ヨシはすっかり嫌な気分にさせられた。夢の予兆は、別の意味で当たっていたのかもしれない。

暗くなってから、弘前からの汽車が着く時間に駅の方まで歩いた。すると前からタクシーが走ってきた。乗っていたのは則夫だった。駅から歩いて二、三分の道のりをタクシーに乗るとはどういうことか。

永山は、窓の外に母の姿を認めると、タクシーを止めてもらった。それこそ乗ってまだ十数秒しか経っていなかったが、一〇〇円を払って車を降りた。家は駅からすぐだったが、もう疲れて歩けなかった。それ以上に、町の誰にも会いたくなかった。弘前から板柳までの汽車の中でも、知っている顔がいないかビクビクし通しだった。

永山　どうでもいいっていう、気持ちがあったね……。

石川　お母さんのところに行くっていうのは、何か期待があったの？

永山　……（沈黙）……全然、無かったんだな、ついでにっていうかね、そう……。

石川　あるいはっていう気持ちは？

永山　あるいはって？

石川　お母さんが優しい言葉をかけてくれるとか、面倒を見てくれるとか。

永山　期待してなかったな、なんかこう、逆に怒鳴りつけてやりたいっていう気持ちがあったんだ。もう着いたその日から、ガミガミガミガミなんだ。職につけって。嫌な気持ちだったよ。でも、ここしか行くとこがないって諦めてたのかな。俺は怒鳴らなかったけどね、少し怒り出したらね、俺の方が津軽弁になっちゃうんだ。それでアレッて思って、おふくろにつられて、それでまた黙っちゃうんだ。向こうがヒステリーみたいになってね……。

三年ぶりのわが家は、変わっていた。幼い頃、あれほど憧れたテレビもプロパンガスもあった。何より驚いたのは、ご飯が白い米になっていたことだ。自分がいなくなってから母親が働いてここまでしたのかと思うと、あの中学三年の冬の入院は仮病だったのかとガッカリした。セツ姉さんは、いなかった。弘前の病院に入っているのかと思ったが、聞けずじまいだった。

母は、朝から晩までガミガミ言い続けた。永山はやはり、母にだけは手をあげたり、暴力をふるうことが出来なかった。母に泣かれるのだけは嫌だったからだ。その大きなかん高い怒鳴り声に耐えかね、荷物を置いてふらり家を出た。網走に行ってみようと思った。牛乳店から持ち出した金は、まだ少し残っている。幼い頃、家出をした時と同じように、板柳駅から青森駅まで汽車に乗った。車窓に映る風景は昔とちっとも変わらない。青森駅に着いて、人波にまぎれるようにして青函連絡船に乗った。ひとりデッキに立ち、夕暮れの津軽海峡に飛び込もうとしたが、足が震えて動かない。何度も願う死への距離は、なかなか縮まらなかった。浮かんでくるのは、セツ姉さんとの思い出だけ――。

永山　もう一度、最後に網走、見たかったんだ。あのね、姉さんと一緒に海辺に行ったでしょう。俺、網走港に行きたかったんだ。セツ姉さんと、海っていうか、貝殻あって、もうそこしか憩うところが無かったんだな……。どこでもよかったんだ、きっと。どこか静かなところ……。

函館港に着くと、雨が降ってきた。傘もなく、頭からびしょぬれになった。とぼとぼ歩き、大沼公園を通り過ぎ、トンネルを越えたら湖があった。することもなく、また函館港に戻ってきた。夜は駅の荷物置き場にあった藁にくるまって寝た。寒くなったので蕎麦を食べると、金は底をついた。網走行きは止めた。網走に行っても、もうセツ姉さんがいないことは最初から分かっていた。

再び乗り込んだ青函連絡船。知った人に会いたくなくて、ひとりボイラー室に隠れていた。ボイラー室は暖かく、いつの間にか眠り込んでしまった。気がつけば濡れた服はすっかり乾き、津軽海峡を二往復もしていた。自分が一体、何をしているのか、何のために生きているのか、もう分からなくなっていた。家に戻ると、また母親のガミガミが始まった。

「死ぬなんて言ってて、また帰ってきたじゃないか！　兄弟たちはみなちゃんとやってるのに、どうしてお前だけフラフラしてるんだ！」

数日が経って、永山は思い直して、板柳高校の定時制に通えないだろうかと母に言ってみた。母はすぐ、高校に相談しに行くと言って家を飛び出した。これ以上、仕事もしないで家でブラブラ遊ばれてはたまらない。しかし高校では、やんわり断られた。ならば中学三年の時の担任に頼もうと板柳中学校に出直した。この時ほど母ヨシが永山のために走り回ったことはない。しかし、職員室で面会した担任は不機嫌そうな顔で、かつて永山が送りつけて来たという〝血書〟を出してきた。

「お母さん、どういう教育をしたらこうなるんですか」

「それ、なんですかの」

「こんなもの、送ってくるんですよ、お宅の則夫君は。私はもう彼の担任ではないし、係じゃないですから何も出来ません」

二度も門前払いをくらわされて帰ってきた母のガミガミは、より一層かん高くなった。永山は二階に上がったまま下りて来なくなった。何をする気力も起きなかった。

それでも母は、「則夫！　則夫！」と下から叫んでは仕事を探せと言い続けた。

母　二階に上がったきり、下りてこないの。昔みたいにして。静かにして上がってみると、寝てるの。学校に入れなくなってしまってから、変わってしまったの。二回ぐらいだったかな、「オラ、何しに帰ってきたんだか」って、「こんな田舎にさ」って二回ぐらいつぶやいとった……、ひとりして。薬、買って来いっていうから、自殺するんじゃないかって思って、先生に薬の名前、見てもらったら、それ、渡したら駄目だって言われての。ご飯もよけ食べねえの。先生があの時、学校に入れてくれたら事件、起こさなかったんじゃないかって思って、だから腹がたっての……。

何日かして、永山は母に、「東京に戻るから汽車賃をくれ」と気色ばんだ。母はすぐに東京行きの切符を買ってきた。片道切符である。金は役場の生活保護係で前借りした。

「これで駄目だったら、ヤクザになってやる」

小さな声で捨て台詞を残し、ぷいと家から出ていった則夫。それが、母ヨシが、息子が連続殺人事件を起こす前に見た最後の姿である。

7

沖仲仕の仕事には、三つの種類があった。

「常備」は、正式に会社に顔写真を登録し、毎日ほぼ決まった仕事が割り当てられる。あまり危険な仕事はふられない。給料は月極で二度に分けて支払われ、生活費として日に一〇〇〇円だけ手渡され、残りは会社預けにしておくのが習わしだ。安定していてピンはねも少なく、手取りは一番いい。

「半常備」は、前科などの事情を抱えているために正式には登録できないが、仕事はほぼ毎日、「常備」並みにあてがわれる。ただ日払いなので、常備に比べてピンはねが増える。

「アンコ」は、いわゆる日雇いだ。働いた金の半分以上は中抜きされてしまう。ついでに「トンボ」というのもある。オールナイトに加えて、次の日の昼前まで働く一日半のきつい仕事。だが手取りは二倍近くになる。急な金が必要になった時は、みんな「トンボ」で稼いだ。しかし、一度トンボをすると体を壊す者が多かった。

青森から帰った永山は一年ぶりに、横浜のノースピアにあるK組に戻っていた。

ヤクザあがりの社長から、「おい学生、お前、常備にならないか」と誘われた。「常備」はK組でも一五人くらいしかいない。何より社長に顔を覚えてもらえるのは光栄なことだった。永山のような少年はほとんどおらず、よく言うことを聞いて動いたので目についたのだろう。年齢は二二歳と偽っていたが、それでも「学生、学生」と呼ばれたのは、彼がいつも運動靴を履いていたからだ。他の労働者が履いている地下足袋だけは、本当に落ちぶれてしまったような気がして絶対に履かないと決めていた。

「常備」に登録する時、偽名を使った。

——ナカヤマ○○

永山の姓をナカヤマとし、下の名前は次男の名前にしておいた。港の現場では、作業中の巨大タンカーから何十メートルも下の海に転落し、捜す人もなく、そのままになった労働者を何度も見てきた。どんな事情があったのか、ドラム缶に入れられて海に捨てられた人もいた。ここで働く男たちは、たとえ死んでいなくなったとしても気にする人など誰もいない者ばかり。せめて自分は、死んだ時ぐらいは次男に知らせが入るようにしておこうと思った。

ノースピアを仕切るK組の社長は昔、相撲とりだったらしい。体格がガッチリとしていて迫力があった。午前中にみんなに仕事をふり終えると、昼からは競馬でいなくなる。代わりにやってくる弟分のMは本物のヤクザらしく、両腕に刺青《いれずみ》をしていて怖かった。Mとは口を利かないようにした。

永山は最初、社長の期待に応えようと必死に働いた。ふられる仕事は何でもやった。一度、足に鉄骨が落ちてきて、左足の指の生爪を全部はがす怪我をしたことがある。怪我をした次の日に仕事を休むと、会社が休業補償を支払わなくてはならないと社長がこぼしていたのを前に聞いたことがあった。社長に迷惑をかけてはいけないと、痛む足をひきずりながら出勤した。

六月から始めた沖仲仕は重労働ではあったが、暑くなる前までは何とか体もついてきた。自動車やクレーンを操る技術を持たない永山にふられる仕事の大半は単純な力仕事ばかりで、米や砂糖の入った麻袋を、ひとつひとつ担いで運ぶのが主だった。麻袋は六〇キロ程あり、まともに担ぐと腰をやられる。一定のリズムにのせて、休むことなく身体を動かすのがコツだ。つまり、休んでいる暇のない仕事だった。

こんな重労働を毎日、続けてこなすには、それなりの体調管理が必要なことも分かってきた。夕方、仕事が終わると必ずサウナ付きの風呂に入りに行く。砂糖の麻袋でベトベトになった身体を洗うためではない。ガチガチになった筋肉をほぐすためである。銭湯も一回当たり二五〇円、毎日通うとそれなりの負担になった。しかし金がないとか疲れているからといって風呂に入らないでいると、翌朝、ひどい筋肉痛で仕事どころではない。時には歩けなくなるほど体中が痛んだ。

定宿は深夜喫茶か、大勝館。

ただ、そこも安泰な場所ではなかった。係の人によっては、寝ているところを揺り起こされて追い出される。そうなると路上に停まっているトラックの荷台で寝るしかなかったが、トラックは、寝場所の取り合いでだいたい早くから埋まってしまう。夜中に店を追い出されると〝空き部屋〟を見つけるのは難しかった。あとは路上で新聞にくるまって寝るしかない。路上も場所によっては警備員に追い払われたり、通りがかりの酔っ払いに蹴られたりする。大群で攻撃してくる蚊も安眠を妨げた。

そんな理由で、港で働く男たちの多くはドヤに泊まった。しかし、永山はどんな辛い思いをしてもドヤにだけは行かなかった。ドヤと地下足袋だけは、絶対に使わないと決めていた。ドヤにはそれなりの社会が形成されていて、一緒に酒を飲まなければ仲間に入れてもらえない。永山は酒が飲めなかった。また、一旦こいつは弱いと目をつけられると、稼いだ金を恐喝されてしまう。映画館も、うたた寝している間にポケットから財布を盗み取られることはあったが、恐喝されるよりましだと思った。

貯まった金は、ビニール袋に包んで土の中に埋めるのが一番、安全だった。永山は、桜木町の駅の近くの自分が決めた場所に必ず全財産を埋めてから働きに出た。

K組では「常備」だったため、会社の事務所に自分専用の小さなロッカーがあった。永山はそこに着替えと一緒に、古本屋で買った英語の教科書と英語辞典を必ず置いた。鍵がないからすぐに盗まれてしまうのだが、その都度、古本屋で買ってきては置いておいた。最初のうちは少し時間ができると本をパラパラめくったり、一日一つでも英単語を覚えようとした。

しかし、朝から晩まで働き詰め、夜は寝床を求めてクタクタになる生活の中で、高校のことはいつしか考えなくなった。ほんの少し前まで一生懸命、教科書を開いていた自分が遠い過去になるのに、時間はかからなかった。


この頃、稼いでも稼いでも金が片っ端から消えていったのには、理由があった。

「常備」の仕事が休みの日曜日、時々、遠慮しながら泊まりに行く次男のアパートで、永山は再三、金を無心された。「長男が体調を崩して、仙台の病院に入院するから金が必要だ」というのである。マージャン三昧で世話もしてくれず、最後は酷く殴られた長男だ。「病気になってザマミロ」と思ったが、次男の頼みは断りきれず、何度もまとまった金を手渡した。

あとになって分かることだが、実は長男は入院していない。この年の八月、長男は小山市内で大がかりな「月賦詐欺」を働いていたことが発覚し、逮捕されることになる。百貨店や個人経営の店主から品物を騙し取っては入質して換金し、宇都宮市内のキャバレーで遊んだりマージャンの借金返済に充てていた。いずれはばれる自転車操業の単純な犯罪。容疑事実だけで一五点五〇万円相当の詐欺を働いていたと当時の新聞にはある。後の裁判で懲役一〇ヵ月の実刑判決が言い渡された。「仙台の病院への入院」は、小山での犯行に足がついて逃げるためだった。永山が渡した金は、事件の発覚を遅らせるための逃走資金として使われたのである。

八月にもなると、連日の暑さは身体にこたえた。「常備」の仕事も、だんだん体が続かなくなってきた。

ある朝、体がきつくて起きあがれず、無断で仕事を休んでしまい、そのままK組から逃げ出した。ロッカーの荷物も、会社預けにしていた給料の大半も置いたまま。金は喉から手が出るほど欲しかったが、目をかけて「常備」にしてくれた社長や、弟分のヤクザの刺青を思い出すと怖くて取りに行けなかった。

K組を抜け出した永山に残された仕事は、日雇いの「アンコ」だけ。「アンコ」は朝早くから職業安定所の前や手配師が来る空き地に立って仕事を求め、その都度、違う種類の仕事をしなくてはならなかった。「常備」の時にはふられることのなかった危険できつい仕事が増えていった。それなのにピンはねが多く、せいぜい貰えるのは一日一二〇〇円。少し休みをとって身体を休め「トンボ」でまとめて稼ごうと思ったが、徹夜の重労働のきつさは想像以上だった。明け方には眠気に襲われ、体中が悲鳴をあげた。まさに地獄だと思った。永山はもう、いざという時に自分は「トンボ」も出来ないと落胆した。

悪いことは重なると言うが、永山の場合はいつもそうだ。

喫茶店や映画館を渡り歩く生活もだんだん辛くなり、池袋の次男のアパートに立ち寄る回数が増えていた。そんな真夏の夕方に、事は起きた。その日、パチンコに出掛けようとしていた次男は、小さな三面鏡に向かって櫛で丁寧にポマードを梳《と》かしつけていた。忙しく両手を動かしながら鏡ごしに、テレビを見ている弟に目線を送り、言った。

「おい、お前、もういい加減にしろ。ここはホテルじゃない」

永山は一瞬、凍りついた。次男は念を押すように続けた。

「ここは旅館じゃない。そろそろ自分の稼ぎでやってみろ。もう、ここには来るな」

そう言ったきり、小さなセカンドバッグを小脇に抱えて出て行った。それまで何かと優しく接してくれていた次男の恋人Nも部屋にいたが、何も言ってくれなかった。Nも次男の後を追いかけるようにして姿を消した。その日、二人は帰らなかった。

永山は最近、Nの視線が急に冷たくなったように感じていた。沖仲仕で汚れた服を部屋の隅に置いていても、前のように洗ってくれなくなっていた。袋を開けてみると、服は腐ってカビが生えていた。その頃のNはNで、別の事情を抱えていたことを永山が知るはずもない。次男は、Nとは違う飲み屋に勤める若い女と付き合い始めていた。Nは次男を繋ぎとめるのに必死だった。もう永山どころではなかった。この七ヵ月後、次男とNは二年あまり続いた同棲関係を解消することになる。

ひとりになった永山は、ふと気付いた。ここ最近、沖仲仕の稼ぎが減って自分が食べるだけで精一杯で、次男に金を渡せなくなっていた。しかし、次男にはこれまで随分、沢山の金を渡してきたつもりだった。つい先月も次男に頼まれたからこそ、大嫌いな長男にまで何度も有り金をはたいて渡してやったのに。しかし、もう来るなと言われればどうすることも出来ない。

兄弟の中でただひとり、頼りにしてきた次男に拒絶されたことは辛かった。次の朝、荷物をまとめてアパートを出た。

永山　それからほとんど、横浜とか川崎の路上で寝るようになったんだ。通る人がね、「この橋の下！」って言ってさ、クラゲをバーンッて俺の顔に投げつけたりするんだよ。そうするとヒリヒリして痛いんだ。だからどっか目につかないとこ探して、穴、行ったよ、穴。桜木町のあたりに、いっぱいあるんだ、防空壕、昔の。中が寒くてね、ヒンヤリしていて、ちょっとおっかないんだけど。あとはね、大勝館の通路に新聞紙、敷いて寝たりね。でもあそこ、必ずやられちゃうんだ。ポケットの金とか、ナップザックに入れてても必ず盗まれちゃうんだ。
俺、映画館っていうのは寝るとこだって思ってたから。もうエロ映画とか観てもね、そんな感情、全然、湧かないんだ。とにかく俺、布団に寝たかったのね。それで布団代、布団代って何とかしようって思ってやるんだけど、また使っちゃう、パチンコとか。もう身体が疲れてクタクタでね、何にも出来ないんだ。どこか休むとこ休むとこ、怒られないで休むとこって……。その頃、顔、見たら大分、痩せてたよ、ミイラみたいにね……。

永山は、完全なホームレスになっていた。これまでのように帰る場所がないことは彼を追い詰めた。まるで自分は「糸の切れた凧」のようだと思った。行く当てもなく、ただ空をフワフワ、フワフワ飛んでいるだけ。

路上や映画館で寝起きしていると首や肩がガチガチになり、昼間も頭がボーッとした。沖仲仕の仕事も、それまでのように真剣にはやらなくなった。いや、出来なくなった。なるべく目立たないよう、他の大人たちと調子を合わせ、手を抜いた。時々、現場を仕切る屈強な男に手抜きが見つかって、ひどく殴られた。だが不思議なことに、殴られても痛さを感じなくなっていた。

八月の終わり頃、また横須賀に行ってアメリカ軍横須賀基地に侵入してみた。深い意味はない。ただ憂さ晴らししたいと思っただけだった。

三度目の侵入は、捕まらなかった。基地の中の建物に入り込み、ロッカーの中から「ウィンストン」という銘柄の外国の煙草を五箱、盗んだり、火薬置き場に置いてあったケネディコインも盗んで帰った。盗んでやったと思うと、ほんの少し気が晴れた。

いつしかパチンコが、淋しさを紛らわすための道具になった。映画に飽きればすぐパチンコ。この繰り返しで、稼いだ金は片っ端から消えていった。

夜、独りでいるとドッと淋しさが押しよせてきた。このまま秋になって、寒くなったらどうしようかと不安ばかりが募る。港の仕事は冬になると極端に減る。加えて、農閑期の田舎から出稼ぎ農民が大勢やってきて、働き口はますます減ってしまう。見慣れた沖仲仕の顔ぶれも、少しずつ南の方へ移動して見えなくなっていた。この冬はもう次男のアパートには泊まれない。そんな時、永山の頭に浮かんでくるのは兄たちでも母でもなく、電車の中で行き倒れて死んだ父の姿だった。

永山　夜になるとね、淋しくなるんだよね、なんつうか……。周りにいる人、歯無かったりね、ちょっと頭が弱いような貧乏くさいっていうか、そういう人ばっかりでしょう。俺、親父の影、追ってたもんね。それで、おじいちゃんみたいな人とばっかり話してたんだ。親父のような者と話がしたくて。みんな、新聞紙にくるまって寝ちゃうんだ、汚いよ……。こんな中に親父、死んでいったのかなあって思って。

それで俺、「親父のようにはなりたくない」って思っちゃったんだよね。「あなったら終わりだ」って。それで、「親父のようには死にたくない」って、親父が一〇円持って死んだっていうから、それが非常におっかなくて、いっつも一〇〇〇円くらい持ってたよ。独り……、っていうか、ずんずんずんずん、独りになっちゃったんだよね。横浜のね、山下公園にいつもウロついてる女の乞食がいてね、四十何歳くらいのね。それで一二歳くらいの女の子、連れてるんだ、乳母車でね。それで朝、仕事に行く時、よく見てたんだけど、ゴミ箱、あさってるんだ。『カラマーゾフの兄弟』のスメルジャコフの母親、思い出してね、彼女、乞食だったでしょう。だけど俺、金、やりたくてもやれないって思ったよ。俺自体も多分、野垂れ死にだって……。

九月も終わる頃、永山は一度だけ、桜木町の駅の近くの水道で洗濯をして、精一杯、身なりを整えてから東横線に乗って渋谷に出た。西村フルーツパーラーを見たいと思った。いつものように遠くから覗くだけのつもりが、偶然、永山と同じ時期に西村を辞め運送会社に転職していたYが来ていて、目ざとく永山の姿を見つけた。

「あ、永山が、来た!」

彼はそう叫んで、こっちに呼びに来ようとしたが、永山は走って逃げ出した。もう、彼らとは違うところに落ちてしまったという引け目があった。近況を話せるはずもない。再び横須賀の米軍基地に侵入して拳銃を見つけるのは、この一週間後のことだ。

永山が連続射殺事件に至る、ここまでの経緯を語り尽くしたのは、昭和四九年（一九七四）三月一四日のことである。

石川医師が残していたカルテには、この日、録音テープが切れた後、部屋を出る間際に永山がつぶやいた言葉が二行だけ記されていた。

〈四時半ｐｍ終了時、「こんな話をしても、分かってくれるかなあ。無理じゃあないかなあ」と目のまわりを赤らめ、涙ぐんでいた。〉

第六章　絶望の果て

1

永山則夫は頑ななまでに、そのことを語ろうとしてこなかった。

四件の連続殺人事件の、動機である。

「金が欲しかったんだな」

逮捕直後の取り調べで、刑事の言葉に頷いた。

「一度、刑事に話した。これ以上、喋らない」

検事にも裁判官にも弁護人にも、同じ言葉を繰り返した。

調書に記載された犯行の動機は、四件の事件とともに「金ほしさ」とされていた。子沢山の貧しい家に育った不登校児。大都会に放り出され、沖仲仕の仕事に疲れ果て、金も尽き住む場所もない。果てに「金ほしさ」で事件を起こした。誰もが納得する、もっともらしい筋書きだ。被告人の罪状に「強盗殺人」という冠がついた以上、「金ほしさ」でなくては困るという当局の事情もあった。

しかし、二ヵ月にわたり永山と向き合ってきた石川医師は、事件には何か別の事情があることを予感していた。面接から浮かび上がってきたのは、言いたいことも言えず、いつも何かに脅え、傷ついて逃げてばかりいる気弱な少年。金銭にも、さほど執着はなかった。不器用なまでに真面目に働き、やっと稼いだなけなしの金も兄やその女たちに貢いでいた。もちろん、繰り返される逃避や当てつけ行動はもはや病的な域に達していたし、彼を包んだ絶望感は、人として真っ当に生きていく上で危険水域に達していたことは間違いない。

しかし、事件は罪のない市民を次々と四人も無差別に殺していった連続殺人である。

永山は、「金のため」だけに冷酷な殺人鬼と化したのか。事件の全容を知るためのパズルのピースには、決定的な何かが欠けていた。不可解な連続殺人と、一九歳の少年とを繋ぐ入り口を開けるには、まだ別の鍵が必要であるように思えた。

それまでの面接で、永山は自分に不利になることまで仔細に語ってきた。石川医師もまた、誠意と時間を尽くして彼の話に耳を傾け、問われたことに出来る限りの対応をし信頼関係を築いてきた。カウンセリングは、より核心へと近づいてきている手応えがあった。

永山が、これまで避け続けてきた自らの犯行について一体どこまで本音を語るのか、それとも、これまで同様、拒否するのか、面接はまさに正念場を迎えていた。

昭和四九年(一九七四)三月一九日、永山は、四度目のアメリカ海軍横須賀基地への侵入について語り始めた。それは、彼が小さな拳銃を見つける日のことである。

永山 それまでは消防学校とか機雷置き場しか入ったことなかったんだけど、家(基地内の海軍兵曹の自宅)に入るってのは、初めてだったんだ。食べ物、探してたんだ。でも冷蔵庫、開けたら何も入ってないんだ。それで、寝室のベッドで寝てたんだ。そろそろ明るくなってきて人の声とかも聞こえてたけど、寝たいと思ってて、でも寝れなくて……。仕方ないから、めぼしい物、持ってこうと思ってタンス、下の段からズンズン、開いていったんだ。三段目がハンカチだった。やってたらね、下に固いもん見えたわけだ。厚い白い

石川　ソックス、あるでしょう、あれに入ってたわけなんだ。で、こうやったら弾が全部、落っこちてきて、おもちゃかと思って信じられなかったんだ、ピストルだってこと。それでこうやって見てね、とにかく本物みたいなんだ。それで五〇発とか、弾、全部入れて出てきたんだ。

永山　大きさはどのくらいだった？

石川　俺の手の平くらいのもんだ、こんなもん。

永山　一〇センチくらいか。本物と分かった時は、どうだった？　怖くなかった？

石川　ちょっと、嬉しかった。宝物を見つけたっていうか……、

永山　宝物？

石川　やっと巡り合えたっていうかね、探してなかったんだけどね、なんか、自分が欲しいものに行き当たったっていうか、ああいう気持ちなんだ。

永山　運命的な出会いか？

石川　……それはまずいけどね、そんなこと言うと、人、殺しちゃってるから……。怖いのと同時にね、なんか、動悸してたよ。今までずっと苛められてきたでしょう、だから、これ持ってたら強いんだっていう、自分が強いんだっていう……。

石川　昔の木刀みたいなものか？
永山　うん。
石川　やられっぱなしで、中学の頃、木刀を構えたでしょ、自分が強くなったっていう、ああいう気持ちかい？
永山　うん、重いしね。

白い象牙の銃把を持った小さな拳銃は、とても美しかった。食べ物を探しに入った少年は〝宝物〟を手に入れた。

かつて妹と姪を殴りつけ、自信をつけた木刀。その木刀と同じように、拳銃は少年に自分が強くなったかのように錯覚させた。それは、不安いっぱいのまま乗り込んだ集団就職列車で、盗んだワシの絵のシャツを身にまとった時の気持ちにも似ていた。だが木刀もシャツも、その威力は長くは続かなかったことを少年が思い出せるはずもなかった。

四度目の基地侵入で手にした拳銃は、永山を、そして罪のない人々を悲劇へと誘っていく。

永山が拳銃を盗んだ日にちは、裁判では特定されていなかった。彼がほとんど詳細を語らなかったためだ。石川医師の調べによると、それは一〇月八日頃と推定された。第一の事件を起こすまで丸二日、永山は拳銃と弾丸を桜木町駅前のガレージの塀のそばに埋めておいた。

この日の面接を終えた夜、永山は日記に次のように記している。

三月一九日（火曜日）

問診はピストルを持った前後まで話す。〝**これ**〟に対して、この野郎と思う気持ちが〝**今**〟ある。どうしようか。（注・日記では太字部分を強調して書いている）

〝**これ**〟とは、まさに彼の事件の動機を指している。石川医師にすべてを話すべきか否か、永山はギリギリまで迷っていた。

2

昭和四三年（一九六八）一〇月一〇日、木曜日。祝日。

朝早く、目が覚めた。その日は沖仲仕の仕事もなかった。拳銃を埋めた駅前へと向かい、こっそり掘り起こしてポケットに忍ばせた。〝宝物〟を持っていたかった。東横線に乗り、渋谷駅からバスに乗り換え、次男が暮らす池袋に出てきたのは午前一〇時頃のことである。

「兄貴に会いたい」

だが、また拒絶されるのが怖かった。アパートの鍵の在り処は知っていた。鍵は二つあり、一つは次男の恋人のNが持っている。もう一つは、たいがい玄関の上に取り付けられた部屋番号「六号」と書かれた木の板の裏側に置かれることになっていた。次男がパチンコに出かけた後の時間を見計らって、その鍵を使って部屋に入った。テレビをつけ、買ってきた駄菓子を食べ、西部劇のように拳銃を右手の人差し指でクルクル回して遊んだりした。〝宝物〟を手にして、どこか気持ちが大きくなっていた。

昼過ぎにアパートを出た。近くで昼飯を食べ、ひとりボウリングをやった。それからまたバスに乗って、渋谷の宮下公園の停留所で下りた。明治神宮の森を散歩したり、芝生に横になってボケッとしたりした。渋谷は上京して最初に住んだ場所だ。懐かしい西村フルーツパーラーの記憶とも重なって好きな街だった。

祝日の昼下がり、どこも人が多かった。雑踏を歩いていると、奇妙な感覚に襲われた。行き交う人たちの顔が目に入ってこないような不思議な感じ――。それは、例えば山手線に乗って外を見ている時、目の前を反対回りの電車がすれ違うような感じと似ていた。向こうの電車に乗っている人の顔がスピードに流されてはっきり見えない、そんな風なのである。

そのせいだろうか、楽しそうなアベックな親子連れがいても、いつもほど淋しくならなかった。俺にはポケットの中に友達がいる。心強い感じがした。渋谷駅前の西村フルーツパーラーをこっそり覗くと、可愛がってくれたS部長の顔がチラリと見えた。

ブラブラ歩いているうちに腹がすいた。蕎麦を食べ、ふと気が付けば時計は午後七時をまわっている。よほど、このまま東横線で横浜に帰ろうかと思った。しかし、「拳銃を持っているのに何もしていないような気分」になり、渋谷からバスに乗り、今度は六本木へ向かった。六本木なら「六本木族」がいるはずだ、金持ちのドラ息子たちが遊んでいるに違いない。もし自分を馬鹿にするヤツがいたら、これで脅してやる。今まではやられっぱなしだったが、今度はそうはいかない。

ところがその日、夜の六本木は「田舎みたいにガラン」としていて、永山を拍子抜けさせた。

遠くに東京タワーが見えた。その明かりの方へ歩いて行ったが、ソ連大使館を越えたあたりから眠くなった。一日中さ迷い歩いていたからだろう。いつの間にかボウリング場の近くにあるベンチに腰掛けたまま寝込んでしまっていた。それからどのくらい寝ていたのだろうか、目が覚めると周りには誰もいなくなっていた。街は「シーンと静まり返っていた」。寒くて、心細かった。東京タワーの明かりも消えていた。再び、とぼとぼ歩き始めた。

東京に出てきて間もない頃、三男に連れられて東京タワーに上ったことを思い出した。上から見たホテルの青いプールはキラキラして綺麗だった。あそこへ行ってみよう。

東京プリンスホテルのフェンスをよじ登り、敷地に入った。もう、横浜への最終電車も出てしまっただろう。今夜はここで寝場所を探すことにした。

すると突然、足音が近づいてきた。次の瞬間、正面から懐中電灯で顔を照らされた。大きな男が、ホテルの明るい常夜灯を背に仁王立ちになっている。逆光で顔が見えない。帽子の形から警察官だと思った。

「どこへ行くんだ!」

「向こうへ行きたい……」

「向こうへは行けない、ちょっと来い！」

不幸な偶然は、いつも重なった。その日の夜、ホテルの従業員の宿直部屋に男が無断で侵入して寝ていたという出来事があった。見つかった男は逃げ出し、警備員はピリピリして警戒に当たっていた。

永山はその場から立ち去ろうとした。しかし、警備員は放してくれない。

永山　逃げようとして、ジャンパー、後ろから摑まえられて、それで、俺、転んじゃったのね。その時、拳銃、ポケットから落っこちちゃったの。それで俺、慌てちゃって……。懐中電灯で顔、照らされて、後ろにホテルの光、あって、よく分からないんだ。相手の顔、全然、見えないんだ。帽子がおまわりに似てて。

〝警察官〟から逃れたい一心で、咄嗟に拳銃の引き金を引いた。

一発、二発、三発――、夢中で撃った。相手は倒れず、黙って立っている。その奇妙な様子が怖くなって急いで走り出し、ふり返ると男はばたりと倒れた。警察官なら二人組のはずだ、もうすぐ片割れがやってくる。怖かった。がむしゃらに走って逃げ出した。

3

三日後の一〇月一四日、月曜日、京都。

どうして、ここまでやって来たのか、分からない。

ただ死ぬ前に、映画で観た綺麗な京都の町を見ておきたかった。小田原まで切符を買って、そこからずっと無賃乗車で来た。途中、東海道本線は岐阜の山の中にある垂井という駅を通った。親父が野垂れ死んだと聞かされた場所。だが、窓の外には穏やかな山々と黄金色の田んぼが広がるばかりで、かつて、そこで死んだ男がいたという跡形すら残していなかった。

三日前、プリンスホテルで男を撃った翌朝、どうしていいか分からず、とにかく池袋の次男のアパートに駆け込んだ。兄貴はいなかった。いや、いなくなる時間を見計らって、街で徘徊しながら待っていた。テレビはつけたが、何をやっていたのか覚えていない。「ただボーッとして部屋の中をグルグル歩いたり、横になったり」していた。

再び外に出ると、見慣れた猥雑な風景が広がっていた。軒先にかかる洗濯物も、ガレージの壁に貼られたチラシも立ちんぼうも、みんないつものまま。だが自分だけ、これまでとは違う場所にいた。もう引き返せないところまで来てしまっていた。

池袋駅までの道を遠回りして、Nが勤めている喫茶店ウィーンのそばを通った。行き交う人ごみの向こうに、忙しく動き回るNの姿がチラチラ見える。あそこにも、もう戻れない。これまでのように「レイミー」と頼んで座ることも出来ないのだと未練を断ち切り、汽車に乗った。

永山　あの人……、最初、倒れなかったでしょ。鉄砲っていうのは、当たったら、もっと血がドッと出るものだと思ってたから、俺、まだ半信半疑だったのね。それで一晩、公園の近くの寺で寝て、起きて新宿かどっかで新聞、買ったら、「死亡」とかなんとか書いてあってね、それで「どうしよう」って思って新聞、捨てて、兄貴のアパート行ったんだ（記事は別の死亡事故だった）。それまでは何かデッカイことして少年院でも何でも入ってやろうと思ってて、でも、人を殺すとか、人を殺すとか……、拳銃で人を殺せるとは、思ってなかったのね。まだ「当たらない」って思ってて、あんな小さな弾で……。どうしていいか分かんないで、ただ、ボーッとして……。

京都に着いた永山は、ひどくガッカリしていた。映画で観たような美しい場所は見当たらず、目につくのは古びた寺や神社ばかり。中学校の頃に遊びに行った弘前の町と、さほど変わらなかった。

仕方なく、また映画館に入った。手持ちの金も残り少なく新作はよした。古い外国映画を選んで席に座ると、『道』(イタリア、一九五四年)という映画をやっていた。主人公は、海沿いの貧しい子沢山の家に生まれた少女、ジェルソミーナ。母親に身を売られ、町で大道芸人として生きていく。信じていた男に裏切られ、路上に捨てられ、最後にひとり死んでいく。この映画には、たとえ路傍の小さな石であろうとも、その一つ一つには存在する意味があるのだというメッセージも込められている。しかし、十分に絶望しきっていた永山の心に、人生を肯定するそのメッセージが響くはずもなかった。惨めに生きながらえ、そしてただ野垂れ死んでいく哀れなジェルソミーナ。それはまるで自分だった。

続いて、『ニュールンベルクの戦犯　13階段への道』(西ドイツ、一九五七年)が始まった。陰鬱な映像が延々と続く。ストーリーはほとんど覚えていない。大きな画面に処刑台の一三階段が映され、気持ちはさらに落ち込んだ。人を殺した自分も死刑になる、こうやって吊るされて死んでいくのだ——。

映画館を出ると、それでも腹はへった。人を殺しているのに奇妙だった。自分はまだ生きているようだと思った。蕎麦屋に入ったが、店の女が自分の悪口を言っているような気がした。こっちを見て、「ヘンな男」と言っているように聞こえた。最後の一滴まで汁をすすると、すぐに店を出た。

京都の町で嬉しかったのは、あの乞食に出会ったことくらいだ。野宿をする場所を探して鴨川のほとりを歩いていると、乞食がいた。小さな掘っ立て小屋のそばで、魚を焼いていた。京都は寒かった。日が落ちてから、さらに冷え込んでいた。

「火に当たっても、いいですか」

乞食は何も言わなかったが、永山が近づき、その手を火にかざしても、怒らなかった。

「それ、食べるの？」

何を聞いても返事はなかった。だが、否定されなかったことが嬉しかった。

深夜をまわり、八坂神社の境内に歩いて入った。

特に、そこが神社だったからではない。闇夜にボンワリと灯籠が点いていて、その明かりにひかれて行っただけのことだ。寒かった。眠たくてしょうがなかった。とにかく「寝るとこ寝るとこ、風にあたらず休める場所」と思った。石段を上って境内に入ると、あたりは急に暗くなり、しんと静まり返っていた。本殿の下にもぐりこんで寝ようと思った時、突然、後ろから大きな声が響いた。

「どこ行くんや!」

びっくりしてふり返ると、光の輪の中に男が立っていた。

懐中電灯。

この間の警察官だ、幽霊だ、一瞬、慌てた。

「あっち、行く」

首から大きな財布をぶらさげた、体格のいいおじさんが道をふさいだ。

「向こうは何もない、おかしいやないか、お前、どっから来た」

逃げ出したい一心だった。脅かすつもりで持っていたジャックナイフをズボンのポケットから取り出して、おじさんに向けた。

「ぼん、そんなことしても、あかん。そこの交番、行こう」

この人は、警官じゃない。なのにどうして、こんなにしつこいのか。怒りのような気持ちがムクムク湧いてきた。交番に行ったら東京のことがばれてしまう。どうしてもここから逃げ出さなくては。今度はジャンパーのポケットから拳銃を出し、構えた。だが、おじさんは全然たじろがない。

「あかん、あかん」

おじさんはさらに近づいてきた。

「交番、行こう」

手を摑まれる寸前、目をつぶって引き金を引いた。命中した。だが、おじさんは倒れない。突っ立ったまま何かブツブツ言っている。夢中で二発、三発、続けて発射した。おじさんは、まだ立っている。四発目、やっと倒れた。

「こっちの方や――！」拳銃の音がした！」

遠くから二人の警察官がこちらに向かって走ってくるのが見えた。反射的に後ろの茂みに飛び込んだ。

「どこや、どこや、まだ近くにおるぞ！」

「まだ息がある！　誰だ、こんなことやったのは！」

「撃つぞ！　撃つぞ！」

茂みのすぐ向こう、二、三メートル先で警察官たちが大声で叫んでいる。彼らの靴が目の前を行ったり来たり。手を伸ばせば届きそうな距離だ。もう見つかる、このまま撃たれて死のう。観念して小さくなり、じっと目をつぶっていた。すると間もなく、彼らはどこかに行ってしまった。

鴨川の岸辺でひとり、膝を抱いていた。

遠くにパトカーのサイレンが鳴り響いている。川向こうの色とりどりのネオンが川面に反射して、ゆらゆら光って綺麗だった。

「二人、殺してしまった。今度は自分が死ぬ番だ」

その日の夜は、川岸で体を縮めたまま一睡も出来なかった。

次の朝、行く当てもなく東京行きの汽車に乗った。途中、小田原駅で降りて、箱根へ行こうと思った。箱根ならひとけのない湖あたりで自殺できるかもしれない。だが一〇月は観光シーズンの真っ只中、町は人であふれかえっていた。路線バスの一番後ろの席に座り終点まで行ってみたが、どこまで行っても死ねそうな場所は見つからなかった。

一晩、箱根の山で震えながら野宿して、次の朝、始発の小田原で新宿に向かうことにした。電車に乗る前、駅で恐る恐る新聞を買って開いてみた。

「連続、射殺、事件」

大きな見出しが目に飛び込んできた。記事のあまりの大きさに驚いて、新聞はすぐさま投げ捨てた。プリンスホテルの人も死んでいた。やはり自分は間違いなく二人を殺してしまっていた。

「兄貴のところへ行こう」

もう、死ぬしかない。だがその前に兄弟の中でたったひとり、面倒を見てくれた兄貴なら俺の話を聞いてくれるだろう。兄貴にだけは、この世の最後に、今のこの苦しい気持ちを打ち明けたい。たった一言、慰めてほしかった。それで、死ねる。

石川医師は、まっすぐ、永山則夫の顔を見つめていた。

俯いたままのその顔は、視線をずっとテーブルの隅の方にやったまま動かない。

東京、そして京都――。永山は、聞き取れないほど小さな声でぽつり、ぽつりと静かに、だが極めて詳細に語った。二つの現場で起きた出来事を語るのに、三日かかった。そこに見えてきたのは、ただ逃げようとして発砲し、破滅へとひた走る、脅えた少年の姿。彼はなぜ、これまで事件の動機を「金ほしさ」と断じた供述調書に逆らわなかったのか。

永山　捕まってから、刑事にね、どうして金持ちやったのかって聞かれたんだ。プリンスだからね。でも大分、突発的に起こったでしょう、対象がなかったもんね、あの人が憎いんじゃない。たまたまあの人が来てそれでこう、ばったり行き会って怒らせたっていう。でも、「ただそれだけじゃあ動機とは言えない」って刑事が言ったんだよね、それで、ああなっちゃったんだ……。どっちでも俺が殺《や》ったってことは同じだから、これでいいんだって……。

石川　あなた、恐怖心と逃げたいっていう気持ちと、どこか憎らしさと、そういう気持ちでやったでしょう？　うん。で、今度、函館と名古屋は、違うんだね？

永山　違うんだ……。

西日が傾き始めた診療室で、録音テープは静かに回り続けている。

4

その日の朝早く、新宿駅に着いた。

通勤のサラリーマンたちの波にもまれながら池袋駅で降り、次男のアパートの前に立った。入るべきか去るべきかオロオロしていた。暫くの後、部屋の前まで行き、恐る恐る玄関の木戸を開けた。すると、部屋には次男とNがいた。Nはちらりとこちらを見たが、何も言わず化粧を続け、「じゃ」という短い一言を残して、そのまま部屋から出ていった。

やっと次男がこちらを見た。無言で立っているジャンパー姿の弟は、いつにも増してひどく汚れた身なりをしていた。またオールナイトで沖仲仕をやったまま着替えずに来たのか。次男は、弟の足先から頭のてっぺんまで、まるで汚いものを見るような目でジロリと眺めた。

「またお前か……、いい加減にしろ……」

弟は、無言で突っ立ったままである。

「うちはホテルじゃないって、言っただろ」

次男はくるりと背を向けて、Nが使っていた三面鏡に向かって髪をとかし始めた。

「もう、来ないでくれ」

暫くの沈黙の後、弟がやっと言葉を発した。

「分かった、来ないよ……。その代わり、一万円、くれ」

次男は、怒りそのままに弟の方をふり返った。

「そんな金、あるわけないだろ！　いい加減にしろ！」

「一万円、必要なんだ」

「一体、なんに使うんだよ！」

「俺、網走に行くんだ」

「何、言ってんだ、なんでそんなとこ行くんだよ！」

「俺、死にに行く」

「冗談やめろ、お前、俺をゆする気か？」

次男は、何を言っても分かってくれそうになかった。

「俺、人、殺してきた……」

「……冗談だろ？　お前、いったい何、言ってんだよ」

「今朝の新聞に出てる。東京と、京都の……」

次男は思わず、櫛を持っていた右手を止めた。二つの事件のことは、つい昨晩、「11《イレブン》ＰＭ」という深夜番組で詳しく特集していたのを見たばかりだった。次男は窘めるような、探るような低い声で続けた。

「お前、嘘だろ、まさか、お前じゃないだろ。嘘つくなよ。ほんとにお前が犯人なら、ピストル持ってるはずじゃないか」

「東京も、京都も、俺がやった。ピストル、このバッグの中に入ってる」

次男の供述調書より（愛宕警察署）

則夫は、いつもと同じ汚れた薄茶色の紐の付いたナップザックを持っていました。そこから弟が取り出した拳銃は小型で長さ一三センチほどの黒っぽい色で銃口の先を広いガーゼのような布を巻き、輪ゴムで止め、握るところは白っぽい色をしていました。弾は、森永エールチョコレートの黄色い空箱に入っていて、長さは一センチもない、小さい金色のようなのが何発かあり、それを出して私に見せました。

「なぜやった」と聞くと、「寝ようと思っていたら、ガタガタ言うのでやってしまった」と言うのです。

「このまま警察に自首しろ、俺たちの立場も考えろ」と言いましたが、則夫は、「兄貴もこれまで何度も警察に行って知ってるだろう。警察に行くより自殺したい」と泣くのです。

永山　兄貴ね、大分黙って、拳銃、見てたけど、「なんで殺したのか」って言うんだ。それで俺、「向こうから、かかってきたんだ」って言って、俺、少し泣いてね、涙、こぼれてきたんだ。何も言葉が出てこなくて……。そしたら兄貴、「泣いても仕方ないじゃないか」って。
兄貴、おふくろのこと言ったんだ。「おふくろ、どうするんだ」って……。俺が、「おふくろは、飯、食わせてくれただけだ」って言ったらね、兄貴が「バカやろう！　みんな苦労してるんだぞ！　おふくろのこと、みんな恨んでるんだ、お前だけじゃない！」って、そう言うんだ。だけど、俺、怨む気持ち、まだあってね。「三男みたいになったらいいけど、俺はそうじゃない」って、「兄弟で俺だけ駄目なんだ」って、そういう状態で泣いてたんだ……。

石川　そうか……（溜息）……涙を流したのは、兄貴がお母さんの話をした時なんだな？

永山　うん……。

石川　それで泣いて、兄貴も分かってくれないっていう気持ちと……。

永山　兄貴、「ピストル、置いてけ」って言うんだ。俺、「北海道に持っていく」って言って……。もしあの時、無理に取り上げられてたら、俺、渡してたかも分かんない。

死ぬ前に、兄貴だけはとすがっていった弟と、そんな弟に向き合った次男との間には、乗り越えがたい相異があった。そのことを、次男の供述調書は如実に物語っている。

次男の供述調書より

私は、これ以上やられたら困ると思って、則夫から拳銃を取り上げたところ、「やめてくれ、兄貴だって勘弁できない、俺は最後まで持っていたい」とものすごい剣幕になり、その時の顔はすごく、すぐに取り返されたのですが、私も恐ろしく、それ以上、取り上げることもせず、「金を作ってきてやるから待ってろ」と言ったところ、「兄貴は警察に行くんだろう、ここに居るのは嫌だ」と言うので私の友人と顔を合わせない場所がいいだろうと思って、一緒に池袋駅の西口にあるサンチェという喫茶店の一番奥のボックスの席に待たせて金を用意しに行ったのです。

このまま則夫が捕まったら、私も共犯で捕まると思い、「このまま死んでくれたら」と思って、悪いことは承知で現金を渡してやったのです。

永山　俺、兄貴に、「とにかく一万円くれっ」って、「睡眠薬、ハイミナールを探してくれ」って言ったんだ。「それ持ってきてくれたら拳銃と交換する」って言ったんだ。でもそんなの無理だって。で兄貴、「一万円はないけどとにかく金（Nに）つませる」って言ったんだ。それでね、「どうせ死ぬんなら、熱海でいいじゃないか」って言ったんだ……。「俺、網走で死にたい」って言ったら、それっきりになったけどね、「どうせ死ぬなら熱海で死ね」ってね……。もう、お前のこと嫌だっていう感じの言い方で、お前のことなんか知らないって……。

それで、八〇〇〇円位あったかな、貰ってから出ていったんだ……。その前、兄貴、「おふくろのとこには行くな」って念を押してね……。その時、別れ際にさ、兄貴、隣の人が新聞（『内外タイムス』の現場写真入り一面記事）、広げてるの見て驚いて、「お前、あんなに大きく出てるじゃないか。俺の人生、終わりだな」って言ってね、それで別れたの。

網走に向かう前に、身を清めようと思った。上野駅に着いてから、近くの散髪屋で頭を洗ってもらい、きちんと七三に分けてもらった。それから、アメ横でハイミナールを探して歩いた。だが、どの薬局もバファリンしか売ってくれようとしなかった。頭痛がひどくて効かないのだと言ってみたが駄目だった。睡眠薬での自殺は諦めた。網走に着いたら拳銃で自殺しようかとも思った。でも、殺人に使ったのと同じ拳銃を使うと犯人が自分であることがばれてしまい、「兄貴たちに迷惑がかかる」と思ってやめた。

身支度は整ったが、色んな理由を付けては上野駅を出発しようとしない自分がいた。踏ん切りがつかなかった。やっと青森行きの東北本線の鈍行に乗り、網走へと向かったのは夕方になってからだ。

それは、死出の旅路になるはずだった。

汽車の中はずいぶん混みあっていた。子連れの家族が大勢いて、ガヤガヤ騒いでいる。週末だったのかもしれない。いかにも遊びに行くのだと自慢するようなにぎやかな会話が無遠慮に耳に飛び込んでくる。こちらの席もあちらの席も、みな楽しそうだ。自分だけ、独りポツンといた。

永山　周りがすごく楽しそうなんだよね、それに反して自分は死にに行くっていうギクシャクした感じで。でも、「死にに行くんだからいいんだ」って、「周りが、どんな楽しそうでもいいんだ」って、勝とう、勝とうって思ってたんだよね。そうだね、生きるの諦めようっていう気持ちと、まだ何かこう、あったんだよな……。とにかく拳銃で死んだらいけないって、拳銃では自殺しちゃいけないっていうことだけは思ってたのかな、兄弟のこと、あるからね。それで網走港、行って、石、持って飛び込んでもいいなって思ってたんだよね。その時、拳銃、どうしようかって迷ったりしてね。行く前に拳銃、捨てようかとか考えて。あと、木にぶら下がってもいいかなって思ってたね。とにかく網走、行って、そういうことして死のうって思ってたんだ。その時は、あとから思うようなこと（人を殺そうという決意）、まったく無くて、ただ死ぬんだって、それだけ思ってた。そういう覚悟、作ろうとしてたのかな、まだグラグラしてたんだよね……。

次の日の朝六時頃、列車は終点の青森駅にすべり込んだ。

三年半前、東京行きの列車の前で、ひとり不安を抱え立ち尽くした駅の長いホーム。彼はそこで、母ヨシの姿を思い浮かべていた。

おふくろは今朝も、あの小さな板柳駅のホームから、朝一番の汽車に乗っただろうか。長屋の玄関の脇に置いてあるあの薄汚れたショイコに、リンゴ、いっぱい背負っているだろうか。青森駅に着いたら、おふくろはきっと市場にやって来る。そして、リンゴを売ったわずかな金で魚を買うだろう。金に困っていたら、板柳と青森を二往復するに違いない。雑踏にまぎれて、朝、会えなかったとしても、また昼過ぎにやって来るかもしれない。

そんなことを考えながら、駅のホームで生蕎麦を食べた。あったかくて、うまかった。胃の奥の方まで、じんわりと温もりが下がっていった。

駅前の市場は喧騒に包まれていた。一番列車で次々とショイコがやってくる。男も女も入り乱れ、めいめいに何か叫んでいる。みんな、目の前の自分の荷を売りさばくのに必死だ。永山は暫くリンゴ売り場のあたりをうろついていた。それから魚市場の方へ向かって歩いた。また腹がへってきた。すぐそばの屋台で、赤飯の握り飯を売っていた。木型で作ったのか、みな四角くて同じ大きさのものが並んでいた。それを買って、市場の隅に座り三つほど食べた。魚売り場にチラチラと目をやりながら握り飯を頬張っていると、苦い記憶が蘇ってきた。

永山 赤飯、食べながらね、あそこで大分、皮肉っぽくなっちゃったのかな……、おふくろのさ、「則夫行ったら赤飯炊いて喜ぶべし」っていうの思い出しちゃってさ、「ああそのとおりになっちゃったな」って。妹が言ってたんだよね、俺が上京する前、おふくろが言ってたって。それで、みんなからね……

（沈黙）

石川 俺が死んだら、みんな喜ぶだろうって思ったの？

永山 これで、兄弟の中の厄介者が一人、減ったなって思って。

石川 いつか、お母さんに赤飯のおにぎり買ってもらったってことあったよね、そんなこともあったね？

永山 ああいう思い出もあったけど、だけど、あの時よりも大人になってたみたい。思ったのはね、「則夫行ったら赤飯炊いて喜ぶべし」って。ああ、おふくろの言ってたこと、本当になっちゃったなっていう……。

昼の三時過ぎまで、ずっと市場の隅に座っていた。だが、母はとうとう現れなかった。目の前の青森駅から汽車に乗れば、母がいる板柳まで一時間半もあれば着く。「おふくろのとこには行くな」

次男が別れ際の喫茶店で言った言葉を、思い出した。

夕方、駅前の銭湯で冷えた身体を温めた。風呂を出て、拳銃を捨てるべきか迷った。このまま銭湯の棚に置いていこうと、一瞬、拳銃から手を離しかけた。しかし、途中で警察が来たらどうする、その時は撃ちあって死ぬんだ、まだ網走に着くまでは持っていなくちゃと、再びナップザックにしまい込んだ。

青森の駅は去りがたかった。ひとつ、ひとつ、捨てていく感じがした。

青函連絡船に繋がる桟橋を渡って船に乗り込んだ頃には、すっかり日も落ちていた。一〇月も、もう終わる。船に吹き付ける風は乾き切っていて、冬の匂いがした。客室には入らなかった。独りデッキで海を見ていた。

永山　連絡船の中でずっと起きてたよ……。何で今まで……、悲しかったなあ、あれ、何のために今まで生きてきたのかなあって思ってね……（沈黙）

石川　何のために生きてきたか、考えたの？

永山　兄姉のこと、考えてたね……。で、セツ姉さん以外の人、全部、憎んだね……。

石川　お母さんも、お父さんも？

永山　親父は分かんないけど。セツ姉さんっていうのは、俺にとっては帰るとこ。網走と、同じなんだよね……。

石川　優しさとか、母親らしさっていうのは、セツ姉さんなんだね。

永山　うん……（沈黙）……そうでもないけど、妊娠してから、おかしくなっちゃったから……。でも、もう、そこしかなかったんだよな、いい思い出って……。

石川　セツ姉さんと、海辺で貝を投げて遊んだね。

永山　うん……。あれは、札幌でおかしくなったんだ、兄貴の言葉なんだ。大分、迷ってたんだよね、（函館に）着いてから夜、色々考えたんだ、今まで何のために生きてきたのかなって……。で、思い出したんだ。兄貴のね、「どうせ死ぬんだったら熱海でもいいじゃないか」って、それで、なんて言うか、ものすごく、「この野郎！」って。その頃からね、思ったんだ。どうせ死ぬんだったらいくら悪いことやってもいいじゃないかって思い始めて、なんか、こう……東京、帰って、ピストル、ぶっ放してもいいんじゃないかって……。でも、そんな考え、ふり切ってね、網走に行こうっていう、まだ、そういう気持ちもあったんだよね。

一九歳の少年による、不可解な連続射殺事件。永山則夫はなぜ、あの時、あの場所で、あのような罪を犯すに至ったのか――。それを精神医学的に総括し、考察するための最も重要な糸口が、先の発言の中にあると石川医師は受け止めた。後に完成する石川鑑定の第七章「総括と説明」は、次のような文章で始まっている（傍点筆者）。

〈問題を解く手がかりは、まずさしあたり、則夫が東京プリンスホテルと京都八坂神社において殺人を起こした後、池袋で次男と気まずい別れをし、〝死の旅〟に向かうための青森行の列車以降で思い悩んだ事実に求められる。その時の気持ちを、則夫自身、「これ迄の生活の結晶点のように思えた。」と述べているからである。その時、則夫は、「二人も殺したから自分も死ななければならない。」と死ぬ覚悟を自分に言い聞かせながらも、「俺は何のために生きてきたのか。このまま死ぬのはくやしい。やりたいことを何一つ出来なかった。何か足りない。充たされない。何かに対して強いうらみが心の中でうずまいてどうしようもない。」と、まず強いうらみを自覚した。次いで、このうらみの原因を分析し、幼少時の家庭環境を真先に挙げている。鑑定人の調査でもこの犯罪の主因をなした則夫の恨みや憎悪は、人生早期の体験に根ざすことが諸事実から明らかにされたのである。精神医学的に見ても、則夫の家庭環境の分析は、則夫の犯行時の精神状態を解明するためにもっとも重要なる鍵を提供するものである。〉

第七章は続いて、これまで見てきたような永山家の系譜や永山本人の詳細な生育環境を分析していくのだが、ここで、前述の鑑定内容の中でも重要な傍点の部分に注目したい。

——何かに対して強いうらみが心の中でうずまいてどうしようもない

石川医師は永山の心にうずまいた「うらみの対象」を、敢えて「何か」と曖昧に記している。しかし、録音テープの永山は、そのうらみの対象が具体的に「誰」を指すのか、明確に語っている。青森へ向かう迄、彼は「拳銃で自殺したら兄貴たちに迷惑をかける」と言っていた。しかし、そのような兄たちへの配慮は、時の経過とともに全く異質なものへと変容していく。青函連絡船に乗り、自分の人生の意味について懊悩するうちに、永山はこれまで心の奥底に沈殿させていた憎悪を攪拌し始める。

――兄姉のこと、考えてたね……。で、セツ姉さん以外の人、全部、憎んだね……。

――兄貴のね、「どうせ死ぬんだったら熱海でもいいじゃないか」って、それで、なんて言うか、ものすごく、「この野郎！」って。

永山が怨んだ相手とは、「兄たち」である。

永山はこの時、取り返しのつかない罪を犯し、自らをも生と死の狭間に追い詰めていた。その彼が抱いた憎悪の矛先は、決して世間や社会、大人たち、貧困といった、曖昧で抽象的なものには向けられていない。後に大きく取り上げられることになるそれらの要素は、彼が獄中で学び獲得した知識により総括し、跡付けしたものにすぎない。

この時、この場所で、一九歳の少年が胸に抱え憎悪の炎を燃えあがらせていたもの、それは「家族」でしかなかった。その家族とは、遠くには自分を捨てた母であり、直接には、東京で求めては裏切られた兄たちである。

かつて私生児を作り、捨て、家族をさらに困窮させた長男。東京でもマージャン三昧で自分を無視し、馬鹿にし、最後にはひどく殴り飛ばした。アパートから放り出し、そして「どうせ死ぬなら熱海で死ね」と突き放した次男。大学出を鼻にかけ、幼い頃から自分を「キチガイ」と呼び、「田舎に返してしまえ」と言った三男。

三人の兄たちのうち、長男とは二年以上も前に縁が切れている。その長男は刑務所に入り、いわば自滅していた。永山の憎悪は、より近くに居て、頼っては見捨てられた次男と三男へと向けられていく。

末の弟が兄たちに抱いた憎悪が、どれほど真っ当なものかという議論は、ここでは無意味である。少年を殺人へと突き動かしていく動機、それは極めて個人的なものである。その正当性をめぐる第三者の評価も批判も、これから起きる悲劇には一切、無力なのだ。

5

少年がさらに重ねる、二つの殺人。そこに現れた心理を検証する。

函館に着いてから、第三の殺人を起こすまで、約一週間。

一〇月二一日　函館港から小樽を経由して札幌へ。一晩目は公園でダンボールにくるまり野宿

　　　　　　　二晩目は河原で新聞紙にくるまって野宿

一〇月二四日　網走に向かおうとするが逆方向の苫小牧へ着いてしまう
　　　　　　　自転車に乗り換え長万部へ移動、二晩ともにバスの停留場で寝る

一〇月二六日　長万部から汽車に乗り換えて、再び函館へ戻る

永山は何度も、「網走に行くんだ」と自分に言いきかせては汽車に乗る。しかし結局、函館と札幌の間を行ったり来たりして終わってしまう。

「それが列車を乗り間違えただけなのか、生きたいという思いで網走行きの汽車に乗れなかったのか、分からない」と永山は語っている。この間、夜は雨に濡れ、寒さに震えながらの路上生活。ぐっすり眠ることも出来ず、金も残り三〇〇〇円となり満足な食事もしていない。正気を完全に失っていた。

自転車で長万部まで辿りつき、再び函館に戻ろうと乗りこんだ汽車の中で、永山は

ある言葉を書き残している。いつも持ち歩いていた社会科学学習辞典の余白に綴られていた数行は、家族に宛てたものだった。

私の故郷（北海道）で消える覚後《ママ》で帰ったが、死ねずして函館行きのどん行に乗る
この one week どうしてさまよったかわからない
わたしは生きる
せめて二〇歳のその日まで
罪を、最悪の罪を犯しても、せめて残された日々を満たされなかった金で生きると決めた
母よ、わたしの兄弟、兄、姉、妹よ、許しを乞わぬがわたしは生きる
寒い北国の最後を
最後のと思われる短い秋で
わたしはそう決める

永山　とにかく、おふくろのことはもう、どうでもいいんだって。暴れるだけ暴れ

て死ぬんだって。それで今度、函館で殺し、やるようになってしまうんだ。理由は簡単だけど、あの当時、ギリギリだったんだ……。兄姉のこと、どうするんだって思ってね、迷ったんだ。兄貴にね、「網走で死ぬ」って言ってきたでしょう。兄貴に対する当てつけみたいな、俺は北海道に来たんだってていうね、北海道で殺したのは、その決意みたいなのがあったんだよね。兄貴に何か証明していくっていう……。
大分、迷ってたね。あの時、函館の広場にあったホロ付きのトラックで寝てね、すぐに連絡船、乗ろうと思えば乗れたんだ。でも決意っていうか、兄貴に対する当てつけみたいなのがあったんだ。憎しみ、大分、あったよ、兄姉っていうか、○○○（次男の名前）……、○○○（同）があって、それで、兄姉のことね、もうどうでもいいって思ってね。

石川鑑定　第四章「犯行時の状況と精神状態」より
〈決意を固めさせたのは、最後の相談相手として選ばれた次男が、「どうせ死ぬなら熱海でいいじゃないか」と則夫の気持ちを逆なでする様に言ったことに対する憎しみと当てつけでもあった。当てつけというのは次男が「どうせ死ぬなら手間をかけさせずに死ね」と言ったことに対し、則夫は逆に、「どうせ死ぬなら大暴れして手間をかけさせて死ぬ」ことで次男に当てつけてやることだと考えた。この時、則夫は、相談相手にもなってくれず、かえって自分を厄介者視し見捨てた親、兄弟、ひいては社会全体に対して憎悪の塊と化していた。〉

幼い頃から少年がとってきた〝当てつけ〟行動は、今まさに最悪の形で繰り返されようとしていた。

永山は駅前の交番を避け、駅から少し離れた路上でタクシーを待った。すると、函館山の方向から空車らしき車が向かってきた。手を上げると、タクシーは本当に彼の前で停まってしまった。乗り込むと、中は暖かかった。

「どこ、行きますか？」

「七飯《ななえ》」

七飯。中学三年生の時、大沼公園に遠足に来た時に知った地名だ。函館駅から北に約二〇分ほどの小さな町である。

運転手は大人しい人で、余分なことは何も喋らなかった。これまで殺した二人のように、自分を怒らせたりもしなかった。迷った。どうしたらいいのか、引き返すのか。迷いを断ち切るように、永山はぎゅっと両目をつぶり黙っていた。そうして一〇分は走っただろうか、トンネルを越えて運転手が言った。

「もう、七飯ですよ」

「あっ、右へ曲がって下さい」

運転手が自分の言うとおりに動いていくのが不思議に思えた。永山の目は、もうしっかりと見開いていた。ジャケットの内ポケットにおさまっている拳銃に手をやって、それが確かにあることを確認した。

緩やかな上りの狭い砂利道で、車体がガタガタ音を立てて揺れる。周りは畑ばかり、その先には小さな民家の明かりが見えるだけだ。一〇〇メートルほど走った所で、運転手は進行方向を見つめたまま少し怪訝そうに聞いてきた。

「どの辺ですか？　ここですか？」

怪しんでいるような声色に、ばれた、と思った。

「停めて下さい！」

車が停まるやいなや、後ろから運転手の頭をめがけて引き金を引いた。

運転手は何も言わなかった。もう一発、撃った。すると車が坂道をガタガタガタ、と音をたてて後退し、後ろの石垣にぶつかって止まった。

激しい衝撃の後、車から逃げ出そうとした。ドアが開かない。慌ててシートとシートの間から前の席へと移った。運転手はグッタリとして動かない。ダッシュボードの下に置いてあった小銭入れを鷲摑みにした。横目に、運転手の左ポケットから紙幣が剝き出しで入っているのが見えた。それも抜き取って一目散に走った。後から数えると八七〇〇円、あった。

遠くで犬の吠える声が、こだまのように響いていた。

それから一〇日後の一一月五日、火曜日、名古屋。

永山は函館でやったのと同じように、深夜、タクシー運転手を撃ち殺した。そして七二〇〇円と、運転席の横に置かれていた壊れた腕時計を盗んで逃げている。

函館では、犯行に至るまで一週間の自問自答と放浪を要した。しかし名古屋は、着いたその日の夜に犯行に走り、翌朝すぐに立ち去っている。まるで名古屋で、何らかの目的を果たしたかのように。

第四の殺人はなぜ、名古屋でなくてはならなかったのか。

警察や検察から幾度となく、名古屋の意味を問われてきた永山は、「横浜の沖仲仕の仕事が減っていたので、仕事を探して名古屋港に行った」と答えている。その供述は何の疑問も持たれることなく、供述調書に記された。

しかし、録音テープの証言は、少年の心の闇を照らし出す（傍点筆者）。

永山　名古屋にはね、○○○（三男の名前）、いたこと、知ってたんだ……。妹も姉貴（次女）もいたんだ。名古屋で死んでもね、「骨くらいは拾ってくれるだろう」って思って。名古屋で何か起こすかも分かんないって、思ったのかな……。死に場所、探してたんだ。函館の後ね、俺もう捕まるだろうって思って、兄姉のこと、忘れよう、忘れようって思って大分、苦労したけど……。もうずっと肉親と話してないでしょう。俺、普通の人だと、すごく緊張してかかるのね。男だと刑事だと思うし女の人は駄目だし、ずっとビクビクビクビクしててね。俺もう、人に、大分、飢えてたのかな。誰とも話さないし、人も殺してるのに奇妙だったよね、なんでこうなのかなあって、で、三番目の兄貴のこと、考えたんだ……。

東京・新宿に本社を置く出版社に勤めていた三男は、事件の約一ヵ月前の昭和四三年（一九六八）九月中旬に名古屋支店に異動していた。そのことを、永山は次男の話に聞いていた。詳しい住所は知らなかった。名古屋に向かう時も、「会うつもりはなかった」と語っている。しかし、自分が名古屋に来たことは知らせる必要があった。函館で行われたのと同じ〝当てつけ〟が、再び繰り返された。

次男はすでに自分の犯行を知っている。函館の事件も、自分の仕業と気づいたに違いない。次男は、仲の良い三男には、自分たちの弟が起こした出来事について伝えているはずだ。だからこそ名古屋でも、凶器は拳銃でなくてはならなかった。函館事件と同じタクシー運転手を選んだ可能性も否定できない。

「骨を拾ってくれるだろう」とは、直接的な表現を避けた永山なりの表現だ。恐らくそれは、三男に手間をかけてやる、つまり、当てつけるということを意味している。

永山は、「名古屋で何か起こすかもしれない」と言いながら、「死に場所を探してた」とも言った。しかし、この時の永山にはもう自殺するつもりなどなかったことは明らかである。名古屋では、これまで何度も繰り返してきた自殺未遂を一度も図っていない。函館で、あの社会科学学習辞典の余白に書きつけたように、「わたしは生きる、せめて二〇歳のその日まで」と決めていたからだ。それ以降、彼は一粒の涙も流さなくなっていた。二〇歳になるまで、あと七ヵ月、残されていた。

永山は、録音テープの中で、「名古屋には妹と姉貴もいた」と付け加えている。しかし彼女らは永山の憎しみの対象ではなかった。永山は、七人の兄妹の中で妹のことだけは恨んでいないと明言している。妹を殴ったことはあっても自分が殴られたことはない。妹は彼を「のっちゃん」と呼び、何度も学校から本を借りて帰ってきてくれたし、授業で作ったオムレツを持って帰ってくれるような優しい面もあった。永山と彼女との間には、兄妹と呼ぶことのできる細い糸が繋がっていた。事件後に作成された母と七人の兄妹の調書の中で、「のっちゃんには、いいところもあった」と具体的な例を挙げて永山をかばったのは、この妹ひとりだけである。また一四歳年上の次女とは、ほとんど面識すらなかった。網走に捨てられた永山が四歳で板柳に送られた時、次女はすでに板柳の家を出ており、その後もずっと離れたままだった。

実は、警察が作成した永山の供述調書の中にも、「名古屋には姉と妹がいました」と答えた記述がある。しかしこの時も彼は、三男がいたことについては一言もふれていない。三男の存在だけが語られていない不自然さが、そこにはある。名古屋に「妹と姉がいた」という発言はむしろ、永山の心に秘められていた三男の存在を隠すためのものだったとも考えられる。

函館事件における、次男の存在についても同様だ。最後に池袋で会って金をもらい、その言葉にあれほど怨みを募らせた次男の存在について、警察には一切語っていない。

永山は、自らの殺人の動機をみごとに隠し通していたのである。逮捕されるまでの半年間、名古屋事件以降、彼は拳銃を再び土の奥深くに埋めた。そのことには、「どれほど金に困った時も」という前提があることも付け加えておかなくてはならないだろう。

6

次男と三男は、弟が逮捕されるまでの半年間を、どのような気持ちで過ごしたのか。

次男は、永山が名古屋で射殺事件を起こした四日後の一一月九日、九月に契約の更新をしたばかりの池袋一丁目のアパートを慌てて引き払い、恋人のNが探してきた池袋二丁目のアパートに引っ越している。理由は、永山の国民健康保険料の請求書が次男の住所に送られてきていたので、とにかく弟と縁を切らなくてはならないと思ったからだ。

函館事件ではなく、名古屋事件の後に引っ越しを決めたのは、函館事件が当初すぐに報道されなかったという事情がある。函館事件の被害者の頭の傷はあまりに小さく、死因がなかなか判明しなかった。事件発生直後はキリ状の凶器で突き刺されたと診断されたが、後に被害者の頭部レントゲン写真で、頭腔内に〇・二グラムの小さな金属片があることが判明。さらにそれが東京・京都事件と同じ拳銃から発射された弾丸の破片の可能性が高いという鑑定結果が出た頃には、既に名古屋事件が起きていた。そのため、名古屋事件の後、〝連続射殺魔〟に関する報道は一気に過熱することになり、ようやく次男の知るところとなったのである。

次男は引っ越しの際、永山が部屋に置いていたダンボールのミカン箱と、クリーニング済みのワイシャツ数枚をゴミに出した。ダンボール箱には、高校の教科書や参考書がぎっしり詰まっていたという。

次男の恋人Nも、警察の事情聴取に応じている。

「非常に無口で、食事が出来たわよと言ってもウンとしか言わないし、話の糸口が全然なく、無愛想な感じの子でした。次男から事件のことを打ち明けられた時は、あんな大人しい子がそんな事をやるなんて信じられないと思いました」

事件翌年の正月、三男と三女が、池袋の次男のアパートに集まっている。かつて弟の則夫と共に、網走に捨てられた三人である。

長男は宇都宮刑務所に服役中だった。板橋で結婚していた三女は、前年の一〇月に離婚してひとり暮らしを始めたばかりで、その年初めて弟たちの集まりに参加した。

その場で次男は、永山の事件のことについて打ち明けている。

次男から話を聞かされた二人は、「まさか、あの大人しい則夫が」と簡単には信じようとしなかった。次男は、「もし、これから何か起きた時は、俺が警察に言って話をするから姉さんたちは黙っていてくれ」と口止めした。三女は言葉を失い、三男もそれ以上、一言も発しなかった。

三女の供述調書より

その日の午後八時頃、外にいた次男と三男が家に帰ってきました。次男の恋人のNさんと四人で、電気ゴタツに入って話をしていたのですが、次男が、「姉さんは女だし話したくはなかったが、則夫がこの間、来て、プリンスホテルと京都で人を殺ってきたと話していたし、ピストルも本物だったので、もしかしたら則夫が犯人かもしれない。こんなことは他人に話せることではないので、話してはいけない」と話していました。その時、次男は「則夫が犯人だったら、姉さんは離婚して一人になっていてよかったよ」と言っていました。私は則夫がピストル射殺事件の犯人だとは信じられませんでした。

かつて極寒の地で、幼い弟の存在も忘れるほどに必死に生き抜いた日々があった。それから一五年、三人の兄姉たちはみな、東京で摑んだ自分たちの生活を守るのに必死だった。弟が逮捕されるまで、彼らの誰ひとり警察には行かなかった。

永山は、最後の事件から逮捕されるまでの半年間をどのように過ごしたのか。

彼は自殺すると決めた二〇歳になるまでに、これまで出来なかったことを全部やろうと考えた。名古屋事件の翌月、一二月から新宿のジャズ喫茶でボーイとして働く。給料は月に四万円以上にもなり、東京・中野に三畳半のアパートも借りた。そこで夢にまで見た〝布団の上〟で寝た。給料が入ればコタツを買ったり、オタマなどの家事道具も揃えたりした。好きな女の子も出来た。

しかし、そのまま何もかも忘れて生きていけるほど、彼の心は強くなかった。

新宿を選んだのは、人を殺したことを忘れたくて賑やかな場所を選んだだけのことだった。勤務の合間にゴーゴーで踊ってみても、ちっとも楽しくなかった。仕事が終わった朝、家に帰ってひとりになるのが嫌で、西武新宿線の隅っこの席に座ったまま新宿と終点の間を何往復もした。苦しかった。もう二〇歳までは待てない、一日も早く死んでしまいたいという気持ちは募っていった。そんな時、彼の脳裏に浮かぶのはやはり兄姉たちの顔だった。

年が明けて昭和四四年（一九六九）三月も終わろうとする頃、永山は池袋の次男のアパートを訪ねている。するとそこにはもう、別の人が住んでいた。次男が毎日入り浸っていた池袋地球会館のパチンコ店にも行った。兄貴の目の前で、ハイミナールを飲んで自殺しようと思っていたが、薬はやはり手に入らなかった。パチンコ店にも次男はいなかった。店の人に「〇〇（次男が使っていた偽名）はいませんか？」と尋ねると、怖そうな男の人が出て来た。「お前、〇〇の弟だろう？　永山だな？　〇〇はいるが、今はいない、帰れ」と追い払われた。

その足で、板橋で主婦をしているはずの三女の家にも行った。すると義父だった人が出て来た。弟が姉に頼まれて金をせびりに来たものと勘違いし、「あれとは別れた、慰藉料も払っているからもう関係ない」とドアを閉められそうになった。姉に会いたいだけなのだと事情を話すと、三女が出て行った先の巣鴨の住所を教えられた。玄関先まで祖父について出てきた姉の息子は四歳か五歳くらいで、淋しげな目をしていた。

それから巣鴨に三女を訪ねた。古いアパートの玄関から顔を出した三女は、驚いた様子で言葉が出ないようだった。永山も、面と向かって何を話していいか分からなかった。

永山　何か話すきっかけが欲しくてね、でも分からなくて、それで「一〇万円貸して」って言ったのかな。俺、働いてたし、あそこ（ジャズ喫茶）は金もいらないから、お金あっても仕方ないって思ってたけどね。そしたら姉さん、俺のことで離婚したんだって。三番目の兄貴から聞いて知ってるって、そう言うんだ。けんもほろろにね、永山家からは籍も抜いたから関係ない、もうあんたとは姉弟じゃない、来ないでくれって言って、で、俺、ボケッて立ってたけど……。今、思うと、向こうも自分のことで精一杯だったんだね。あの時、決定的に死のうって思ったよ。二〇歳までは四人のために生きるって思ってたけど。

石川　どういうこと？

永山　四人のために隠さないってこと。隠さないで二〇歳まで生きて……。

石川　四人のために生きるっていうのが分からないよ。

永山　死ぬってことなんだ……。

永山はこれで最後と、板柳の母に手紙を書いた。やはり何を書いていいか分からず、「金を一万円貸してくれ」としか書けなかった。

「死」が並ぶ、昭和四四年四月四日、五ヵ月ぶりに、横浜に埋めていた拳銃を掘り出した。中野のアパートに持って帰ってから、迷いもなく頭に銃口を向けて引き金を引いた。しかし、弾は出なかった。土の中ですっかり湿気ていたのだ。ひどく落胆した。高まっていた時機を逃してしまったと思った。拳銃と弾は乾かすためにコタツに入れた。

二日後、原宿にある専門学校に侵入。わざと警報機を鳴らし、駆けつけてきた警備員めがけて派手に拳銃を発射した。出来る限りの大暴れをして逃げた。そして翌朝、半ば自首する形で巡回中のパトカーの前に姿を現す。四件の犯行に使った拳銃を持ったまま警察に捕まること、それは自殺することも叶わなかった永山にとって、兄や姉、ひいては家族に対する復讐の総仕上げだったのかもしれない。それからのことは、すでに見てきたとおりである。

逮捕から四日後、永山が借りていた中野のアパートの家宅捜索が行われた。狭い部屋には、布団やコタツ、座布団、カーペットなどが雑然と敷き詰められ、小さな机の上には、函館で家族に宛てて書き込んだ、あの社会科学学習辞典が置かれていた。床にあった『週刊プレイボーイ』の最後の頁には一行だけ、「死ぬる男は言葉を残してよいのか？」と書かれていた。

その後の永山が、たった一度だけ、兄たちについて書いたことがある。すでにふれたように、ある日の法廷で、事件を起こす前にドストエフスキーの『罪と罰』を読んでいたことを「告白」し、その数日後、自分の大学ノートに次のようなことを記していた（四二〜四三頁参照）。その一部を、ここにもう一度、記す（傍点筆者）。

〈この事件にある程度の計画性のようなものが有ったのを、世論が知ったら（！）、私への、私の家族への同情は木端微塵に打ち砕かれ、そして私へは物凄き非難・譏謗が浴びせられたであろう。（中略）譬え《ママ》私が今頃計画性がある云々と言っても、人（一般的人）は信じ難いとも思うのである。（中略）私は馬鹿扱いされても黙っていた。それが、何故語るようになったのか……。この一年間、私には、兄姉というものの存在を考慮しなくともいいように彼等が教えてくれたのだ。その教えに従って、最近の私は彼等への善意志というものは、喪失し、消沈し、そしてついには破壊された。彼等への感情というものを失う時、そこには、もう憎悪の澱さえ、――無い。全く無いのだ！　何ということなのでしょうね、私は人間性の全然ない、物体のような存在だ――殊に彼等に関しては……〉

　東京と京都の事件は、偶発的なものだった。しかし、函館と名古屋は違った。永山が兄貴たちへの、ひいては家族への復讐――彼の言葉に置き換えると〝当てつけ〟――のために、函館と名古屋の殺人を犯したのであるとするならば、それは彼が書いたように、「ある程度の計画性」があったと言えなくもない。彼は、愛を与えてくれなかった家族への当てつけを果たし、ついには自分自身を後戻りできない絞首台へと続く一本道へと追いやった。その愛への渇望のかたちは、他者の共感を得ることなど到底、叶わないものだろう。

　永山が『罪と罰』を読んだのは、事件を起こす半年前。定時制高校に通いながら、西荻の牛乳店に勤めていた時のことである。第一巻を読み終えた後、彼は店を飛び出した。

『罪と罰』の主人公、ラスコーリニコフは、高利貸の欲の深い老婆を殺害する計画を立てる。そして、老婆を殺して金を奪うことが、真面目に生きている自分たちや社会に、より大きな利益をもたらすのだと殺人を正当化する理屈をつけて、老婆の殺害に及んだ。

兄たちへの当てつけに事件を起こすことを正当化した永山が、意図して、ラスコーリニコフの行為を真似たのか、それとも結果として同じ道を歩んでしまったのか。膨大な録音テープの証言を聞く限り、それは後者だと思われる。

永山　僕にじゃなくて家族にね、家族に批判が来ると思ったんだ。まだ家族のこと、思ってたんだよね……。だから、なかなか……、もし言ったらって、「俺ひとり我慢してたら」っていう風に思ってたから。あの事件、偶然に起こっているでしょう、だけど、あの……（沈黙）……、徹底して暴れてやるっていう気持ち、あったからね。それまではグルグルしてて、それで、いつかは起きるだろうって予感はあったんだ、そういう中で、あの……、大分思い出したよ、あの『罪と罰』のことを。日本全国だもんね、計画的にやったって言ったら、どうなるんだろうって……。

あの日、次男は「俺たちのことも考えろ」と言った。もし、少年の犯行の動機に家族の存在があったことが大々的に報じられれば、その原因を作った家族もまた世間から厳しい批判に晒される。兄たちのことを、刑事にも検事にも裁判官にも誰にも喋らないできたのは、彼なりの〝配慮〟があったからだ。

逮捕されてから『罪と罰』を読んだと告白し、兄たちへの思いをノートに書き付けるまでの一年間、弟は、兄たちを待っていたのではないか。犯行の動機を伏せるという彼なりの誠意を示しながら、狭い面会室でささやかれる家族からの慰めの言葉を待っていた。

しかし、檻の中の住人となってしまった末の弟に、兄や姉たちは会いに来なかった。事件にかかわることを恐れ、みな姿を消した。人生を賭した〝当てつけ〟は、ほんの一瞬、彼を自由にしたかもしれない。だが、それはやはり、厳然として在る問題を何ら解決してはいなかったのである。

結局、彼に会いに来たのは、週刊誌の写真撮影のために、そそのかされるようにしてやって来た母親ひとり。

「おふくろは、俺を三回、捨てた」

その時、少年は、社会で過ごした一九年の短い人生で一度も口にすることが出来なかった言葉を吐き出し、嗚咽するばかりだった。

永山は、愛の求め方を知らなかった。その短い人生の中で、他者から彼に注がれた愛情は、あまりに乏しかった。

永山が手にした『罪と罰』の第一巻は、ラスコーリニコフが老婆を殺害したところで終わっていた。

もし彼が、物語の続きをすべて読み込んで、その繊細な感性を総動員し、ドストエフスキーが『罪と罰』に込めた真のメッセージを受け取っていたとしたならば、果たしてこの事件は起きただろうか。

行き場をなくし窮地に追い詰められたラスコーリニコフは、反逆の一歩として計画殺人を犯す。しかし、人間の定めた掟を踏み越えた行為が、後に彼自身の心をどれほど苛み、苦しめることになったか。自らの行為の醜悪さを知り、生きることに絶望し、その苦しみの果てに人を愛することの意味にふれ、もう一度、〝人間〟に立ち戻るための長い悲しみの行路を歩いていったラスコーリニコフ。その物語の結末を、永山はまだ、知らなかった。

7

四件の事件について、すべての聞き取りを終えた石川医師は一連の永山による連続殺人について、第七章第二節「犯行心理」で、以下の診断を下した。

〈被告人は犯行前すでに出生以来の劣悪な環境や外傷的情動体験等によって、人格の全体的発達や性格形成を歪められ偏らされていた。中学二年まで続いた夜尿症、小学五年以来顕在化した抑うつ反応や自殺念慮に代表されるように神経症状態も発現していた。また小学二年以来の頻回の家出、長期欠席、頻回転職や非行にみられるような問題が、病的に強いあてつけ心理によって行動化されていた。これらすべては、その後も絶間のないストレスに基いて悪循環を形成しながら慢性化し持続した。

犯行直前、被告人は肉親や社会のすべてから見捨てられ、絶望的で進退きわまった窮境に追い込まれ、「糸の切れた凧」のように感じ「自分がこの世で一番不幸な人間」と思っていた。同時に長い間、正常なはけ口を見いだせなかった攻撃衝動は、恨みとしてうっ積にうっ積を重ね、被告人に自分以外のすべてを敵視させ、被告人が統御できなくなるほど原始的で粗野で強烈な怒りを招来し、被告人を根柢から激しく衝き動かしていた。

攻撃衝動のこの激しさは、第一に遺伝的な精神エネルギーの強さ、身体的な脳波異常所見や副交感神経系の異常緊張所見、等のような生物学的条件によって既定され増幅されたと考えられる。第二に、被告人の無知と未熟な社会性等のため、葛藤多き問題を合理的に解決できなかったことによるものと考えられる。第三に、当時被告人は人生の危機と言われる思春期にあり、その心性は被告人の葛藤に満ちた心の矛盾と緊張を普通以上に強め、攻撃衝動を一層激化させたことにもよるであろう。第四に、被告人が常に経験していた飢え、寒暑、疲労などのストレスからもたらされる退行と激情も、攻撃衝動を異常に激しくしていたと考えられる。

このような心内緊張が持続したため、思考内容は、原因となった問題に集中し固着し、物事を正確に把握し、判断する精神機能が低下し、被告人がいくら必死に努力しても良い結果は得られず、かえって危機的状況に追い込まれるという悪循環にとらわれた。被告人のこの状態は、重い性格神経症状態と判断される。

特に東京プリンスホテル殺人事件の直前、「周囲の人間が自分の一切無関係なものに見え、電車と同じようにしか映らなかった」と被告人が述べた心理は「離人感」と称され、人間としての関係が断絶し、現実感を失った異常心理である。この離人体験、被告人の絶望心理、罪責感と被罰欲求からの行動、持続し強化された自殺念慮や自殺企図、間接自殺企図、抑うつ反応（東京少年鑑別所においてもっとも医学的に明瞭に記載された）、統御できないほど異常な攻撃衝動の亢まり、病的なサド・マゾキスチックな衝動誘発などとあわせて考えると犯行時被告人の自我境界は不鮮明となり、自我の統合は殆んど解体に瀕しており、精神病に近い精神状態にあったと診断される。

東京事件は、この精神状態をもとにして、警備員に対する恐怖心と逃亡意図が前景に立ち、極度にうっ積していた攻撃衝動が追い詰められた状況下で、偶然入手していた拳銃を武器として爆発したものである。偶発的に生じた激情犯罪といえる。この事件は、被告人に即死刑を確信させ、一層の混乱と自殺念慮を起させ、京都で全く同様の情況を招来し、第二の殺人事件を犯させた。

函館事件は、東京と京都事件以後さらに強められた自殺念慮と恨みの気持ちが互いに激しく抗争し絡み合い選択を迷わせ、絶望に打ちひしがれた被告人の精神的緊張と攻撃衝動をそれ迄になく高め、慢性的な栄養失調状態、寒さや野宿からくる睡眠不足、極度の疲労等のストレスが加わり、被告人の思考と行動を混乱させ、矛盾させ、判断力を低下させた結果と考えられる。とくに次男の「どうせ死ぬなら……。」の言葉は、極限状態にあった被告人の絶望感と攻撃衝動を、肉親や社会に対する仕返しの側へ転化させる引き金となった。四事件のうちで、この時の精神状況が最も苛酷で混乱していた。名古屋事件は、三つの殺人事件とくに函館事件に心を責められ、逮捕されるという被害妄想的考えに支配されて不安、緊張が高まり、ますますうっ積していた攻撃衝動が暴発した犯行であった。それと従来と異なって被害妄想的な病的心理に支配され、思いつめ、行動化された事件であった。

なお、この鑑定結果は、前回行なわれた新井尚賢氏による結論と大幅に異る。その最大の原因の一つは、当時、被告人は絶望的、自棄的な心理状態であり、早く裁判を終らせて死刑に処されたいと望み、投げやりになっていて事実を今回のように詳細に述べず、新井氏はそれに基いて鑑定したことによる、と考えられる。〉

第七章　別離

1

薄暗い、二畳半の独房。

逃げることも自殺することも叶わない絶望の果てに、少年が行き着いた場所である。しかし、後に紡がれることになる様々な出来事、そして彼にかかわった多くの人の生き様を見つめる時、彼の本当の人生はむしろここから刻まれ始めたのかもしれない。

八王子医療刑務所での面接が始まって三ヵ月が経った、昭和四九年（一九七四）四月。この時、永山は二四歳、逮捕から五年の歳月が過ぎていた。

弁護人から石川医師に手渡された精神鑑定申請書には、最後にまだひとつ、重要な鑑定事項が残されていた。
〈被告人の精神状態は、本件による逮捕時と比較し、変化が認められるか、認められるとすれば、どのような変化か。〉

石川　あのまま逃げ切ろうとは、思わなかったの？
永山　二番目の兄貴に言ってるしね、自分が弱いことは分かってたんだ。だから……、肉親にだけは何をやっていけないかって、分かってた……。うん、捕まるよりも、死ぬと思ったね。
石川　捕まって手錠かけられて、ホッとしたの？
永山　うん、こう……、さっぱりした。刑事にどうだったって言われて、「苦しかった」って……。
石川　本音をしゃべったの？　事件のこと。
永山　捕まってから、（マスコミに）バチバチやられてね、「なんか一言」ってやるでしょう、それで、「この野郎」って怒鳴りたかったけど、でも黙っててね。あとでね、刑事にお茶かけたらしいんだ、バーンッて。「お前らに分かってたまるか！」って。それが本当に言いたかったことかも分かんない。それからだ、もう会う人ごと「貧乏人、貧乏人」云々って言うんだ。でもね、自殺したくても死ねないんだな……、決定的なところで。死ねそうで、なかなか死ねないんだ……。

石川　生きてるからね、生命だから、それは本能だからね。

永山　……（深い溜息）……

この日の面接が終わった後、永山は石川医師に頼み事をした。逮捕から二年後に出版した『無知の涙』の印税が遺族の手に本当に渡っているか、弁護士に調べるよう念を押してほしいというのだ。このような依頼は、彼が八王子に来てから度々あった。

この頃、出版関係者の中には、ベストセラーとして版を重ねていた『無知の涙』の発行部数をごまかし、印税をくすねる者がいたようだ。トラブルの遠因には、事件を起こすまで永山が繰り返したのと同じ行動パターンを見ることが出来た。最初は相手を全面的に信頼し、すべてを任せて猛進する。経営の苦しい出版社から印税の支払いを待ってほしいと頼まれれば、念書も作らず承諾し、そのまま有耶無耶にされていた。永山からしてみれば、信じていたのに最後は裏切られるという人間関係は続いていた。

たとえ本がどれほど売れようと、いくら持ち逃げされようと、当の本人は檻の中である。何にも手出し出来ないもどかしさを、永山は面接でぶつけてきた。時にはそれは爆発的な激しい怒りとなり、石川医師を困惑させた。しかし石川医師は厳しい言葉で諭しながら、契約の仕方といった社会的な通念を教えたり、こっそり弁護士への連絡もつけてやった。本来、鑑定業務以外のことに手を出すべきではないが、永山を落ち着かせ、面接を順調に進めなくてはならないという事情もあった。

そもそも逮捕されてから自殺することばかり考えていたのに、遺族へ印税を届けようと思ったのは何故なのか、石川医師は尋ねた。

永山　逮捕されてから、いつだったか分からないけど、弁護人にね、俺が殺った函館の人ね、当時、妊娠してたって聞いて……。

石川　奥さんね。

永山　それからだよね。死のうっていう気持ちと同時にね、なんかしてやらなくっちゃっていう気持ちが湧いてきたんだ。とにかく今、出来ることをしなくちゃって。それがあの当時は勉強だったのかな。それはね、函館の人のことを忘れるっていう意味もあったのかもしれないな。あの時は、とにかく忘れたいっていうのが本音だったのかもしれない。

自分が殺害したタクシー運転手に子どもがいたことを知らされ、かつての自分が置かれていた境遇に重ねた。父がいない寂しさを誰よりも知っているのに、同じような子どもを作ってしまった、せめてその子が大人になるまで貧乏な思いだけはさせたくない、どうすればいいのか、彼なりに考え始めた。そして独房でノートに自分の思いを綴りながら、これをいつか本にして印税を届けようと思うようになった。

独房に入ってから経験したある別れも、被害者遺族のことをより深く考えさせることになったと永山は打ち明けた。逮捕された後、半年間ずっと独房に籠っていた。他の収容者の目にふれて噂されるのが嫌で、運動にも出ずひとりで過ごした。そんな時期に何かと目をかけてくれた看守がいた。部長と呼ばれるその人は、永山の頭をなでてくれたり、将棋の相手をしてくれようとしたり、運動場にある花を、「命があるから大切にしなさい」と渡してくれたりもした。まるで父親みたいに感じていた部長だったが、ある日突然、永山の前からいなくなった。後に人事異動で横浜に行ったと知らされた。

永山　その時もね、被害者のこと、考えてたんだよね……。被害者……。俺、そんな別れっていうのは、あんまり経験したことないわけなんだ。本当にこう、「本当に惜しいな」っていう別れ、したこと、ないでしょう。いつも自分の方から逃げていくわけなんだ。ところが、ここ（独房）にいたら、俺の方から寄っていってても仕方がないっていう別れ方になるんだ。それで、彼がいなくなって落ち込んで、そこにあるのは被害者のことだったんだ……。あのね、こうやって生きた別れも、そのぐらい人の気持ちを動かすんだったら、死んでしまった別れっていうのは、もっと悲しいんだろうなっていう……。

石川　遺族のこと、思ったのね？

永山　俺ばっかり救われてもね、遺族が救われなかったら、何にもならないんだ……。

石川　あなたは、今、救われてきた？

永山　うん。

石川　勉強やなんかで？

永山　うん……。

『無知の涙』の出版後、永山は印税が入る度に弁護士や出版社を通じて、被害者遺族のもとに届け続けた。受け取ることを了承してくれたのは、函館と京都の二遺族。東京と名古屋の遺族は頑として受け取ろうとしなかった。彼らはいずれも、自分の子どもを殺された親たちだった。親がわが子を思う何にも替え難い感情の重さに永山が気付くのは、まだ後のことである。

四月になると、津軽の固い根雪も溶け、板柳のりんご畑にも春の日差しが降り注ぎ始める。

永山との面接がほとんど終わりに近づいた頃、石川医師は、夜行列車で青森・板柳町へと足を運んだ。そして母ヨシや、体調が良くなって退院していた長女セツに会い、話を聞いた。その内容はすでに述べてきたとおりである。青森から東京に戻った後、石川医師は永山に、そのことを告げた。

永山が上京した後に板柳駅前に出来た「板柳温泉」に泊まり、母ヨシにその宿に通ってもらって連日、話を聞いたこと、永山がいつも眺めていた岩木山が綺麗に見えたこと、永山が通った小学校や中学校、ひとり遊んだ岩木川の川岸など、面接で聞いたすべての場所を訪ね歩いたことなどを、撮影した写真をテーブルに並べて見せながら説明した。永山は、写真を懐かしそうに一枚一枚、手に取っては食い入るように見つめていた。

石川　ここに泊まってね、一度、お姉さんにも来てもらったんだよ。
永山　ええっ、お姉さん?!（大声で叫ぶ）
石川　セツ姉さん。あなたの小さい頃のことも聞いたよ。
永山　セツ姉さん……、元気なの？
石川　うん、よくなってるよ。話がすごくうまくてね、（母親とは）比べようにならないよ。非常に要領がいい。あなたの三歳くらいまでのことが分かったよ。あなた、よく覚えてないよね。ほら、海岸に行ってさ、貝を拾った話とか、あれ以外は、覚えてないでしょう？
永山　セツ姉さん、病院から連れてきたの？
石川　セツ姉さん、もう元気になってるんだよ、少し太ってるけどね。

石川医師は、永山が生まれる前の網走での家族の様子、セツ姉さんが毎日、永山の子守りをしていたこと、永山はとても聞き分けのいい子どもだったこと、セツ姉さんと恋人とのこと、父や母の生い立ちなどを、ひとつひとつ説明した。永山にとっては、初めて知る家族の歴史だった。

永山は幼い頃、時々、家に様子を見にやって来ていた近所の祖母マツ（母ヨシの実母）のことすら、他人だと思っていた。警察に言われて来ているのだと信じ込んでいた。それが自分の祖母だと知ったのは、第一次精神鑑定書の末尾に記されていた家系図を見た時のことだ。家族や親戚のことについて、誰からも教えてもらったことはなかった。

石川医師は、町の病院にも行って母親のカルテを調べ、永山が仮病だと疑っていた中学三年の冬の入院は、本当に脳卒中だったことも伝えた。

永山　そう、知らなかった……。心臓、悪いっていうのは聞いてたけどね……。捕まってから、おふくろの事は、超克したんだって……。ドロドロしたものはあったけど、もう俺ひとりで生きるんだっていう、なんか、自立思想がだんだん出てきたのかな。
石川　家族から、同情とか思いやりとかを期待しなくなったってことか？
永山　……（無言）

石川　お母さんに、いい思い出はないの？

永山　いくらかね（笑う）。今、思うとさ、あの人たちよりはいいんだろうな、若い時に子ども産んでさ、ゴミ箱に捨てたりしているのよりは、いいんだろうなって。彼女は、彼女のことで精一杯なんだ。今、思えば、全部基準が彼女なんだな……。もう少し豊かだったら、二番目の兄貴もああならなかったし、おふくろもね、あんな自分本位じゃなくてね。子どもにもっと愛情、持って、振り向けられただろうけど、そうじゃなかったもんね……。

石川医師は、永山に変化を感じていた。最初の頃は、母の話になると憎悪を剥き出しにしていたのが、それを少しずつ言葉にすることで母が置かれた立場を客観的に見つめ、冷静に考えるようになっていた。まだ激昂することもあったが、すぐにおさまった。

石川医師はタイミングを逃さなかった。弁護士から預っていた、母ヨシが書いた大学ノート二冊を永山に手渡した。そこには、母が利尻島で生まれてすぐに父を失い北方を転々としたこと、実の母に捨てられて極東ロシアの街を放浪したこと、板柳で夫と出会った頃のこと、小学校に行きたかった気持ちなどが、拙い片仮名で綴られていた。

「時間がある時に読んでみなさい。あなたが知らないことも沢山あるからね」

永山は、ノートを手にとってパラパラとめくった。

「おふくろ、片仮名しか書けないからね……」

小さくつぶやいて、黙ってノートを持って帰った。その日の夜、独房に戻った永山は、消灯時間ぎりぎりまで母のノートを開いていた。何度も何度も、母の片仮名を指で辿った。数日後の面接で、永山が語った言葉がカルテに記されている。

〈◎母の話……母の手記を知っていたら事件を起こさなかった。（目をうるませる）〉

石川 あの時ね、自殺したかったし、絶望的になって、追い詰められてたね？

永山 うん……、おかしかったんでしょうね。だけど自分としては精一杯のこと、やってたとしか思えないんだ。異常なのは認めるけどね、でも本人としたら異常だと感じたら止めるんだ。でも、異常じゃないと思ってたから、だから異常なんだ、そこなんだ……。

石川　一生懸命、生きていたということ？

永山　うん……。

石川　一生懸命やってね、ああいう生き方しか出来なかったと思う？　今でも。

永山　う……ん、ひとつずつ見ていくとね、こういう時はこういう状態でって、今だったら分かるけど、あの当時、何にも覚悟もない、非行少年って言われて生きてきたでしょ、そういう中の事件だからね、今なら云々、言えるけど……。とにかく、こういうことは言えるんだ。俺の他にだって貧しい人はいたって、それでもちゃんとやってる人もいるって言われるけどね、それはあるけどね、俺の方としては「違う！」って言いたいんだ、同じって言うけどね、違うんだ。違うから、ここにこういう存在があるんだって、同じじゃ、ないんだ……。

石川　単に貧困じゃないんだね？

永山　そう、貧困でもね、ちゃんと優等生になって三番目の兄貴なんか、ちゃんとやってるもんね。だけども、俺の場合は……。とにかく俺はもう出来てしまったんだ、四人も殺してね……。それなのに、違うんだ、自分と違う人を持ってきて、貧困でも、こういう人がいるっていうのはね、それは違うんだ

石川　だけど犯罪をしてしまった。貧困でも優等生の人もいる、その違いは何だと思う？

永山　う……んとね、色んな違いがある。年齢、家庭の中での地位、抑圧……。女の子だったら嫁に行ってしまえばいいんだろうけど、末っ子だからね、ヨデッコ、ヨデッコ（四番目の子）って、馬鹿扱いされてね。兄姉かな、兄姉だろうな。兄貴のリンチ……、あれさえ無ければな……。俺、学校、ちゃんと行くようにしてればね。うちの兄姉、みんな真面目にやったようにね……。

石川　最近、調子が悪いことはない？

永山　まだちょっとあるけど、大分、コントロール、ついてきた。「ああ、これ」って思うと、本なんか読んで、ボケーッてしてるの。笑ってみたり。

石川　過労の時だね、それは注意信号だ。

永山　大分、分かってきた、自分の体……。

石川　今まではガムシャラにやってきたからね、自分を殺して無理してね。

永山　うん……。

石川　孤立しやすい自衛本能を、なんとかしたいっていうのはある？

永山　うん、分かってる。

石川　どういう風にしたいの？

永山　なるべくね、人と付き合うことだね。それで、ほら、一回や二回の失敗で、シュンとしないこと。今までは向こうの気持ち、分からないから、そういう風な状態になったんだけど……。問題は自分だけなんだ。自分が立ち直るっていう、そこなんだ。何ていうかな、他の人がどんなに援助、与えてくれてもね、自分が駄目だとペッシャンコになっちゃうんだ……。

石川　そうだなあ。今まではシュンとして、すぐに手を引いていたでしょう、それしか自衛の方法を知らなかったからね、今からはどう？

永山　話し合うよね……。

石川　そういう気持ちでいるわけ？

永山　うん……。俺ね、今、夢あるよ。小さな夢なんだけど、下町っていうかね、そういうとこにね、犯罪者がいっぱいいるところにね、犯罪者のための文庫、作りたいっていうか、そういう夢ある。学校もあるし、図書館っていうか、そういうところ……。

この日初めて、永山が自分の過去ではなく、未来を語った。八王子に来た頃、「無期になるなら死刑がいい」と語っていた永山が、「夢がある」と言った。石川医師は嬉しいような、やり切れないような複雑な感情を持て余していた。本来、鑑定医に被告人の心情にそこまで立ち入ることは求められていない。症状を分析し診断すればいいのだ。いや、冷徹にそうあらなくてはならないのかもしれない。しかし、少なくとも今、重罪を犯した少年は青年になり、やっと自分の言葉を得た。そして、彼なりのやり方ではあるけれど被害者遺族に思いを寄せ、自分自身、生きることの意味を考え始めている。

石川医師はふと、思い出した。

永山との面接で用いた、「カウンセリング」の手法。それはそもそも、患者の心を治療するためのものであったのだと。

一月から始まった面接も、最終日を迎えた。

明日の朝、永山は八王子医療刑務所から東京拘置所へと戻る。石川医師は、鞄に入れて診療室に持ってきたカメラを取り出した。もちろん看守に分からないよう、こっそり持ち込んだものである。

初めて会った頃の永山は俯きがちで、どこか影のある暗い顔をしていた。質問には素直に答えたが、その語り口はいつも淡々としていた。だが時間が経つにつれ、思わず涙ぐんだり、時には笑ってみたり、怒って声を荒げたり、徐々に感情を現すようになった。そんな当たり前のことが、ようやく出来るようになっていた。彼は最後まで、石川医師の質問を拒否することなく語り続けた。

鑑定医と、重大事件の被告人。もう会うことはないかもしれない。石川医師は、永山が取り戻した笑顔をどうしても残しておきたかった。幼い頃、彼は帽子岩の見える浜辺で、セツ姉さんにこんな風に笑いかけていたのだろう。

石川　ちょっと、そこに立ってくれる？

永山　嫌だよ。

石川　いいじゃないか。ちょっとね……、うん、よし。これ一・五メートルくらいだな、ええっと……。

ガタガタと椅子が動く音がした後、シャキッ――、石川がシャッターを切る音が録音テープから響いてきた。

石川　ちょっと笑ってみてくれる？
永山　嫌だよ！
石川　ほら口あけて。
石川医師と二人の助手、そして永山の四人、穏やかに笑いあう声が部屋に響く。シャキッ——、二度目のシャッター音。永山は照れているのか、まだ小さな声でブツブツ言っている。
「はい、ありがとう。こんなこと、やらないんだけどね……」
石川医師のこの言葉で、最後の録音テープが終わった。

2

昭和四九年（一九七四）八月、精神科医、石川義博による「永山則夫精神鑑定書」が完成する。

鑑定主文

一、被告人は、犯行前まで高度の性格の偏りと神経症徴候を発現し、犯行直前には重い性格神経症状態にあり、犯行時には精神病に近い精神状態であったと診断される。その根拠は、被告人の異常に深い絶望心理、罪責感と被罰欲求からの行動、持続し強化された自殺念慮や自殺企図、間接自殺企図、抑うつ反応、統御不可能なほどの強度な攻撃衝動の亢進、病的なサド・マゾキスム心理、離人感、現実把握や判断力の低下、被害念慮、自我境界の不鮮明化等である。

二、本件行為時被告人の精神状態に影響を与えた決定的因子は、出生以来の劣悪な生育環境と母や姉との別離等に起因する深刻な外傷的情動体験であり、これは遺伝的、身体的に既定された生物学的条件、思春期の危機的心性、沖仲仕や放浪時に顕著な慢性の栄養障害や疲労等のストレス及び孤立状況、二〇才未満の無知で成熟していない判断力等の諸要因が複雑に交錯し増強しあった結果である。

三、被告人の精神状態は、本件により逮捕されて以降変遷をたどった。拘禁当初は自殺企図と抑うつ反応が強まったが、拘置所内で安定した生活が保証されてからは、懸命の勉学や人々との交流を通じて自己分析と自己変革および犯罪原因の追究を行ない、数冊の本を出版するなど知的活動の旺盛な生活を送っている。

四、被告人の現在の精神状態は、本件犯行時と比較し著しい変化が認められる。その変化は、精神症状面の絶望心理、自殺念慮、抑うつ反応、高度な攻撃衝動の軽快や離人感の消褪《しょうたい》として、性格面では衝動性や情緒不安定性の改善として認められる。全体として人格は成熟と統合の途上にある。ただし性格検査所見や拘禁生活等から判断すると、なお性格の偏りが認められ病的な精神反応を起す危険性も存在している。

右の通り鑑定する。

昭和四九年八月三一日　　鑑定人　医学博士・医師　石川義博

本鑑定に要した日数は昭和四八年一一月二八日より昭和四九年八月三一日に至る二七八日間である。

3

そんな結末を、誰が予想しただろうか。

永山の精神鑑定書が完成してから四年後の昭和五三年（一九七八）一一月二一日のことである。石川義博医師は東京地方裁判所の証人席に座っていた。その日と翌月の二日間、永山則夫の第二次精神鑑定を担当した医師として、証人尋問を受けることになっていた。しかし、予定時間の午前一〇時を過ぎても審理は始まる気配もない。

「横暴な蓑原裁判に抗議する！　蓑原裁判、粉砕！」

遠くで拡声器の声が鳴り響いている。裁判所の入り口で、永山の弁護人のひとりが永山の支援者に取り囲まれ、入廷を阻止される騒ぎになっていた。裁判長は、予定を一時間遅らせて午前一一時から、その弁護人を抜きに裁判を行うことを決定した。法廷で待機していた永山が裁判長に抗議すると、今度は傍聴席から、「しっかり発言しろよ、馬鹿やろう」と永山にヤジが飛んだ。法廷は騒然となり、永山も傍聴人も、裁判長から即、退廷を命じられた。

「すぐ拘束して弾圧すれば、それでいいと思っているのか！」

退廷させられる永山の抗議する声が、遠く廊下の方から響いた。

鑑定書が完成してから数年の間に、永山事件の裁判は大きく様相が変わっていた。石川医師の尋問までに四年の歳月を要していること自体、すでに異例である。

かつて、作家の井出孫六らの呼びかけで手弁当で集まった弁護団は、いつしか散り散りになった。永山の周りには、全共闘運動を闘った元学生や、社会活動に熱心な者たちが支援を固めるようになっていた。

四人目の裁判長となった蓑原茂廣判事は、長びいた裁判に早急に決着をつけようと駆け足で審理を進めた。弁護人が準備に時間を要すると伝えても一切、聞き入れず、審理日程を詰め込んだ。法廷における裁判長の指揮権は極めて強い。為す術をなくした支援者は、弁護人頼みの対応に見切りをつけ、弁護人を拘束して審理をストップさせるという実力行使に出たのだった。法廷は荒れに荒れ、裁判長と被告人側の対決ムード一色となり、もはや正常な形ではなかった。そんな物々しい雰囲気の中で、石川医師への尋問が行われることになったのである。

永山則夫第二次精神鑑定書、いわゆる石川鑑定の結論をまとめると次のようなことになった。

〈被告人は、犯行当時、精神病に近い精神状態にあり、自由な意志能力の関与する可能性のきわめて少ない統御困難な強い衝動に支配され、事物の理非を弁識し、又これに従って行動する能力が著しく減退していたと判断される。〉

永山の責任能力の一部を否定した石川鑑定は、主尋問を行う弁護側にとっては有利な証拠である。初日の尋問は、石川医師に粛々と分析の結果を解説させる内容で終わった。

翌一二月一九日に行われた検察官による反対尋問は、一転、荒れ模様となる。

裁判が始まる前に、また騒動が起きた。入廷した永山は蓑原裁判長の訴訟指揮に抗議するため、自分に付き添っていた拘置所職員の制止をふりきって暴れようとし、即、裁判長に退廷を命じられた。永山の乱暴なふるまいは、凶暴な殺人犯というイメージを強調することになった。

続いて始まった検察官による反対尋問は、まさに石川医師への糾弾の場となる。

加藤圭一検察官らが主張した要点は、大きく三つ。最大の問題として取り上げたのは、石川医師が永山から聞き取った話の内容が、それまで警察官や検察官が作成した供述調書と大幅に異なるという点だった。特に検察側にとって、「金ほしさ」とされてきた事件の動機が石川鑑定で否定されたのとは、看過できない重大な問題だった。

「調書では被告人は別の説明をしていることを、先生はご存じないのですか？」

「知っております。彼は、自分が経験したことを正確に語ろうという態度で、色々つきあわせましたが、信用できると判断しました」

「先生への話で初めて出たことを、先生は調書で確認しなかったのですか？」

「彼が生まれてからの流れをずっと調べた上での判断で、やはり盗み目的とは考えられないです」

警察官はもとより、特に法曹資格を持つ検察官が作成する供述調書は、裁判において高い証拠能力を持つとされる（裁判所のこの体質は近年になって問題視されている）。検察官は、石川鑑定の中にある永山の供述と、検察官による供述調書の違いをひとつひとつ挙げ連ね、永山が石川医師に語った内容は、自分にとって都合がよいよう再解釈を加えたものだと責めたてた。採用した供述が前提として間違っている以上、それに基づいて導かれた鑑定結果はおのずと誤りであると断じた。

石川医師は、「永山は自分にとって不利になることまで多く供述しており、供述は信用できる」と反論したが、検察は鑑定への批判を緩めなかった。司法には畑違いの一医者が聞き取った事件の話など当てになるはずがないという姿勢が露骨に示された。

二点目は、脳波検査から、永山の脳に脆弱性があるとされた部分が問題になった。検察官は、脳波検査が別の専門家によって行われており、石川医師はその分野の素人ではないかと詰め寄った。石川医師が、「だからこそ専門家の診立てを援用したのだ」と述べると、今度は、「素人判断で何の疑いもなく、他者が導いた結果を精査することなく採用し判断を下すこと自体が重大な問題だ」と糾弾した。

三点目は、永山の幼少期の生い立ちが、その後の行動に決定的な影響を及ぼしたという部分である。すでに述べてきたように、当時はまだ「ＰＴＳＤ」という言葉も概念も知られていなかった。検察は、このような分析は常識的に理解に苦しむものであり、単なる責任転嫁にすぎないとした。石川医師が、先行する海外の研究や自身の臨床医としての経験を持ち出して説明しても、それはあくまで仮説に基づく独断的で恣意的な判断だと切り捨てた。そんな不毛なやりとりは午後もずっと続いた。この日の尋問調書を読むと、尋問の最後頃、石川医師は検察官に、「あなたにいくら説明しても分かってもらうのは無理でしょうが……」と半ば諦めに近い言葉を発している。

裁判長による質問も、検察官の主張をなぞるだけのものだった。裁判長は、永山が事件を起こした後に逃げていることを挙げ、逃げるということは善悪の判断がついている証拠ではないかと指摘した。さらに永山が鑑定で喋った内容が供述調書と食い違う以上、鑑定の判断材料が誤っていることになる、と検察官の主張に追随した。

この間、弁護人による効果的な援護射撃はほとんど為されなかった。弁護人に石川医師を援護するだけの知識がなかったことは否定できない。鑑定人への一方的な糾弾で、石川鑑定の不確実性だけを強く印象に残し、その日の反対尋問は終わった。

だがこの時、石川医師にとって検察官や裁判官からの厳しい言葉は、確かに不愉快には違いなかったが、耐え難いというほどでもなかった。むしろ「これですべて終わった」と、どこか吹っ切れたように感じてさえいた。なぜならば、永山への鑑定を終えた直後、医師として根底から打ちのめされる出来事が起きていたからである。

それは四年前、完成したばかりの石川鑑定が関係者に手渡された時のことだった。弁護団は、自分たちも聞いたことのない新たな情報にただ驚いた。ところが、当事者である永山則夫本人が、鑑定の中身を否定したのである。永山は鑑定書を読んだ後、「これは自分の鑑定じゃないみたいだ」と言ったという。

鑑定書の分析に記載された「被害妄想」「脳の脆弱性」「パラノイア的」「神経症徴候」「精神病に近い精神状態」などといった言葉に、永山は敏感に反応した。

永山は、獄中に入ってから必死に勉強した。あらゆる書物を読破し、マルクス主義を学び、本を出版するまでになった。無知だったかつての自分を否定し、学問を知るひとりの人間として社会に発言することに生き甲斐を見出すようになっていた。その猛勉強ぶりも、石川医師が鑑定書で指摘したように劣等感の裏返しだったのかもしれないが、「精神病に近い精神状態」という、石川医師がぎりぎりまで配慮して表現した診断結果は、彼がようやく手に入れた自尊心をも酷く傷つけることになった。

何よりそれらの医学用語は、心を病んでしまった長女セツのことを思い起こさせた。自分もセツ姉さんのように精神病になるかもしれないと恐れ戦《おのの》いた日々があった。ひとつを否定すればすべてを否定し逃げ去ってしまう永山の姿が、そこにまた繰り返されたのである。

永山が鑑定書を批判しているという話は、弁護人を通して石川医師へと伝えられた。その時のことを、石川医師は忘れることが出来ない。

「『被害妄想』などという言葉に引っかかったっていうのは患者でもよくあることだし、そんなに驚きはしなかったですよね。だけど『これは自分の鑑定じゃないみたい』ってね、あれでショックを受けましたね……。というのは、あれだけ自分が、なぜあんな重大な罪を犯したのかを知りたいと、それで思いっきり彼に語ってもらったわけですよ。鑑定書は彼自身が語った内容をまとめ分析したものだから、裁判官や検事は別としてね、彼ぐらいは自分が言いたいことを表現した鑑定書だという風に言ってくれるだろうと、僕は思い込んでいたわけ。ところがね、別の人の話みたいだっていうのを聞いて本当にショックで、びっくりしましてね……。あれだけエネルギーを注ぎ込んで作ったものを否定されるっていうのは、もうやりようがないと思ったですね、一体、本当に……」

ここまで一気に言葉を繋いだ石川医師の目は、深い失望と哀しみを顕にしていた。

「あれだけ時間と労力、知力を尽くしてやったものが一体、何の意味があったんだろうって思いましたよ。もちろん、ああいう風に批判するのはいいんです、批判しても精神療法だったら、彼が批判したこと自体を話し合って、なぜ批判しているのかを明らかにして彼も私も納得すると。じゃ次はこうしようって出来るでしょ、でも鑑定は出来ない。もう意味がないと思いましたよね。それでもう、精神鑑定は絶対にやるまいと決めたんです。もう、あれ以上の精神鑑定はやりようがないと思ったんです。反論も対話もできず治療にも結び付けられないのなら、二度とやるまいと……」

万難を排し、全身全霊を注ぎ込んで完成させた「永山則夫精神鑑定書」——。

この鑑定を最後に、石川医師は将来を嘱望された犯罪精神医学の道をすっぱり退いた。医師の原点に立ち戻ろうと考えた。それは四〇歳を前にした決断だった。

八王子医療刑務所を去る日、それまで手元に置いていた精神鑑定の資料は、処分した。外の世界と、一線を越えた中の世界。ふたつの世界を隔てる冷たい鉄門の前に立ち、もう二度とここには帰ってこないと思った。門を出て、ふと思い出した。面接の最終日、永山にカメラを向けた時、そこには確かに彼の穏やかな笑顔があった。遥か昔に見た、遠い夢のように思えた。

以降、石川医師は臨床医として、患者に向き合う日々を過ごしていくことになる。石川鑑定の評判は、少年事件を手がける弁護士たちの間で密かに広まり、その後、石川医師の下には何度も精神鑑定の依頼が寄せられた。中には近年、誰もが知るような社会を騒がせた重大な少年事件の鑑定もあった。しかし、二度と精神鑑定はやらないという石川医師の決意が揺らぐことはなかった。

精神鑑定に関する一切から縁を切った。それでも彼は、永山則夫が語り尽くした膨大な録音テープだけは、どうしても捨てることが出来なかった。

昭和五四年（一九七九）七月一〇日、大方の予想どおり、東京地方裁判所は永山に死刑判決を下す。

判決は石川鑑定について、判断の材料となる前提を間違えており重大な疑問があるとして一顧だにしなかった。

その判決から三四年目の二〇一二年、当時の合議の様子の一部が初めて明らかになった。

右陪席だった豊吉彬元裁判官による証言である。豊吉元裁判官は、石川鑑定が採用されなかった事情について次のように証言した。

「合議で三人の裁判官が話をするわけなんですが、石川鑑定を読んで驚きましてね。『こりじゃあ極刑、無理じゃねえか』と言っていた人もいたほどでした。私自身、あのような立派な精神鑑定書は見たこともなくて、その後の自分の裁判でも何かと参考にさせてもらいました。だけど、当時の裁判官には心理学的な知識もありませんし、どこか『所詮は医者が言っていることだから』というような雰囲気がありましたよね。

裁判の結論は決まっていましたから、排斥するより仕方がない、そう、仕方がないということになってしまうんです。ある結論を導き出すために、ある証拠を否定しなくてはならない。そういう時、良いところは言わないで、悪いところを見つけて、それで敢えてひっくり返すと、そういうことでしたね。それは今だって変わらないんじゃないんですか?」

あまりに率直な意見だった。豊吉元裁判官は最近の裁判員裁判を見ていると、まるで被害者の仇討ちの場になっているようで危惧を感じると話し、証拠を見て判断することの大切さを訴えようと取材に応じてくれたのだった。

「今回、取材を受ける前に、改めてあの時の判決文を読み直してみたんですがね、石川鑑定を採用しない理由は、あれは却下するための、採用しないための理屈であって、私は重要視する必要はないと思いますね。あの時の法廷は荒れに荒れていましたから、もし、もう少し静かな状態で、永山さんが石川さんに語ったように、自分が犯した罪に向き合って、生い立ちから何から私たちの前で静かに語ってくれていたら、どうなっていたかなと、今でも思いますけどね……」

豊吉元裁判官はそう語り、小さく何度も頷いた。

4

一度は完全に消えかけた石川鑑定の存在が、再び日の当たる場所に出てくるのは、一審判決から二年後の控訴審である。

その頃、三〇歳になった永山は、ある女性と結婚した。

その人は占領下の沖縄に生まれ、一〇代でアメリカに渡っていた六歳年下の日本人。ミミというニックネームのその女性は、永山が書いた『無知の涙』を読み、彼の孤独と自らの人生を重ねた。ミミもまた実の父を知らず、幼い頃に母に置き去りにされるという傷を負っていた。もし自分も拳銃を手にしていれば、永山と同じような道を歩んでいたかもしれないと思った。文通の末、ミミは家族の反対を押し切って来日し、永山と共に生きる誓いを立てた。拘置所の壁を隔てた結婚だった。

ふたりに関する物語をここで語るには、もう一冊分の余白が必要だろう。その詳細は拙著『死刑の基準——「永山裁判」が遺したもの』（日本評論社、二〇〇九年）に詳しい。だが、どうしても記しておかなくてはならない幾つかのことがある。

ミミは、永山と生涯をかけて被害者遺族に出来る限りの慰藉を尽くそうと考えた。自分がその手で犯した罪に永山に静かに向き合ってもらい、一審の時のように裁判長と不毛な対決を繰り返すのではなく、被害者のため、遺族のため、そして自分たち夫婦のために真摯に裁判に臨んでほしいと願った。

ミミは、被害者遺族を何度も訪ね永山に代わって謝罪し、対話を重ねた。函館、京都の遺族に続き、それまで印税の受け取りすら拒否していた名古屋の遺族も会ってくれた。仏壇に焼香すること、共に墓参りをすることを許された。彼らは息子を奪われた哀しみを語りながらも、別れ際には「あなたも身体に気をつけて」と思いやりを示してくれた。印税はやはり受け取ってもらえなかったが、「永山のような貧しい子どもたちのために使って下さい」と、その苦しい胸中から精一杯の言葉をかけてくれた。

そんな報告をミミから聞きながら、永山の心は少しずつほぐれ、やわらかになっていく。永山にとって最も逃げたい辛い部分に踏み込んできて、共に泣き、支えてくれるミミは、生まれて初めて「信頼できる人間」となった。

ミミは、一審の石川鑑定を読み込んでいた。永山の心の一番の傷に向き合わなければ何も解決されない。永山の母ヨシにどうしても会わなくてはならなかった。ヨシからの手紙は、ある時期から突然、届かなくなったという。調べるうちに、ヨシが板柳町の近くの特別養護老人ホームに入っていることが分かった。

ミミが板柳町を訪れた時、ヨシは七〇歳。寝たきりで、言葉を発することも出来なくなっていた。付き添っている看護婦の話では、兄弟の名前を順に言うと、「要らん、知らん」と言うのだが、「則夫」という名前を言った時だけは、声にならない声で泣きだすのだという。ヨシの介護には、時々、精神病院に入退院を繰り返している長女セツという女性がやってくる以外に、誰も寄り付かないと説明された。

ミミから、母の変わり果てた様子を聞かされた永山は、「あのおふくろが」と、ショックを隠せない様子だった。そして二日後、面会室のミミにうながされ、独房で母に手紙を書いた。

コンニチハ！　オフクロサン、ソノゴドウシテイマスカ。ミミカライロイロキキマシタ。ダイブヤセテイルコトヤ、イチゴヲタベタコトナドヲキイテイマス。ゲンキニナッテクダサイ。ミミトイッショニアイニキテクダサイ。マッテオリマス。ゲンキデイテクダサイ、ガンバッテクダサイ、オカラダダイセツニ！

　　オフクロサンへ。一九八一・四・八　ノリオヨリ

大きな筆文字で、母が読めるよう片仮名で書いた。この時やっと永山は、「もう、母を許そう」と思えた。母を怨み憎しみ続けた永年の呪縛から、解き放たれた。妻を得て、初めて愛される喜びを実感したからこそ踏み出せた一歩だったのかもしれない。以後、永山は事あるごとに母へ手紙を送ることを忘れなかった。話すことにすら不自由になっていた母から、返事が来たことは一度もない。それでも、送り続けた。

そんな最中に、東京高等裁判所では粛々と審理が進んでいた。一審の時のように、裁判長と争うこともなくなった。ミミも証言に立った。永山と生涯、慰藉の道を歩む覚悟でいること、永山はまだ死刑になる気持ちでいるけれど、自分たちに共に生き直す機会を与えてほしいと語った。

一審ではまともに行われることのなかった被告人質問。そこで永山は、将来の希望を語った。勉強の出来ない落ちこぼれの生徒を、一番優秀な生徒が面倒を見るような、そんな塾をミミと開きたいと述べた。裁判官は、遺族への慰藉の状況や金額などを事細かに聞いてきた。受け取りを拒否する遺族には、別口座に貯めていく方法があることなども示された。二審から新たに結成された弁護団は手ごたえを感じていた。一審の審理には一〇年の歳月を要したが、二審はわずか二年で結審した。

昭和五六年（一九八一）八月二一日、東京高等裁判所の船田三雄裁判長は一審を破棄し、永山則夫に無期懲役判決を下す。

船田裁判長の判断の根底には石川鑑定の存在があったと、当時の弁護士、大谷恭子氏は打ち明ける。

「正直言って、私は判決を読むまでは、裁判所がどこまで石川鑑定を採用するかということはまったく意識してなかったんです。ところが判決を聞いた瞬間から、えっと驚いたのは、無期懲役にした理由に少年事件であるということが第一に挙げられ、しかも『精神的成熟度』という言葉を使って、彼を一八歳に満たない精神的な成熟度だったと判断していたんです。それはもう衝撃でした。その言葉は、石川鑑定にそのまま出ていたんです。だから、あれは全面的に石川鑑定に依拠して出た判決だと私は確信を持ちました」

大谷弁護士が指摘するのは、判決文の次の箇所である（傍線筆者）。

〈被告人は当時一九歳であったから、法律上は死刑を科すことは可能である。しかし、少年に対して死刑を科さない少年法の精神は、年長少年に対して死刑を科すべきか否かの判断に際しても生かされなくてはならないであろう。殊に本件被告人は、出生以来極めて劣悪な生育環境にあり、父は賭博に狂じて家庭を省みず、母は生活のみに追われて被告人らに接する機会もなく、被告人の幼少期にこれを見はなして実家に戻ったため、被告人は兄の新聞配達の収入等により辛うじて飢をしのぐ等、愛情面においても、経済面においても極めて貧しい環境に育ってきたのであって、人格形成に最も重要な幼少時から少年期にかけて、右のように生育して来たことに徴すれば、被告人は本件犯行時一九歳であったとはいえ、精神的な成熟度においては実質的に一八歳未満の少年と同視しうる状況にあったとさえ認められるのである。〉

大谷弁護士は、改めて石川鑑定を読み直した。そこで鑑定主文の第二項「二〇才未満の無知で成熟していない判断力等の諸要因が複雑に交錯し増強しあった結果」、第四項「全体として人格は成熟と統合の途上にある」という箇所に行き当たった（傍点筆者）。その瞬間、「船田判決はここに依拠した」と確信を持った。一審がまったく顧みなかった石川鑑定の結論を「精神的成熟度」という尺度で見直し、さらに少年事件であるということから最大限、援用したと思った。

また先の判決文には、〈愛情面においても、経済面においても極めて貧しい環境に育ってきた〉とある。経済的な貧困よりも、愛情の貧困を先に掲げている部分もまた、石川鑑定を読み込んだ上での表現だったかもしれない。船田判決は石川鑑定を、責任能力の有無という法医学的な視点よりも、それを放置してきた社会（大人）の責任をも含め、少年の情状として扱ったのだ。

弁護団も、二審の審理で石川鑑定の存在を意識していないわけではなかった。時に顕になる永山の激しい攻撃性がどこからくるのかということの背景には、やはり生い立ちや、母親との関係をまったく作れていないことがあり、それが人格形成において非常に大きな問題になっていることを感じていた。しかし控訴審では、現在の永山が落ち着いていること、つまり犯行時のような永山ではなくなり、一九歳からこれだけ成長し、自分の精神世界を持ち、それを支える人がいるということに弁護の力点を置いた。大谷弁護士は続ける。

「彼が石川鑑定に反発したのは、自分は毅然と世の中に立っていたいという自負があったからだと思います。しかし精神科医である石川さんは、そこの所は避けて通れない。本人がいくら傷ついても指摘せざるを得なかった。自分が社会に屹然と問題提起をする立場を維持することと、石川鑑定を認めることとは、必ずしも矛盾しないのですが、彼には病的なことへの抵抗感が強くありましたから。そのことは、彼の裁判で最後まで尾を引きましたから……」

二審判決の後、船田裁判長は一斉にマスコミのバッシングに晒される。四人殺しを死刑にしないのは、事実上の死刑廃止判決だと非難され、永山事件は、その内容よりも死刑制度の是非を問う議論へと変容していった。

二年後の昭和五八年（一九八三）七月八日、最高裁判所は二審を破棄する。

東京高等裁判所に審理をやり直すよう差し戻したその判決は、事実上の死刑判決だった。判決は、船田裁判長が「精神的な成熟度」という尺度で永山を一八歳未満の少年と同視したことについて、「証拠上、明らかでない」と批判し、次のように判示した（傍点筆者）。

〈環境的負因による影響を重視したためであろう。しかしながら、被告人同様の環境的負因を負う他の兄弟らが必ずしも被告人のような軌跡をたどることなく立派に成人していることを考え併せると、環境的負因を特に重視することには疑問がある〉

一審と二審が事実上、石川鑑定の解釈をめぐって判断を分け、また「新井鑑定」と「石川鑑定」という二つの精神鑑定が結論を異にしているにもかかわらず、最高裁判決は石川鑑定の存在に一言もふれなかった。

同じ時期、最高裁判所の調査官を務めていた木谷明元裁判官は、一審と二審の経緯から考えても、判決が石川鑑定に全くふれていないのは不自然であると指摘する。一般論として、時に都合の悪い証拠を批判せず、あえてふれないことで、その存在を抹殺する手法がとられることもあるようだと話した。

永山事件を担当した最高裁判所第二小法廷の判事はみな、鬼籍に入っている。この時の調査官は、前掲の拙著において、差し戻し判決の主な理由として永山が四度にわたり犯行を繰り返したことの「犯罪性の根深さ」を重視したと述べている。元調査官もまた、永山が石川医師に対して行った供述の信用性を疑っていた。

最高裁が、差し戻しの理由で一言もふれていない以上、差し戻された裁判で取り上げられることはほぼない。弁護団は、二つの精神鑑定が結論を異にしている以上、第三の精神鑑定が必要であると訴えた。しかし、裁判所は認めなかった。それどころか永山本人が三度目の精神鑑定を受けることを強く拒否し、最終的に弁護人をも解任した。

一度は生きることを許され、またも死刑を下される中で、ついに永山の心はもたなかった。彼は再び心を閉ざし、永年支えてくれた弁護団とも、妻ミミとも関係を断った。もはや死刑判決を確定させる手続きを踏むだけの場となった法廷に静かに立ち、独房ではひとり小説を書く日々を送るようになる。彼の小説に登場する人物はいつも、板柳の家族とミミだった。

その後、永山の兄姉たちが、最高裁判決が言うように立派に成人したかどうか簡単にふれておく。立派かどうかという判断は極めて主観的なものであり、ここでは可能な範囲で事実を羅列するに留める。

長男は、すでに述べてきたように、永山が逮捕される前年、詐欺罪で逮捕された。宇都宮刑務所に服役した後、出所してからは板柳町に一度も戻っていない。

次男は、永山が逮捕された後も、稼ぎのある女性を乗り換えながらパチンコ三昧の日々を送った。競馬でも借金を重ね、暴力団関係者の手先として動いたこともあったが、逮捕はされていない。その日暮らしの生活に限界が来て、再びトラックやタクシーの運転手として働く。しかし、どの仕事も長続きしなかったという。白タクで稼いでいるらしいというのが次男に関する最後の証言である。その頃には仲の良かった三男が住民票を探して追いかけても一切、連絡がとれなくなっていた。川崎市内の路上で倒れているのを病院に運ばれた時には、すでに末期の胃がんを患っていて、間もなく誰にも看取られることなく亡くなった。四二歳だった。

永山事件の前に離婚した三女は、有楽町のバーでホステスとして働いた。一時は証券マンの愛人として暮らすが、その後、北関東にある雀荘のおかみとなる。「青森」

や「永山」という文字が自分の戸籍に掲載されることを嫌い、三男に頼んで住民票を三男の家に入れてもらったりしたが、以後、連絡はとれなくなったという。

出版社勤めを続けていた三男は、事件から五年後に結婚し、子どもを授かった。「息子が則夫に似ているんだ」と知人に漏らしている。その後、故郷の友人から、母ヨシが寝たきりになっていることを知らされ、何度か迎えに行こうとした。しかし、どうしても上野駅から先に足を進めることが出来なかったという。この事について三男は、「私の身体がそのぐらい潜在的に母を恨んでいるのでしょう。母のことは、ひとりの人間として見た場合たまらなく哀れな女の人だったなと思いますね」と語っている。

三男は昭和六〇年(一九八五)、四〇歳になった時、兄姉の中でただ一人、永山の裁判に情状証人として証言に立った。死刑という結論はすでに見えていた法廷で、三男は次のように語った。

「最初のうちは早く死んでくれ、早く処刑されてくれと、それが本音でした。ですが最近、新聞でたまに、少し太った大人になった弟の写真を見ると、やはりすぐ上の兄ですから、会いたいなというのが今の真実の気持ちですね」

この証言を最後に、三男は出版社を退職。永山姓を捨てて妻の姓となり、周囲との連絡を断った。

名古屋で針子をしていた四女は、永山の事件から五年後、母が倒れたとの報せを受けて青森に呼び戻される。そして、弘前市内で看護師見習いとして働き始めた。二三歳の時、望まない妊娠をしてしまい、未婚のまま男児を出産。バーのホステスとして働きながら、借金を重ねて転職を繰り返した。結局、青森には帰ったものの母の世話は一度もしていない。子どもを産んだ後、名古屋に住む三男の家を訪ね、「離婚したので子どもを預かってほしい」と頼むも断られている。暫くして心の病を発病し、入院。子どもは乳児院に預けられた。

一緒に育った姪は、埼玉県にある工場に集団就職し、結婚する。その後離婚し、相談をしに行った次男の手によって置屋に売られてしまう。その店から、三男が勤めていた出版社に一度だけ電話をかけてきたというが、それを最後に行方不明のままである。

彼らの誰ひとり、年老いた母のいる板柳へは戻ってこなかった。

5

則ちゃんへ
刑務所の中は寒くないですか。正月は餅が食べられますか。

暖房はどのようになっておりますか。寒くなると何時も其ればかりが気がかりです。

一二月六日、父の一三回忌なのですが、私の休みの日でないと都合が悪いので一一月一〇日にやります。

二五日の一一時に、〇〇（四女・永山の妹）が、男の子を産みました。

逆子だというので帝王切開しなければならないかと思ったら普通の分娩でした。

則ちゃんからお金を送ってもらったので〇〇（四女）にやりました。元気でいてください。

セツより　七四年一〇月

則ちゃんへ　お便り拝見しました。

靴下、喜んでくれて有難う。姉ちゃんは近眼だけど、まだ老眼にはなっていません。

編み物は好きだからやって居るけど、運よく肩のこるのを知らないから幸福です。

電気毛布と電気スタンド、どうも有難う。近所の人たちが皆いいねと言ってくれます。

のりちゃんが送ってくれたお金は帳面につけてあります（合計四九万円）。

先日、母から電話で体の調子が悪いから来てくれと云われ一九時二四分の汽車で板柳に来て見たら、体の具合が悪くて便所迄やうやう歩いて行くと云うし顔もはれてしまって居るので

往診してもらったら入院したほうがいいというので、一応入院の支度をして弘前に連れていきます。

では、靴下、編んで送ります。

セツより　七四年一一月

則ちゃんへ　何時も送金有難う御座います。
母の病状は少しずつ良くはなってきました、先生は何ともないと云っています。
靴下は、春になって履かなくなったら、送って寄こせば大きくして足して編んでやります。
〇〇（四女）は乳児院が安いから子供を預けると云っていたので、お金をやらなければ
孤児院にやられたら困るからと思って、生活の足しにと漬物を送ってやったら、テレビ買ったの編み機買ったのと電話を寄こして、次の日はミルクを送ってくれと云って寄こして、
母が怒ってしまって居ります。お金をとるためにミルク送ってくれと云ったのか、
其れとも本当に困って電話をよこしたのか、とに角、〇〇には困ってしまいます。
五万円もらった内、一万円だけ子どものミルク代に困った時にでも使うと思って貯金しました。

セツより　七五年一月

則ちゃんへ

母が夕方から苦しいと云いだし当直の先生に見てもらっている内に吐血しました。

三回吐血しました。胃潰瘍だと思うから明日検査してみるとかで、もう駄目と思いました。

一九日に動脈切開をし、胸部腹部頭の写真を撮り、午後から腹膜ではないかと云う見方から

腹水をとった所、腹膜（炎）ではないそうです。胃カメラを飲んだところやっぱり胃潰瘍でした。

大きいのが一つ、小さいのが二つ見つかったそうです。先生が私を医務室に呼んで、

今度吐血したら助からないから覚悟してもらいたいと云はれ、私も二晩、寝ないで

看病しましたが、二三日の夕方からやうやう正気づいてきました。

若い看護婦さんが、板柳の永山と云えば永山則夫の親戚かと聞かれたし、子ども

が、
聞くので、則ちゃんのことを話しました。四月九日に裁判があると聞きました
達のことも皆、正直に話して自分の罪を裁いてもらう様にしたら良いと思います。

セツより　七五年四月

則ちゃんへ　お手紙有難う御座いました。
公判の様子を知りたくて、昨日、支援者の方に手紙を出しました。母の様子は一応今の所、落ち着いています。りんごをすって食べさせています。漬物も食べたがるので、白菜を買って食べさせた所、便を見ると全然消化していないので食べさせるのを止めました。寝たきりなので、オシメを買って敷いて毎日取り替えてやっております。何かと色々とお金がかかるのですが、今現在は、前にもらったお金を貯めて持っているので、なくなったらまたお願い

します。
○○（四女）が別の店に変わろうとしたら、ママがテレビのお金を借金しているので
借金を払って出てけと云ふから、二〇万円、借金するから私に保証人になれと云ふので、
三万円、貸してやりました。○○には本当に困っています。
父の写真の件ですが、私も二度ほどみたことがありますが、余り良い写真ではないので
余り見ないようにしています。

セツより　七五年四月

則ちゃんへ
年の瀬も迫り昭和五二年も近くなりましたが、其の後元気で居りますか。
母も一日おきに病院の外来に通って居りますが、二日目はマッサージ、三日目は
風呂に七八キロも
ある身体をリヤカーに乗せて連れて歩かなければならないので大変です。其れで

も少しでも私に
感謝する気持ちが有れば不憫だなと思いますが、則夫も覚えている通り、頭から
怒鳴りつけて
自分の思う通りにいかなければ叱り付けてどなるように叫んでいる時もありま
す。
靴下を二足、編みましたので書留で送りました。寒くなるので風邪を引かないよ
うに
気をつけて下さい。春になれば就職するつもりですので又何か送ります。

セツより　七六年一二月

則ちゃんへ
二三日に送ってくださった一万円、確かに受け取りました、有難う御座います。
今の所福祉事務所の方から、冬の燃料費が来ているので大分楽に暮らして居りま
すから、
則夫も何時も本が売れるというわけでもないでせうから、無理して送らなくても
良いです。

送ってきたお金でセーター一枚とワイシャツ一枚を送って、中に編んでおいた靴下一足を入れておきました。公判があるそうですから、其の時に着るようにすれば良いと思います。

体のバスト、丈、背中、袖丈など、若し計ってもらふに良かったら計ってもらって教えて下さい。

其れから、十二指腸潰瘍の手術をしたと有りましたが、男の成人体の場合、大きさは

腸其の物の太さが日本人の場合、二センチ四ミリから二センチ二ミリ三分くらいで、

潰瘍の出る場所にも影響するけど、手術後は余り無理な力仕事をしない様にすれば

結構長生きする様な話になって居ります（学会の説明発表によれば）。

則夫の家では、割りに胃がん肝臓の疾患が出る家だから。

回復後の薬は私が送ってあげるからね。

セツより　七八年一月

則ちゃん
父親の武男さんの事、聞きたがっている様ですけど、武男さんは、剪定を習って、りんごの
剪定技師三八人と、現在は四三人になりましたけど、剪定技師では一番頭になっていた人です。
バクチは好きでしたけど、仕事なら人に負けないでやる人でした。横須賀の海兵団に入団したのは
終戦の前の年で、一〇月に入団しました。習字の上手な人で尺八も吹いておりました。
ハーモニカも上手でK農林園の〇〇さんにハーモニカを教えたりしていましたよ。

セツより　七八年七月

セツ姉さんへ
こんにちは、お元気でおりますか？
セーターなどはミミがちゃんとしてくれているので大丈夫です。セツ姉さんはも

っと自分を
大事にし、自分の着るものの用意をしてください。そちらはもう寒くなっている
ことと思います。
セツ姉さんの方は大丈夫なのですか？　お金は持っていますか？　こちらも少な
い中でやっていますが、
少しくらいならなんとかなりますので、もし困っていたらえんりょしないでいっ
てきて下さい。

則夫より　八三年九月

セツ姉さんへ
こんにちは、お元気でおりますか？
仏壇とはなんのことですか？　よく分かりません。しかし、そのようなものは、
いざというときには
なんとかなりますので、お金はセツ姉さんのために使い、そのためにとっておい
て下さい。
死ねば、人の心にその人がのこってゆくのです。よい事をした人は必ず人々の心

にのこってゆきます。セツ姉さんは、人々の心に残っていくでしょう。わたしの小説をとおし日本の人々はセツ姉さんのやさしさを知っています。だから、淋しくても心を強くし、がんばって生きてゆくのですよ。まわりの人たちはやさしくしてくれますか。差別されていませんか？　困ったことがあれば、わたしにいってきて下さい。必ず何とか解決してゆくつもりです。

則夫より　八三年一二月

セツ姉さんへ

こんにちは、お元気ですか？　オフクロに会ったのですね。元気でいましたかね。話すことができないのですね。不自由だと思いますが、よくなることを祈っています。母さんも大変と思いますが、がんばってほしいと思います。おじさんの家の方は、父さんも亡くなりましたか。則夫とのつながりを隠すから、倍疲れ、早く死んでしまうのだと思います。

則夫より　八六年一月

則ちゃんへ

則夫にお金三千円をもらって居たのに、礼状出すのが遅れました。おねえちゃんも五六才になって、年寄り祖母ちゃんになってしまって本当に心寂しくなりました。

○○（次女）が死んだようです。○○（次男）も死んだそうです。ひとみちゃんのお母ちゃんが知らせに来てくれました。四二歳まで生きたそうです。

また知らせますから。○○（次男）死んでも泣かないんだよ、○○（次女）死んだから、

泣かないで居るんだよ。

おねえちゃん、一回、東京に行ってみようと思ったけど、誰かに連れて行っても

らはねば
行けないかもしれないし、又何かあったら手紙出すから元気でいなさい。
来月、年金くるから又何か送ってやるから欲しいものがあったら便り下さい。
セツより　八六年三月

則ちゃんへ
暫くご無沙汰しました。其の後元気でおりましたか。私もおかげさまで元気でおります。
四月一八日に新聞で見て（死刑判決確定の記事）、○○さん（かつての支援者）が則夫ちゃんにすぐ手紙出して下さいと云ふので、急いで書いております。
その人からの手紙で、そちらのことは大体分かりました。お姉ちゃんは東京には行けないので、
なるべく取り乱さないようにして身の回りを片付けておいた方が良いでしょう。
母も寝たきりで何にも話せない状態なので教えることも出来ないし、兄弟たちも家へはなんにも連絡はないし、お姉ちゃんも今の所、誰か連絡くるかなと思って待っているのですが。

其れから下着なんか有りますか、お知らせ下さい。なかったら送りますから、
お返事寄こして下さい。

セツより　九〇年四月

則夫、元気で居りますか。

おねえちゃんも今の所、足の方も大分よくなって元気で居ります。

一一日の日、午後に現金封筒がとどき、四万円が入っておりました。則夫から三万円と、
〇〇さん（支援者）から一万円だそうです。ペリカン便で、又りんごが入り次第送るつもりです。

ストーブは分解して掃除してもらいました。四七〇〇円かかりました。

其れから、靴下編んで送ってやろうかと思ふのですが、寸法が分かりませんので、
看守さんにでも良いですから寸法計ってもらって知らせて下さい。

毛糸は板柳でも売って居ますので買って編みます。

少し寒くなって来ましたから風邪を引かないように気をつけて元気で居て下さ

い。

セツより　九一年一〇月一二日

石川鑑定をきっかけに始まった、長女セツと永山則夫の文通は、この手紙を最後に終わっている。

一九九二年九月、永山が青森・板柳町に出した長女セツ宛てのハガキは「死亡のため配達できません」と赤字で記され、東京拘置所へ送り返された。

一九九二年、永山セツ、六二歳で死亡。

一九九三年、永山ヨシ、八三歳で死亡。

一九九七年八月一日午前九時、永山則夫の絞首刑が東京拘置所で執行された。逮捕から二八年、四八歳の夏だった。

遺骨は、かつての妻の手によって、生前の遺言どおり帽子岩の見える網走の海に撒かれた。

終章　二枚の写真

その報せが届いたのは、精神鑑定が終わってから二三年の歳月が経った暑い夏の日のことだった。

石川義博医師は、東京都精神医学総合研究所の臨床医として日々、患者の治療にあたり治療方法の研究に没頭していた。その年は副所長を最後に六二歳で定年を迎え、これからの人生を模索していた時だった。

永山則夫とは、その後一度も会うことも手紙も交わすこともなかった。しかし、突然、乱暴に投げつけられるようにして飛び込んできた死刑執行の報せは、忘れかけていた八王子医療刑務所での日々を蘇らせた。

「君はどうして、そう思ったの？」

その後、何度も心の中で繰り返してきた彼への問いを投げかけることは、もう出来ない。あの時のように彼と向き合い、対話することは永遠に叶わない。冷たい処刑場に立ち、彼は最期に何を思ったのか——。石川医師は、言葉にもならない深い喪失感に襲われた。同じ年、時機を合わせたかのように、二人三脚で患者の治療にあたってきた大切な仲間を病気で失った。あらゆる患者に共に向き合った無二の同志だった。重なる悲報にすっかり体調を崩し、立ち直るには年という単位の歳月が必要だった。

もう、働きすぎるほど働いてきた。そのまま定年を機に引退してもよかった。子どもたちも無事、巣立った。妻とふたり、趣味の余生を送る選択肢もないわけではなかった。しかし、医師として全力を尽くしながら永山則夫を救うことが出来なかったという無力感は、心のどこかで彼を苛み続けた。医師として、助けを求めてくる患者がいれば救わなくてはならないのではないか。それは誰のためでもない、ひとりの臨床医として納得のいく人生を全うするために、どうしても必要なことだった。

永山の死刑執行から四年後の二〇〇一年、六六歳になった石川は、自宅の近くにマンションを借りて小さなクリニックを開業した。

再び、患者に向き合う時が流れ始めた。個人経営のクリニックではあるが、都内の脳外科の専門医とも提携し、投薬の効果を脳の画像診断で確認していくなどの最新の治療も実践している。しかし、石川医師が最も大切にしていること、それはカウンセリングだ。毎回、ひとり最低でも三〇分、患者の話にひたすら耳を傾ける。患者が何に苦しみ、何を求めているのか、患者自身の言葉として現れる時をじっと待つ。七七歳になった今も、医師として貫いてきたそのやり方は変わらない。

その日、町は、夕方から土砂降りの雷雨に見舞われた。

石川クリニックのソファに座り、雨に濡れた鞄を拭きながら、私はその日最後の患者の診察が終わるのを待っていた。受付にはいつものように彼の妻が座り、こちらを覗き込んで微笑んでいる。初めてここを訪れたのは四年前の春。永山則夫の録音テープのことを語る、哀しみに満ちた医師のまなざしを思い出していた。

私は石川医師に、ある事実を伝えなくてはならなかった。

彼が、永山則夫と向き合った日々はとうに過去のことである。しかし、まだひとつだけ、石川医師が分析をし終えていない事実が残されていた。

五年前、永山則夫の遺品を調べた時、ひとつだけ特別に保管されていたダンボール箱があった。それは、永山が死刑執行の朝まで自分の独房に置いていた身の回りの品々をまとめたものだった。執筆に使っていたというボールペン、鉛筆、眼鏡、真夏の独房には必需品だったのか天花粉《てんかふん》、歯ブラシ、石鹼等々、独房での生活を生々しく感じさせるものばかり。まだ沢山、手紙を書こうとしていたのだろう、何十枚もの切手や真新しい便箋や封筒もあった。それらの品々は、処刑の日が近づくのを待ちながらも、彼が決して手放すことの出来なかった、人間の本能とも言うべき生への執着を覗かせているようにも感じられた。

一九九〇年に死刑判決が確定してから、最期の日を迎えるまで約七年、永山は一度も再審請求を行おうとしなかった。手元に山と積まれていた裁判資料はすべて支援者に宅下げし、手放したという。たとえ死への時間を少しばかり遅らせることが出来るとはいえ、法廷の場はもはや、彼にとって何の意味も持たなかったのだろう。彼は独房でひとり静かに小説を書き続けた。

だが、そんな彼の手元に一点だけ、裁判資料が残されていた。

その精神鑑定書は、すっかり赤茶けていた。透明のビニールを繋ぎ合わせたカバーで、大切に包まれていた。獄中でビニールカバーを入手することは出来ない。恐らく、差し入れを包んでいたビニールを集め、工夫して何枚も貼りあわせてカバーに仕立てたのだろう。冊子の端はあちこちセロハンテープで補修が繰り返されている。頁を開くと、赤や黒色のボールペンで沢山の書き込みが為されていた。ここぞと思う場所に傍線を引き、誤植を丁寧に訂正し、◎、○、△、×、#など、彼にしか分からない記号が書き込まれていた。何度も何度も手にとっては読み返していたであろうことが感じられた。

五年前、遺品の中にあった精神鑑定書の存在を初めて知った時、私は、その意味が分からなかった。だが、それから後に石川医師から話を聞き、永山が語った膨大な録音テープに耳をかたむけるうちにようやく理解できた。主の居なくなった独房に、たった一点だけ残されていた鑑定書。それが、何を物語っているのかを。

死刑が執行されるその日まで、永山則夫は生涯、「石川鑑定」を手放さなかったのである。

石川医師は、封筒から慎重な手つきでそれを取り出した。そして、小さく驚きの声をあげた。

「これ、原本ですか？　これが、彼の部屋にあったんですか？」

ビニールカバーで包まれた古い鑑定書を両手に持ち、『永山則夫精神鑑定書』と書かれた表紙を正面からじっと見つめた。

「ああ……、こんな風にしてね……」

医師は、それから何度も何度も頁をめくっては、つぶやいた。

「ああ、彼は書いていますね、ここにも、ああ、線が引いてあるわ。これは、彼の手垢がついているんだね。こんなところにも、線がありますよ。このことは僕、全然、知らなかったですよ……」

鑑定書を見つめる両の目は、もう涙を堪えられなくなっていた。

永山は、一度は石川鑑定を否定した。しかし、その心中はどうだったのか。

鑑定書に記載された自身の生い立ちを、母の人生を、独房で繰り返し辿り反芻した。だからこそ彼は、〝連続射殺魔〟からひとりの人間に立ち戻り、最期まで被害者遺族に印税を届けようとした。印税が尽きた時には、弁護士や支援者に墓参りに行ってくれるよう繰り返し頼んでいた。犯してしまった取り返しのつかない罪に、失われた命に捧げられるのは、もはや祈りでしかないことに彼は気付いたのではなかったか。

そして、あれほど怨み呪った幼い日々の思い出を、小説へと昇華させることが出来た。一度は妻を愛し、母ヨシを許し、セツ姉さんに再び素直に甘えることが出来た。たとえその終着駅が処刑場であったとしても、彼は独房の中で、ひとりの人間として残された〝命〟を生き切ったのではなかったか。

「そうかもしれませんね……、あの笑顔を見た時は、やはり面接は、精神鑑定とはいえ治療的だったと思ったんです。最初の時と比べて血色がよくなって、表情も本当ににっこり笑っているでしょう……。あの顔を見た時ね、ああ本当に良くなったと思ったんですよ。

お互い、全身でぶつかり合ったんです。それは並大抵じゃなかったですね。当時の写真を見ても分かるように、私も髪がふさふさしてロンドンから帰ったばかりで三八歳ですから、エネルギーがあったんだね。あの時、彼の人生と私の人生が、うまく一致したんでしょう。でなきゃ、こんなに詳しくは出来ないですもん。共感するところが、どこかあったんでしょうね」

24歳の永山則夫（撮影 石川義博医師）

永山と決別した後も、石川医師は、彼が自伝的な小説を発表する度に取り寄せては読んでいた。そこに書かれた話のほとんどは、自分の前で語った話ばかりであることにも気付いていた。『木橋』には、青森・板柳町で過ごした中学時代の思い出が、『土堤』には、母や兄たちに複雑な思いを抱えながら横浜で沖仲仕の仕事に明け暮れた日々が、そして『なぜか、アバシリ』には、一度は氷のように冷え切った彼の心を最後まであたため続けてくれたセツ姉さんのことが、飾り気のない筆致で認められていた。心の奥底に秘めてきた一九年の歳月と、求めてやまなかった家族への思い。石川医師と対話を重ねるうちに溢れ出た自身の言葉を、「石川鑑定」に何度も何度も辿りながら独房でひとり筆を進めたのだろう。

しかし、「これは自分の鑑定じゃないみたいだ」という永山の一言は、石川医師の人生をもまた、大きく変えてしまっていた。

「あれは表面的な言葉だったかもしれないけど、僕は真面目だから、真に受けて……。本当に真に受けちゃったですね。だから、彼は僕の人生を変えたでしょうね。あの事がなかったら、犯罪精神医学をもっともっと研究していたでしょう。犯罪の本当の原因を突き止めなくちゃ、刑事政策も治療もあったもんじゃないんですけど、日本は余りにも、それをやらないで来ましたよね。調べれば調べるほど、本当の凶悪犯なんて、そういるもんじゃないんですよ、人間であれば……」

そう語りながら、医師の右手は愛《いと》おしそうに古い鑑定書を撫でていた。暫くの無言の後、つと顔をあげ精一杯の言葉を繋いだ。

「でもね、悔いはないですよ。精神療法の方がもっともっと患者さんの治療も出来て、人のためになりますから。精神鑑定も、犯罪学の研究も大事だけどね、実際に治療しなきゃ、医者ですから……」

その瞳は、穏やかな光を取り戻していた。

時を重ねた一冊の精神鑑定書は、人間の心の奥深さ、そしてそれを本当に理解することの難しさを語りかけているようだった。同時にそれは、生前の永山則夫が石川医師に伝えることの出来なかった感謝の気持ちを、ようやく伝えているようにも思えた。


診察室の窓を激しくたたく夕立は、いつしか上がっていた。静まり返ったクリニックのデスクの上には、一枚の写真が置かれている。

面接の最終日に撮影された、二四歳の穏やかな笑顔。

写真はその後、弁護士の手に渡り、そこからさらにマスコミへと渡っていった。一九歳で逮捕され、拘置所内での写真撮影が許されるはずもなく、本来、成人した写真が在るはずがない。だが、そんな疑問はそのままに、写真は出所不明のままコピーにコピーが繰り返された。その笑顔の意味を誰も知らぬまま、今もあちこちで使われている。

写真はいつも、石川医師がしつらえたプラスチックのカードケースに大切に収められていた。その裏にはもう一枚、別の写真が入れられている。

「せめて、ここだけでは一緒にと思ってね」

そう言って医師がカードケースを裏返すと、母ヨシの写真が現れた。青森・板柳町の旅館で話を聞き終えた後に撮影した写真。どこかすまなそうな、淋しげな笑みを浮かべている。すべてを語り尽くして穏やかになった息子の表情とはどこか違う、複雑な笑顔。

かつての小さな家の中で、無辜の幼子《おさなご》は、幾度となくその身に繰り返される不条理に涙を流した。尽きることのない母への想いは、いつしか愛情と裏返しの憎しみへとかたちを変えた。その憎しみは、幼子が成長し、犯罪へと踏み出す時、その右手を止める代わりに、その背を押した。

生前、事件について石川医師から問われた時、一度だけ大きな声で泣くようにして語ったヨシの言葉を思い出していた。

――則夫、とにかく甘えたかったんだの。おら、分かってたけど、出来んかった。おら、今でも信じられねえ。金、ほしくてやったんじゃねえのにやったんだって、則夫、言ってるんだなって、おら思った。誰が何と言おうと、今に分かるって。金、ほしくてやったんじゃねえ。なんぼニュースに出ても、本に出ても、こんなん嘘だ、今に見てろ、分かるって。

ヨシもまた、抗いようのない不条理にその身を苛まれ、愛を知ることなく母になった。最期まで、自分が息子に与えてしまった仕打ちの意味を知ることは出来なかったかもしれない。あの時、どうすればよかったのか、彼女には反芻する術もなかっただろう。

だが、あのやりきれない笑顔が物語るように、母の残りの人生もまた、様々な思いを抱えたものであったに違いない。寝たきりになり口がきけなくなってもなお、「則夫」という名を聞く度に声にならない声で泣いたという。時おり東京から届く息子からの片仮名の葉書に、母は気付いただろうか。

この世では、お互い抱きしめ合うことも、手を握り合うこともなかった母と息子。写真に浮かび上がるふたりの笑顔は、背中合わせのまま歳月を重ね、すっかり色褪せていた。

八王子医療刑務所は、今年、二〇一三年に閉鎖される。新しい庁舎は、近くの飛行場跡地に移され、老朽化の進んだ古い建物はいずれ取り壊されるだろう。その一階の小さな診療室で医師と被告人は向き合い、二七八日の時を刻んだ。

裁きの場を遠く離れ、三九年の歳月を経て、「永山則夫精神鑑定書」はようやく最後のページを刻んだ。

（文中の登場人物の敬称は一部略しました）

あとがき

今、多くの人が永山事件と聞いて思い浮かべるのは、その後の日本の裁判で〝死刑の基準〟として引用されてきた、いわゆる「永山基準」という言葉ではないでしょうか。「永山基準」は、本文でもふれた最高裁第一次上告審から生まれたもので、以下の九つの要素を指しています。

「犯行の罪質、動機、態様ことに殺害の手段方法の執よう性・残虐性、結果の重大性ことに被害者の数、遺族の被害感情、社会的影響、犯人の年齢、前科、犯行後の情状等各般の情状」

この九つの要素は、死刑判決の度に引用されてきました。しかし、「永山基準」が統一的な基準としての役割を果たしてこなかったことは、すでに多くの専門家が指摘しているところです。近年、殺人事件は減っているにもかかわらず、死刑判決は戦後直後並みに急増しました。厳罰化の中で、かつては死刑にならなかったような事件に、同じ「永山基準」を適用しながら次々に死刑判決が下されています。その判断が司法の冷静な裁きによってではなく、その時々の世論や空気によって左右されてきたことを私たちはすでに知っています。

去年七月、最高裁判所は「永山基準」について初めて、次のような見解を示しました。

「ここで指摘されている事柄は、死刑か否かを判断するにあたって考慮すべき事情として概ね網羅的で、その後の裁判でもしばしば援用されたところから、時に永山基準と言われることがある。しかし、これらは単に考慮要素を指摘しているだけであって、基準とはいい難い」(『司法研究報告書』第六三輯第三号)

最高裁はようやく、「永山基準」を「基準とはいい難い」と意を翻したのです。

この四半世紀、「永山基準」を金科玉条のように引用し、九つの要素を多く満たせば死刑にできるとしてきた日本の刑事司法とマスコミ報道の有り方は、刑罰に関する本質的な議論を歪めてきました。そして、機械的に当てはめ結論を導くやり方は、人を裁くことの重圧を軽減させる潤滑油のような働きをも果たしてきたと言えるでしょう。それは、永山事件が遺した本当の教訓ではなかったはずです。

永山事件に今、私たちが見るべきものは、もはや、〝死刑の基準〟ではありません。では、必要なことは何なのか。今回の取材で話をうかがった大谷恭子弁護士の言葉を改めて引用します。

「少年事件を担当すれば誰でも気がつくこと、それはあまりに偶然が左右するということです。あの時この人と出会っていれば、この一言があればということがすごく多いのです。成長期の不利益条件は誰もが抱えていて、うまくいけば乗り越えられるし、運が悪ければ外れっ放しになる。その分析を石川鑑定は見事にこなしています。少年の更生可能性は、時間をかけなければ判断できません。永山君が『新井鑑定』では語らなかったけれど、三、四年が経ってやっと語れたように、その時間が必要なのです。どうしてこうなったのかという理由は、少年事件は原因に近いから探せば分かる。それが今、まったくやられてないのが残念でたまりません」

二〇一〇年、宮城・石巻で、一八歳の少年が二人を殺害した事件の裁判員裁判の結末は、少年事件が置かれている厳しい現実を突き付けるものとなりました。審理はわずか八日間、少年の生い立ち等を調べた社会記録も三〇分程度の朗読で済まされ、心理学や教育学の専門家の証言も為されないまま死刑判決は下されました。

「被害者遺族が極刑を求めなければ、自分は死刑を下さなかったかもしれない」

昨夏のある会合で元裁判員のひとりが漏らした言葉を、私は忘れることが出来ないでいます。

永山事件の被害者遺族のうち、存命の二遺族にお会いしました。永山事件を「家族」というテーマで見直したいという企画の趣旨には、どなたも真剣に耳を傾けてくれました。

ある遺族は、「あれからも似たような無差別殺人が起きていますよね。その度にマスコミは社会が悪いとか、永山の場合は貧困が悪いで、最近は派遣切りが悪いとか言ってますが、同じような立場に置かれても頑張っている人は沢山いますよね」とやりきれない表情で語りました。

東京の郊外に、すでに故人となっている被害者とその遺族の墓参りに行った時は、生前、遺族と親しかったという近所の女性からこんな話を聞かされました。「とても穏やかなお母さんでしたけど、たった一度だけ、永山に無期懲役が出た時、『あの子が死刑にならなければ、私が殺したい』とつぶやいたことだけは強烈に覚えています。子を奪われた母の嘆きがいかに深いかということを感じました」

また、別の遺族を訪ねた際、その年配の方は玄関先に立っていた私をすぐ部屋に招き入れてくれました。最初、それは長時間待っていた私への配慮かと思いましたが、そうではありませんでした。事件の後、マスコミに追い回された時の恐怖を思い出し、近所の人の目にふれないよう家に入れたのだと聞かされました。

その方は、永山の死刑が確定してから、もし彼が自分の息子だったらと考えるようになったと言います。

「世間の人に叱られるから大きな声では言えないけど」と前置きし、「永山君を生かして反省させて、同じような事件を起こさないよう働いてほしかった」と、長い時を経てたどり着いた胸の内を静かに語ってくれました。


少し乱暴な計算になりますが、日本では一日に約一・五人の人が殺人事件で命を落としています。一方で、年間三万人にのぼる自殺者を割り算すると、少なくとも日に八二人もの人が自殺していることになります。永山則夫のように、自殺願望の末に犯行に及ぶケースも後を断ちません。日に八二人もの罪なき人が真に相談できる相手を持たず、絶望して自ら命を絶つ日本社会。個人個人が分断され、かつての永山少年が抱えたような絶望的な孤独や生きづらさといった心の闇を、今、多くの人が抱えているのかもしれません。

経済が潤い、国民の遍く多くに富が行き届いた時代、そのことは余り目立たなかったかもしれません。ですが、富が回らなくなった途端、紙幣に覆い隠されていた様々な不都合な事実は露呈されていきます。社会のひずみは、いつも最初に弱者へと押し寄せてきます。強いものが富を独占し、弱きは切り捨てられ、弱き者はさらに弱き者を蔑み、一度転落すれば再挑戦も許されない、そんな不寛容な時代に私たちは生きています。

この歪んだ厳しい社会の中で、足を踏ん張り根を張って生きていくには、人と人の繋がりがどうしても必要です。弱ければ、弱いもの同士で手を繋ぐことが出来るはずです。その絆の最も小さな単位が、家族です。自分の手の届く場所にいる、かけがえのない家族に向き合うという基本的なことは、もう少し重きをもって捉えられてもよいのではないでしょうか。社会をより良いものにしていくという途方もなく大きな目的のために、あらゆる人が今すぐに出来ること、そのひとつが自分の家族、またはそれに代わる存在との関係を見直すことではないでしょうか。

しかし、あまりに近く深い関係は、時に望まぬ方向へと作用することがあります。日本の殺人事件のほぼ半数が家族によるものという現実は、その関係が潜在的に伴せ持つ複雑さを暗に示しています。苦しみを解決するための万能な処方箋は無く、手探りで、時には傷つけ合いながら糸口を探らなくてはならないこともあるでしょう。それでも、家族との関係をうまく結べない時、第三者の存在によって救われることもあります。「この時、この出逢いがあったから」という宝物を得た人は、たとえそれが家族でなくても道を切り拓いてゆけるはずです。周りの人の心に無関心でいなければ、自分がその第三者となることもあるでしょう。網の目のような強く頑丈な絆でなくても、たった一本でも、真に誰かと繋がってさえいれば人は生きてゆけるし、命を奪うまで、他者を傷つけることも出来ないのではないでしょうか。

「マスコミには出るな、彼らは真意を伝えてくれない」

石川義博医師が師事した土居健郎氏が弟子たちに遺した言葉です。事件から四五年、石川医師は初めて、恩師の遺言にそむきました。封印してきた永山則夫の膨大な鑑定記録を明らかにしたのは、第二の永山則夫を出さないでほしいという祈りにも似た願いからでした。共感を得ることの難しい複雑な犯罪者の心理を、少しでも理解するために役立ててほしいと、長い沈黙を破りました。

本書は、石川医師が心血を注ぎ込んで完成させた「永山則夫精神鑑定書」、そしてそれを作成するために録音された四九本のテープがあったからこそ生まれたものであることは言うまでもありません。

日本の司法は、人々が納得する応報的な刑罰を科すことばかりに主眼が置かれ、被告人を事件に向かわせた根本的な問題に向き合ったり、同じ苦悩を抱える人々に示唆を与えるような修復的な機能はほとんど果たしていません。近年の裁判員裁判では、審理の効率化や裁判員への負担軽減ばかりが優先され、被告人に向き合う作業はますます疎かにされているように感じます。

被告人に全身全霊で向き合い、結果として治療的でもあった石川医師の試行錯誤には、事件について本質的な洞察を深めるためのヒントが随所にちりばめられています。核心を衝いたその取り組みは司法の場であまりに軽んじられましたが、それを生かしていくのに手遅れということはないはずです。

私は四年前の著作で、逮捕後の永山則夫が獄中で過ごした二八年の日々に向き合いました。しかし、事件を起こす前の永山則夫、つまり不可解とされた事件の真の原因には迫ることが出来ないままでした。被害者遺族をはじめ、同じような悲劇を二度と繰り返さないようにと辛い取材に応じて下さった方々の思いに本当に応えることが出来たのか、割り切れない思いが残りました。

そして今回、永山の一〇〇時間を超える独白と、それを引き出した石川医師と改めて向き合うことで、あまりに普遍的な「家族」というテーマに行き当たりました。ようやく少年の心の闇に少しふれることが出来たように感じています。人間として生きていくための基盤となる家族、そして、その絆を失った人たちへの第三者のまなざしこそ、取り返しのつかない犯罪への一歩を止める何にも替え難い力になることを確信しました。

多くの犠牲の上にやっと光が当てられた事実が、今なお苦しみを抱える親や子どもたち、彼らを見守り支える人たち、そして罪を犯すまでに到ってしまった少年たちに向き合うすべての人々に役立てられることを祈っています。

二〇一三年一月

堀川惠子

主要参考文献・論文

『「甘え」の構造』土居健郎　弘文堂
『少年非行の矯正と治療』石川義博　金剛出版
「思春期非行少年の犯罪精神医学的研究」石川義博『精神神経学雑誌』第六八巻第六号
「イギリスの精神医療と精神医学」石川義博『精神医学』一九七三年七月号
「『保安処分』か『医療』か」石川義博『ジュリスト』一九七三年九月一日号
『思春期危機と家族』石川義博・青木四郎　岩崎学術出版社
『非行の臨床』石川義博　金剛出版
「思春期問題少年の研究と治療――精神療法を中心として」石川義博『臨床描画研究』二六
「ある共同作業所の7年」石川義博ほか『公衆衛生』第五八巻第一号
「犯罪・非行研究の歴史的展望――原因論と精神療法」石川義博『精神療法』第三四巻第二号
『日本の精神鑑定』福島章・中田修・小木貞孝編　みすず書房
『現代の精神鑑定』福島章編著　金子書房
『更生に資する弁護――高野嘉雄弁護士追悼集』奈良弁護士会編　現代人文社
『ほんとうは僕殺したんじゃねえもの』浜田寿美男　筑摩書房
「精神医学の立場から――育児不安の究極的破綻・子殺し」風祭元『こころの科学』第一〇三号

『精神鑑定の事件史』 中谷陽二 中公新書

『精神分裂病と犯罪』 山上晧 金剛出版

「情状鑑定論——裁判官の立場から」 多田元 『刑事鑑定の理論と実務』 上野正吉ほか編著 成文堂

『発達障害と司法』 浜井浩一・村井敏邦編著 現代人文社

『少年事件 心は裁判でどう扱われるか』 高岡健編著 明石書店

『罪と罰』 ドストエフスキー 江川卓訳 岩波文庫

『カラマーゾフの兄弟』 ドストエーフスキイ 米川正夫訳 岩波文庫

『無知の涙』 永山則夫 合同出版

『殺人者の意思』 鎌田忠良 三一書房

『死刑囚永山則夫』 佐木隆三 講談社文庫

『死刑事件弁護人』 大谷恭子 悠々社

『死刑の基準——「永山裁判」が遺したもの』 堀川惠子 講談社文庫

『いやされない傷』 友田明美 診断と治療社

『子ども虐待という第四の発達障害』 杉山登志郎 学習研究社

J.D.Bremner et al., "Magnetic resonance imaging-based measurement of hippocampal volume in posttraumatic stress disorder related to childhood physical and sexual abuse—a preliminary report", *Biological Psychiatry*, 1997;41 (1) :23-32.

M.B.Stein et al.,"Hippocampal volume in women victimized by childhood sexual abuse", *Psychological Medicine*, 1997;27 (4) :951-959.

M. Driessen et al.,"Magnetic resonance imaging volumes of the hippocampus and the amygdala in women with borderline personality disorder and early traumatization". *Archives of General Psychiatry*, 2000;57 (12) :1115-1122.

Y. Ito and M.H.Teicher, "Preliminary evidence for aberrant cortical development in abused children : a quantitative EEG study", *The Journal of Neuropsychiatry and Clinical Neurosciences*, 1998;10 (3) :298-307.

F. Schiffer et al.,"Lateral visual field stimulation reveals extrastriate cortical activation in the contralateral hemisphere : an fMRI study", *Psychiatry Research*, 2004;131 (1) :1-9.

解説

木谷　明（弁護士・元裁判官）

本書の著者堀川惠子氏は、かねてから死刑問題に強い関心を抱き、ライフワークとして取り組んでこられた方である。鋭い問題意識に基づき徹底的に調査・取材した上で、問題点を深く掘り下げる。卓越した調査能力・問題発見能力・掘り下げ力・表現力（文章力）などは、容易に他の追随を許さない。私は、著者の作品を読ませてもらう都度、なにが彼女をそこまで徹底的な行動に走らせるのか不思議に思っていたが、その答えは、今回読み直したこれまでの著作の中に書かれていた。

著者には、死刑問題を扱った著作として、本書以外に、二冊の講談社文庫がある。一つは、本書と同じ永山事件を題材とした①『死刑の基準　「永山裁判」が遺したもの』であり、他の一つは、強盗殺人罪で死刑宣告を受け処刑された青年長谷川武氏を題材とした②『裁かれた命　死刑囚から届いた手紙』である。そして、先の疑問に対する回答は、①の「プロローグ」の中にあった。

著者は、広島で生まれ育ち、大学卒業後、民放に勤め司法記者なども担当したが、その当時、司法は遠い存在であったという。ところが、その後、いわゆる光市母子殺人事件（当時一八歳の少年が、二三歳の母親と一一ヵ月のいたいけな乳児を殺害した事件。以下「光市事件」）の裁判経過などが、著者の心を揺り動かすことになる。この事件について、最初、広島高裁は、第一審の無期懲役判決を支持して検察官の控訴を棄却した。ところが、検察の上告を受けた最高裁は、これを破棄して広島高裁に差し戻したのである。そして、差し戻された広島高裁は、被告人である（元）少年に死刑を言い渡したが、著者は、この死刑判決が言い渡された際、高裁前に集った被害者の遺族を支援する者の間から「拍手と歓声があがった」ことに戦慄を覚える。広島では、原爆の投下により、その年だけで一五万人もの人命が失われた。その甚大な犠牲の上に命の重みを知ったはずの宿命的な町（ヒロシマ）で、一人の（元）少年の生命を抹殺する権力の決定（判決）に対し、拍手と歓声があがるのは一体なぜか。

これを機に、著者は、死刑問題に正面から向き合うため、重い腰を上げる。著者の中で、「何の理由も脈絡もなく、しかし確かに一瞬にして、『死刑』と『ヒロシマ』が繋がった」のだという。

本書の題材となる永山事件とは、光市事件の約三〇年前に発生したピストルによる連続射殺魔事件である。当時一九歳の少年であった永山則夫君（以下「則夫」）は、米軍キャンプから盗み出したピストルを使って、僅か一月足らずの間に、何の落ち度もない四人を連続して射殺した。

この事件を審理した東京地裁は、一〇年を超える審理の末、則夫に死刑を言い渡したが（一九七九年）、その二年後、控訴審である東京高裁は、これを破棄して、則夫に無期懲役刑を言い渡す（この判決は、裁判長の名前をとって「船田判決」と呼ばれる）。しかし、検察の上告を受けた最高裁は、船田判決を破棄して事件を東京高裁に差し戻した（一九八三年）。そして、則夫は、その後の差戻審《さしもどし》で再度死刑判決を受け、一九九七年に処刑された。

ところで、船田判決を破棄した最高裁は、「死刑の選択が許される場合」として基準らしきものを示したため、その後、これが死刑言い渡しの基準（「永山基準」）であると理解されてきた。しかし、光市事件では、最初の高裁も二度目の高裁も、この同じ「永山基準」に拠っているにも拘わらず、結論が無期懲役と死刑に分かれたことに、著者は強い疑問を抱く。

則夫が処刑されてから約一〇年を経過した二〇〇八年、著者は、千葉県内に、則夫の遺品が大量に保管されていることを知り、その調査に乗り出す。片道二時間半の道のりを週二回のペースで保管場所に通い、約半年をかけて一万五千点を超える全ての書簡に目を通した。そして、その過程で読んだ則夫の日記から、則夫が医師の問診を受けた際の状況が録音されていた事実を知り、調査の結果、それが東京地裁での審理中に行われた二度目の精神鑑定の時期と重なることを突き止める。著者は、その医師（石川義博医師）を探し出し、精神鑑定の過程を録音した貴重な録音テープを借り受けることに成功する。それは、優に一〇〇時間を超える厖大なものであったが、著者は、八ヵ月をかけてこれを聴き逐一文字化して詳細に検討する。

これだけでも、著者の執念が「すさまじい」ものであることが分かる。しかし、石川医師が作成した精神鑑定書（石川鑑定書）とその問診内容に関する録音テープは、石川医師の執念がこれに劣らず「すさまじい」ものであったことを示していた。

石川医師は、東大医学部を卒業後、精神医学の世界的拠点のひとつであるロンドン大学に留学し、帰国後、八王子医療刑務所の医務部課長を務めるエリートであった。同医師は、弁護団から則夫の精神鑑定を依頼されたが、当初はこれを断ろうとする。

則夫が獄中で自殺未遂を繰り返していると聞いていたことなどがその理由である。しかし、弁護団の熱意にほだされて第一次精神鑑定書（斯界の権威である新井尚賢医師によるもの）を読み進むうちに、「幼少期における生活環境の影響は少なくない」としながら、それ以上の検討を何らしていないことに疑問を感じる。そして、悩み抜いた末、ついに依頼を承諾する。

その結果作成されたのが石川鑑定書であるが、それは何と、二七八日間（つまり約九ヵ月）をかけて作成された、一冊の書籍にもなり得る厖大なものであった。鑑定書は、則夫の生育過程の筆舌に尽くし難い苛酷さを詳細に指摘し、さらに、母親の生育史にまで遡《さかのぼ》ることにより、則夫の犯罪の背景を白日の下にさらした。私も、かつて、著者からの依頼によりこの石川鑑定書を読む機会があったが、その迫力に、文字どおり圧倒された（本書二四頁）。

本書は、この石川鑑定書と録音テープを基にして、則夫の幼少期以来の苛酷な生活歴を生々しく描き出し、則夫が、「ピストルによる四人の連続射殺」という異常な犯行に立ち至る軌跡を詳細に辿る。

則夫は、八人兄弟姉妹（男四人女四人）の七番目（四男）として、網走市で誕生した。父親は、かつては腕のよいリンゴ栽培の技師であったが、則夫が生まれた頃には賭博で身を持ち崩していて、則夫はほとんど会ったこともない。家庭は極端な貧困状態（まさに「赤貧洗うがごとき」）にあり、母親は、毎日行商に出ていて、子どもの面倒は一切見ない。代わって家事を担当したのは長姉であり、この長姉が唯一幼い則夫に愛情を注いでくれたが、この長姉が精神を病み（統合失調症）入院してしまう。他方、母親は、賭博資金を無心する父親から逃れるため、幼児二人（当時一歳の四女及び同年齢の孫）と一七歳の次女だけを連れて、実家のある青森県板柳町に帰る決断をする。その結果、当時四歳の則夫は、一四歳の次男以下、三男、三女とともに、子どもたちだけ四人で、網走に置き去りにされる。四人の子どもたちは、翌春、福祉の手が差し伸べられるまで、極寒の「網走の冬」を自分たちだけの力で凌《しの》がざるを得なかった。板柳に送り届けられた後も、一家の貧困は続く。それだけでなく、母親が行商で留守勝ちであったことから、夜尿症の治らない則夫に対し、兄たちは激しい暴力を振るう。則夫は、それにただひたすら耐えるしかなかった。以上のような事情から、則夫は、小学校も中学も、まともに通学できていない。

　中学卒業後、集団就職で上京した則夫は、心機一転頑張ろうと努力するが長続きせず、また、過去の経験に原因すると思われる被害念慮なども災いして、就職先からの出奔、放浪を繰り返した挙げ句、最終的に犯行に至る。

則夫は、第一審の審理を受けている間、反権力的な思想で武装し徹底して反抗的態度で裁判に臨んでいた。当然のことながら、第一審公判の初期段階で行われた精神鑑定には非協力的で、医師は則夫の口から十分な判断資料を得られなかった。これに対し、石川医師は、カウンセリングの手法を駆使して則夫との信頼関係を築きその重い口を開かせる。そして、先に述べたような事情を本人の口から語らせることに成功する。石川医師の調査は徹底していて、両親特に母親の生育歴にまで及び、子どもたちを網走に置き去りにした件についても、母親自身の幼少時の体験と共通性があることを突き止める。それらの調査を経た後に作成された石川鑑定書は、則夫には、「出生以来の劣悪な生育環境と母や姉との別離等」に起因する「高度の性格の偏りと神経症徴候を発現し」、「犯行時には精神病に近い精神状態であった」と診断する衝撃的なものであった。

しかし、この石川鑑定書は、第一審では全く問題にされなかった。

第一審の刑事裁判を受けていた当時、則夫は死刑を覚悟していた。しかし、その後、作家の井出孫六氏や獄中結婚した女性の影響もあって、次第に生き直すことを考えるようになる。獄中で著した『無知の涙』が大ベストセラーになって版を重ねたこともあり、高額の印税を遺族に送ることができ、一部の遺族は受け取ってもくれた。そのような中で言い渡された控訴審判決（船田判決）は、これらの事情に加え石川鑑定書にも注目して死刑判決を変更するものであったため、則夫も、将来の生に希望を見出すようになる。しかしながら、上告審判決で船田判決は破棄された。最高裁が石川鑑定書についてどう考えたかの手がかりは、判文上見当たらない。

石川医師は、自らの精神鑑定が、上告審で一顧も与えられなかったことに加え、則夫自身からも受け入れられなかったことに衝撃を受ける。その結果、研究者の道を諦《あきら》め、以後、臨床医師としての人生を歩むことになった。永山事件は、この若く優秀な研究者の運命をも変えてしまったのである。しかし、石川医師は、則夫があれほど反発していた石川鑑定書を最後まで手放さず所持していた事実を知り、救われた思いに駆られる。

本書には、このようなドラマティックな展開が随所にちりばめられていて、改めて、著者のストーリーテラーとしての才能にも感服させられる。

最後に、私の個人的なことを少しだけ書かせていただきたい。私は、一九六三年から二〇〇〇年までの三七年間、主として刑事裁判官として勤務した。それなのに、奇跡的に（と言ってよいであろう）、死刑事件に遭遇したことがない。死刑判決をしたことがないだけでなく、死刑求刑事件自体にも当たらなかったのである。私の裁判官人生は、この一点だけでも「幸運であった」というべきかも知れない。ただし、その結果、判事在職中、死刑問題の深刻さに関する認識が不足していたことは否定できない。退官後、この問題について考える機会があり、現在では、「死刑はやはり廃止されるべきだ」という結論に至っている（木谷「死刑は本当に必要なのか」『刑事裁判のいのち』法律文化社）。

私が死刑に反対する理由はいくつもある。団藤重光先生が名著『死刑廃止論』（有斐閣）の中で強調しておられる「冤罪《えんざい》であった場合に死刑は取り返しがつかない」という点は、もちろん最大のものである。しかし、それだけではない。まず、死刑の存在理由として主張される最大の論拠は、威嚇《いかく》効果、犯罪抑止力であるが、それは必ずしも実証されたものではない。現に、死刑を廃止した国で凶悪犯罪が増加したというデータは存在しない。他方、死刑は「生きている人間の生命を国家の手で抹殺する究極の刑罰」であり、「刑の執行の名の下に行う殺人」である。最高裁判例は、現在わが国で行われている絞首刑は「憲法三六条の禁止する残虐な刑罰ではない」とするが、それが「残虐」であるかどうかはともかく「残酷」で「野蛮」な刑罰であることは否定できない。国法上最大限に尊重されるべき国民の生命を、国家が一方的に奪うことがなぜ正当化されるのか。それは、被害者の応報（報復）感情を満足させるためだけのものではないか。しかし、刑罰の目的は、本来、「応報」のほかに「教育」があるはずである。死刑以外の刑罰では、その二つの目的を両立させることが少なくとも理論上は可能であるが、死刑では絶対的に不可能である。他方、日夜死刑の執行に怯《おび》える死刑確定囚の恐怖はもとよりであるが、執行する側の苦悩も計り知れない。死刑囚と日常的に接触する刑務官は、接触を通じ死刑囚と人間的な感情の交流を生ずるのが通常であるが、ある日突然、その人の首にロープを巻いてつり下げることを命じられるのである。刑務官の人間的苦悩は想像を絶する。これほどの犠牲を払ってまで死刑制度を存続させなければならない合理的理由を、私は発見できない。

このような私であるが、一度だけ、死刑事件に遭遇しそうになったことがある。いわば「死刑事件とのニアミス」である。その死刑事件が、実は本書の題材となった「永山事件」であった。

あれは、一九八一年の終わりか八二年の早い時期ではなかったかと思う。当時四〇歳代半ばであった私は、最高裁判所調査官の職にあった。調査官のおもな仕事は、最高裁判事の仕事の補助者として、係属した事件の記録を事前に読み、事件の全貌と論点を分かりやすく説明した報告書を裁判官に提出することであり、「事件に関する最終的処理の方向」についての意見も求められる。私がそのような仕事をしていた時期に、この永山事件が第二小法廷に係属したのである。

調査官に対する事件の配点は、負担が不公平にならないように、原則として事件の難易度に応じ順番にされる。しかし、「最高裁における事件のスムーズな処理」という観点から、各調査官の手持ち事件の状況などを見ながら、時に、上席調査官が特別な配慮をすることもある。

この時は、死刑の限界が問われる「永山事件」と超大型の独占禁止法違反事件である「石油カルテル事件」がほぼ同時に最高裁に係属した。そして、当時の上席調査官は、比較的手の空いていた私と稲田輝明君（司法研修所同期生）の二人に対し、この二件を特別配点したのである。上席調査官がどういう観点から両事件を二人に割り振ったのかは、上席が鬼籍に入られた今となっては知る由《よし》もないが、結果として、石油カルテル事件が私の、そして、永山事件が稲田君の各担当となった。もしこの時に、上席調査官が逆の配点をしていたら、私は、担当調査官として、本書が扱う永山事件に正面から向き合わざるを得なかったことになる。運命のいたずらとは、こういうことを言うのであろうか。

本書を読み通した後、「私が調査報告を担当していたらどういう報告書を提出したであろうか」と改めて考えてみた。第一審の死刑判決を破棄して則夫を無期懲役刑に処した船田判決は、死刑と無期懲役の限界、さらには死刑の存廃自体に関し、極めて重大な問題を提起するものであった。既に述べたとおり、当時の私は、死刑問題に直接当たった経験がなく思考は現在以上に観念的であったから、果たして、この問題について適切な結論に到達し得たかどうか、また仮に、船田判決を維持すべきだという結論に達した場合でも、小法廷の裁判官の考えを変えさせるだけの説得力ある報告書を書くことができたかどうかは疑問である。ただ、それにしても、当時は先進西欧諸国において、死刑廃止の流れが形成されつつあった時期であるだけに（現在では、廃止国が一四〇ヵ国に及ぶという）、もしこの事件で最高裁が船田判決を維持していたら、わが国が死刑廃止に向かう世界の潮流に乗り遅れずに済んだのではないかと、残念な思いに駆られる。また、最高裁で破棄差戻判決を受けた後、則夫が言ったという「生きたいと思わせておいてから、殺すのか」という言葉（前掲『死刑の基準』三二九頁）の重みを痛感せざるを得ない。

いずれにしても、死刑問題に重大な一石を投じた本書の文庫化は、この問題に関する国民一般の関心を格段に高めるものと期待される。時あたかも、日弁連（日本弁護士連合会）が二〇一六年一〇月に開かれた福井大会で死刑制度廃止の狼煙《のろし》を上げた直後でもあり、タイミングとしても絶妙である。

本書は二〇一三年二月、岩波書店より単行本として刊行されたものです。

|著者|堀川惠子　1969年広島県生まれ。ジャーナリスト。『チンチン電車と女学生』（小笠原信之氏と共著）を皮切りに、ノンフィクション作品を次々と発表。『死刑の基準―「永山裁判」が遺したもの』で第32回講談社ノンフィクション賞、『裁かれた命―死刑囚から届いた手紙』で第10回新潮ドキュメント賞、本作『永山則夫―封印された鑑定記録』で第4回いける本大賞、『教誨師』で第1回城山三郎賞、『原爆供養塔―忘れられた遺骨の70年』で第47回大宅壮一ノンフィクション賞と第15回早稲田ジャーナリズム大賞、『戦禍に生きた演劇人たち―演出家・八田元夫と「桜隊」の悲劇』で第23回AICT演劇評論賞、『狼の義―新 犬養木堂伝』（林 新氏と共著）で第23回司馬遼太郎賞を受賞。『暁の宇品―陸軍船舶司令官たちのヒロシマ』は2021年に第48回大佛次郎賞を、'24年に山縣勝見賞・特別賞（同作を通じて船舶の重要性を伝えた著者とその講演活動に対して）を受賞した。

永山則夫《ながやまのりお》　封印《ふういん》された鑑定記録《かんていきろく》

堀川惠子《ほりかわけいこ》

2017年4月14日第1刷発行
2025年2月4日第6刷発行

発行者――篠木和久

発行所――株式会社　講談社

東京都文京区音羽2-12-21　〒112-8001

電話　出版（03）5395-3510
　　　販売（03）5395-5817
　　　業務（03）5395-3615

Printed in Japan

講談社文庫

定価はカバーに
表示してあります

KODANSHA

デザイン―菊地信義

本文データ制作―講談社デジタル製作

印刷―――株式会社KPSプロダクツ

製本―――株式会社KPSプロダクツ

ISBN978-4-06-293628-6

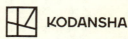

講談社文庫刊行の辞

二十一世紀の到来を目睫に望みながら、われわれはいま、人類史上かつて例を見ない巨大な転換期をむかえようとしている。

　世界も、日本も、激動の予兆に対する期待とおののきを内に蔵して、未知の時代に歩み入ろうとしている。このときにあたり、創業の人野間清治の「ナショナル・エデュケイター」への志を現代に甦らせようと意図して、われわれはここに古今の文芸作品はいうまでもなく、ひろく人文・社会・自然の諸科学から東西の名著を網羅する、新しい綜合文庫の発刊を決意した。

　激動の転換期はまた断絶の時代である。われわれは戦後二十五年間の出版文化のありかたへの深い反省をこめて、この断絶の時代にあえて人間的な持続を求めようとする。いたずらに浮薄な商業主義のあだ花を追い求めることなく、長期にわたって良書に生命をあたえようとつとめるところにしか、今後の出版文化の真の繁栄はあり得ないと信じるからである。

　同時にわれわれはこの綜合文庫の刊行を通じて、人文・社会・自然の諸科学が、結局人間の学にほかならないことを立証しようと願っている。かつて知識とは、「汝自身を知る」ことにつきていた。現代社会の瑣末な情報の氾濫のなかから、力強い知識の源泉を掘り起し、技術文明のただなかに、生きた人間の姿を復活させること。それこそわれわれの切なる希求である。

　われわれは権威に盲従せず、俗流に媚びることなく、渾然一体となって日本の「草の根」をかたちづくる若く新しい世代の人々に、心をこめてこの新しい綜合文庫をおくり届けたい。それは知識の泉であるとともに感受性のふるさとであり、もっとも有機的に組織され、社会に開かれた万人のための大学をめざしている。大方の支援と協力を衷心より切望してやまない。

一九七一年七月

野間省一

堀江敏幸　熊の敷石
本格ミステリ作家クラブ編　ベスト本格ミステリ TOP5〈短編傑作選002〉
本格ミステリ作家クラブ編　ベスト本格ミステリ TOP5〈短編傑作選003〉
本格ミステリ作家クラブ編　ベスト本格ミステリ TOP5〈短編傑作選004〉
本格ミステリ作家クラブ選・編　本格王2019
本格ミステリ作家クラブ選・編　本格王2020
本格ミステリ作家クラブ選・編　本格王2021
本格ミステリ作家クラブ選・編　本格王2022
本格ミステリ作家クラブ選・編　本格王2023
本格ミステリ作家クラブ選・編　本格王2024
本多孝好　君の隣に
本多孝好　チェーン・ポイズン〈新装版〉
穂村弘　整形前夜
穂村弘　ぼくの短歌ノート
穂村弘　野良猫を尊敬した日
堀川アサコ　幻想郵便局
堀川アサコ　幻想映画館
堀川アサコ　幻想日記店
堀川アサコ　幻想探偵社
堀川アサコ　幻想温泉郷
堀川アサコ　幻想短編集
堀川アサコ　幻想寝台車
堀川アサコ　幻想蒸気船
堀川アサコ　幻想商店街
堀川アサコ　幻想遊園地
堀川アサコ　殿の幽便配達〈幻想郵便局短編集〉
堀川アサコ　魔法使ひ
堀川アサコ　メゲるときも、すこやかなるときも
本城雅人　境界〈横浜中華街・潜伏捜査〉
本城雅人　スカウト・デイズ
本城雅人　スカウト・バトル
本城雅人　嗤うエース
本城雅人　贅沢のススメ
本城雅人　誉れ高き勇敢なブルーよ
本城雅人　シューメーカーの足音
本城雅人　ミッドナイト・ジャーナル
本城雅人　紙の城
本城雅人　監督の問題
本城雅人　去り際のアーチ〈もう一打席！〉
本城雅人　時代
本城雅人　オールドタイムズ
堀川惠子　裁かれた命〈死刑囚から届いた手紙〉
堀川惠子　死刑の基準〈「永山裁判」が遺したもの〉
堀川惠子　永山則夫〈封印された鑑定記録〉
堀川惠子　教誨師
堀川惠子　戦禍に生きた演劇人たち〈演出家・八田元夫と「桜隊」の悲劇〉
堀川惠子　暁の宇品〈陸軍船舶司令官たちのヒロシマ〉
堀川惠子・小笠原信之　チンチン電車と女学生〈1945年8月6日・ヒロシマ〉
誉田哲也　Qros《キュロス》の女
松本清張　草の陰刻
松本清張　黄色い風土
松本清張　殺人行おくのほそ道(上)(下)
松本清張　邪馬台国　清張通史①
松本清張　空白の世紀　清張通史②
松本清張　カミと青銅の迷路　清張通史③
松本清張　天皇と豪族　清張通史④
松本清張　壬申の乱　清張通史⑤

宮城谷昌光　花の歳月
宮城谷昌光　重《ちょう》耳《じ》（全三冊）
宮城谷昌光　介《かい》子《し》推《すい》
宮城谷昌光　孟嘗君　全五冊
宮城谷昌光　子産（上）（下）
宮城谷昌光　湖底の城〈呉越春秋〉一
宮城谷昌光　湖底の城〈呉越春秋〉二
宮城谷昌光　湖底の城〈呉越春秋〉三
宮城谷昌光　湖底の城〈呉越春秋〉四
宮城谷昌光　湖底の城〈呉越春秋〉五
宮城谷昌光　湖底の城〈呉越春秋〉六
宮城谷昌光　湖底の城〈呉越春秋〉七
宮城谷昌光　湖底の城〈呉越春秋〉八
宮城谷昌光　湖底の城〈呉越春秋〉九
宮城谷昌光　俠骨記〈新装版〉
水木しげる　コミック昭和史1〈関東大震災〜満州事変〉
水木しげる　コミック昭和史2〈満州事変〜日中全面戦争〉
水木しげる　コミック昭和史3〈日中全面戦争〜太平洋戦争開始〉
水木しげる　コミック昭和史4〈太平洋戦争前半〉
水木しげる　コミック昭和史5〈太平洋戦争後半〉
水木しげる　コミック昭和史6〈終戦から朝鮮戦争〉
水木しげる　コミック昭和史7〈講和から復興〉
水木しげる　コミック昭和史8〈高度成長以降〉
水木しげる　敗走記
水木しげる　白い旗
水木しげる　姑《クー》娘《ニャン》
水木しげる　決定版　日本妖怪大全〈妖怪・あの世・神様〉
水木しげる　ほんまにオレはアホやろか
水木しげる　総員玉砕せよ！〈新装完全版〉
宮部みゆき　新装版　震える岩〈霊験お初捕物控〉
宮部みゆき　新装版　天狗風〈霊験お初捕物控〉
宮部みゆき　I《イ》CO《コ》―霧の城―（上）（下）
宮部みゆき　ぼんくら（上）（下）
宮部みゆき　新装版　日暮らし（上）（下）
宮部みゆき　おまえさん（上）（下）
宮部みゆき　小暮写眞館（上）（下）
宮部みゆき　ステップファザー・ステップ〈新装版〉
宮子あずさ　看護婦が見つめた人間が死ぬということ
宮本昌孝　家康、死す（上）（下）
三津田信三　忌《い》館《かん》〈ホラー作家の棲む家〉
三津田信三　作者不詳〈ミステリ作家の読む本〉（上）（下）
三津田信三　蛇《じゃ》棺《かん》葬《そう》
三津田信三　百《ひゃく》蛇《じゃ》堂《どう》〈怪談作家の語る話〉
三津田信三　厭魅《まじもの》の如き憑くもの
三津田信三　凶鳥《まがとり》の如き忌むもの
三津田信三　首無《くびなし》の如き祟るもの
三津田信三　山魔《やまんま》の如き嗤《わら》うもの
三津田信三　水魑《みづち》の如き沈むもの
三津田信三　密室《ひめむろ》の如き籠《こも》るもの
三津田信三　生霊《いきだま》の如き重《だぶ》るもの
三津田信三　幽女《ゆうじょ》の如き怨むもの
三津田信三　碆霊《はえだま》の如き祀るもの
三津田信三　魔偶《まぐう》の如き齎《もたら》すもの
三津田信三　忌名《いな》の如き贄《にえ》るもの
三津田信三　シェルター　終末の殺人
三津田信三　ついてくるもの
三津田信三　誰かの家

講談社文庫　目録

講談社文庫　目録

睦月影郎　密　通　妻
睦月影郎　快楽アクアリウム
向井万起男　渡る世間は「数字」だらけ
村田沙耶香　授　乳
村田沙耶香　マ　ウ　ス
村田沙耶香　星　が　吸　う　水
村田沙耶香　殺　人　出　産
村瀬秀信　気がつけばチェーン店ばかりでメシを食べている
村瀬秀信　それでも気がつけばチェーン店ばかりでメシを食べている
村瀬秀信　地方に行っても気がつけばチェーン店ばかりでメシを食べている
虫　眼　鏡　東海オンエアの動画が6.4倍楽しくなる本〈虫眼鏡の概要欄　クロニクル〉
森村誠一　悪　道
森村誠一　悪道　西国謀反
森村誠一　悪道　御三家の刺客
森村誠一　悪道　五右衛門の復讐
森村誠一　悪道　最後の密命
森村誠一　ね　こ　の　証　明
毛利恒之　月　光　の　夏
森　博嗣　すべてがFになる〈THE PERFECT INSIDER〉

森　博嗣　冷たい密室と博士たち〈DOCTORS IN ISOLATED ROOM〉
森　博嗣　笑わない数学者〈MATHEMATICAL GOODBYE〉
森　博嗣　詩的私的ジャック〈JACK THE POETICAL PRIVATE〉
森　博嗣　封　印　再　度〈WHO INSIDE〉
森　博嗣　幻惑の死と使途〈ILLUSION ACTS LIKE MAGIC〉
森　博嗣　夏のレプリカ〈REPLACEABLE SUMMER〉
森　博嗣　今はもうない〈SWITCH BACK〉
森　博嗣　数奇にして模型〈NUMERICAL MODELS〉
森　博嗣　有限と微小のパン〈THE PERFECT OUTSIDER〉
森　博嗣　黒　猫　の　三　角〈Delta in the Darkness〉
森　博嗣　人形式モナリザ〈Shape of Things Human〉
森　博嗣　月は幽咽のデバイス〈The Sound Walks When the Moon Talks〉
森　博嗣　夢・出逢い・魔性〈You May Die in My Show〉
森　博嗣　魔　剣　天　翔〈Cockpit on knife Edge〉
森　博嗣　恋恋蓮歩の演習〈A Sea of Deceits〉
森　博嗣　六人の超音波科学者〈Six Supersonic Scientists〉
森　博嗣　捩れ屋敷の利鈍〈The Riddle in Torsional Nest〉
森　博嗣　朽ちる散る落ちる〈Rot off and Drop away〉
森　博嗣　赤　緑　黒　白〈Red Green Black and White〉

森　博嗣　四季　春～冬
森　博嗣　φ《ファイ》は壊れたね〈PATH CONNECTED φ BROKE〉
森　博嗣　θ《シータ》は遊んでくれたよ〈ANOTHER PLAYMATE θ〉
森　博嗣　τ《タウ》になるまで待って〈PLEASE STAY UNTIL τ〉
森　博嗣　ε《イプシロン》に誓って〈SWEARING ON SOLEMN ε〉
森　博嗣　λ《ラムダ》に歯がない〈λ HAS NO TEETH〉
森　博嗣　η《イータ》なのに夢のよう〈DREAMILY IN SPITE OF η〉
森　博嗣　目薬α《アルファ》で殺菌します〈DISINFECTANT α FOR THE EYES〉
森　博嗣　ジグβ《ベータ》は神ですか〈JIG β KNOWS HEAVEN〉
森　博嗣　キウイγ《ガンマ》は時計仕掛け〈KIWI γ IN CLOCKWORK〉
森　博嗣　χ《カイ》の　悲　劇〈THE TRAGEDY OF χ〉
森　博嗣　ψ《プサイ》の　悲　劇〈THE TRAGEDY OF ψ〉
森　博嗣　イナイ×イナイ〈PEEKABOO〉
森　博嗣　キラレ×キラレ〈CUTTHROAT〉
森　博嗣　タカイ×タカイ〈CRUCIFIXION〉
森　博嗣　ムカシ×ムカシ〈REMINISCENCE〉
森　博嗣　サイタ×サイタ〈EXPLOSIVE〉
森　博嗣　ダマシ×ダマシ〈SWINDLER〉
森　博嗣　女王の百年密室〈GOD SAVE THE QUEEN〉

2024年12月13日現在